「東洋的専制主義」論の今日性

還ってきたウィットフォーゲル

湯浅赳男
yuasa takeo

新評論

カール・アウグスト・ウィットフォーゲル Karl August WITTFOGEL（一八九六―一九八八年）。ドイツ北西部の小村に生まれ、青年時代より労働者運動、反ナチ運動に積極的に参加、第二次中国革命時（一九二五―二七年）にはチャイナ=ウォッチャーとして活動する。前期の大著『中国の経済と社会』（三一年）では第二次中国革命の敗北を理論的に総括し、風土条件を重要視したその分析は世界の知識人層に大きな影響を及ぼした。三三年、ナチのもと強制収容所に収容、釈放後三四年、アメリカに亡命。三〇―四〇年代における中国研究者としての経験と蓄積は、いわゆる社会主義が専制官僚独裁であることを確信させ、これを体系的に理論化した後期の大著『オリエンタル・デスポティズム』（五七年）の完成へとつながってゆく。東洋的専制主義論としてのこの画期的主張は、共産党とその影響下の知識人により総攻撃を受け、以後長いあいだ学問的に封印されてきたが、八九年の国際共産主義運動の崩壊は、彼らの批判が無責任なイジメ（〝反共〟知識人に対するイデオロギー的ネグレクト）であったことを暴露し、ウィットフォーゲルの学問が人類の未来を開く社会科学としてイデオロギーを超えて学ばれねばならないものであることを事実をもって明らかにした。

本書『「東洋的専制主義」論の今日性―還ってきたウィットフォーゲル』は、ウィットフォーゲルの〝学問的良心〟に光をあて、彼の学問と人生の足跡を辿りながら、二一世紀の人類が立ち向かうべき真の課題を見極めるために、いわばウィットフォーゲル再読のすすめとして出版されたものである。

まえおき

日本が生きてゆく道を考えるためには、過去の歴史を読みなおしたうえで、二一世紀における国際情勢の流れをできるかぎり見きわめなければならない。人類の総人口の趨勢、環境や資源のこれからの成り行きはある程度わかっているのであるから、あとは国際情勢の流れ、というと大きくなるので、あえて絞ると、東アジア大陸と中間の朝鮮半島と日本の関係の行方である。

これらの国と民族とのあいだには、昔から浅からぬ因縁が結ばれてきた。日本の稲作が江南から来たことはさておいて、今日の日本文明の基層にあるもの、文字と思想の根源もまた、大陸から渡ってきたものであった。ただ、渡来してきた文物への日本の受け取り方は、大陸の人にとっては感謝の念の薄いものであった。文字にしろ宗教にしろ、大陸のオリジナルとは別のものをつくりだしてしまった。したがってまた、近代が始まって西洋の文明が太平洋を渡ってくるようになると、躊躇の末ではあるが、とにかくこれを最初に受け取ったのが日本であった。

ここから関係が縺れはじめる。まず始めは、まがいものの西洋、ロシアという大陸国家が東アジアをシベリア経由で狙いはじめると、日本はこれを同じ海洋国家のアメリカ、イギリスの同盟国として撃退し、一人前の近代国家になったつもりになり、ロシアがやろうとしていたことを自分でやってしまったのである。

潮の流れは一夜にして変わる。この日本の態度は太平洋を自らの海だと考えるアメリカにとっては面白くない。しかも、これに重なって、大陸と朝鮮半島は日本に先を越された衝撃で覚醒し、近代文明の先をゆく新しいもの、つまり社会主義を一刻も早く身につけて、恭順の念の薄い日本を見返すことを決意する。かくして日本はアメリカと東アジア大陸との同盟によってしたたかに打ちすえられ、敗戦により地獄の底に蹴り落とされてしまったのである。

とはいえ、たちまちにして「専制官僚主義」としての大陸国家的性格は暴露される。そもそも大陸国家と海洋国家は性格的にはあい容れない関係にあるのだが、にもかかわらず、知識人は思いこんだら命がけで社会主義に執着し続けた。しかし彼らは、いわゆる社会主義で近代文明を追いぬくことはできないことを思い知らされた。ついに、一つは一九七〇年代にすさまじい迷走のすえ方向転換をよぎなくされ、もう一つは一九九一年を待たずして、崩壊してしまうのである。

これが近代以降の東アジアで集中的に起こったことである。ところが、いわゆる「進歩的」文化人、「左翼」学者はここまできて、自らが信じてきたことの破産を認めたがらない。近代文明のデカダンスは目を覆うばかりだが、これに対する代案なくして、批判に何の力がありえようか。彼らがノスタルジアをこめて思い起こすのは、なつかしい大陸国家=海洋国家のハネムーン時代（日本が世界的に孤立をしていた時代）であり、それが残した文献が「東京裁判」の判決書である。東アジアの大陸国家が今も拠りどころにしているのは、もっぱらこの文書である。また、アメリカ、イギリスの海洋国家もイスラエルがらみで中近東においてもっと深刻なトラブルをかかえているだけに、「東京裁判」時代（連合軍の時代）をなつかしく思う人士が多数生まれていることは、否定できない。これが歴史というものである。「夏草やつわものどもが夢の跡」と言うにはまだ早い。まだまだ大陸の人の心の底、半島の人の心の底のみならず、日本人の心の底にも暗く澱んでいるものが残っており、これを赤裸々に洗いださなければならない。

この難しい仕事が残っているのである。マオタイ酒の乾杯で水に流すようなわけにはいかない。文明というものは優劣／華夷／ヘレネス・バルバロスといった二項対立のうえに成り立ってきたものだからである。文明そのものの根底的批判に行きつかなければならないのだろう。

文化人、知識人に言いたいことは、自らの思想を捨てろということではない。ウィットフォーゲルの思想と生涯をもう一度、ふり返ってみてはみませんかということである。二一世紀の国際情勢を読むためには、まず『オリエンタル・デスポティズム』を読みなおしてはみませんかということである。

前近代文明の三重構造の地政学的型　＊遊牧民の問題は捨象した。

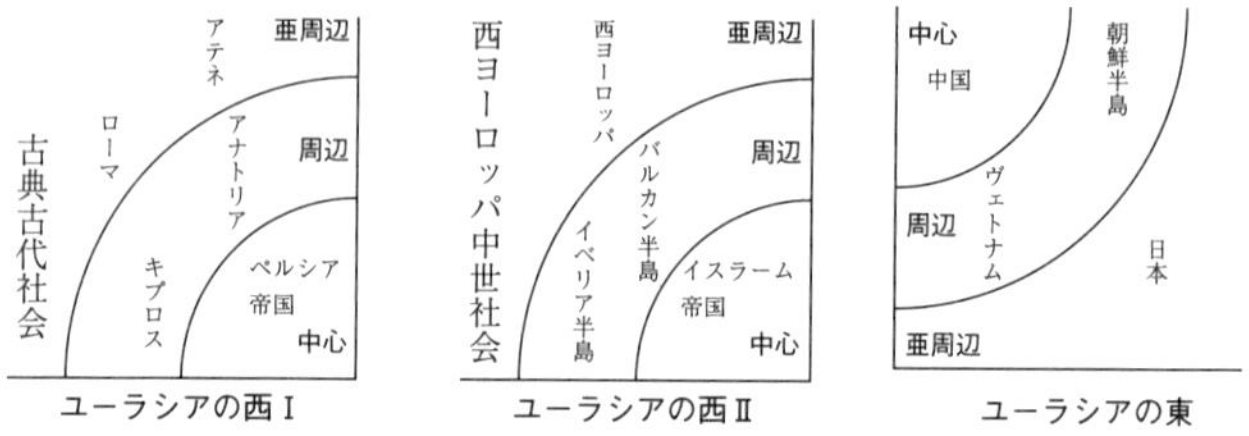

本書の要点

＊水力国家とは、単に水利・治水を行う国家ではなく、自然と間接的に関わる工業社会型国家と同じレヴェルの概念で、自然と直接的に関わる国家である。

＊文明は中心・周辺・亜周辺の三重構造をつくっている（上図）。

＊階級の社会学には、〈権力〉の階級社会学と〈所有〉の階級社会学とがある。

＊『オリエンタル・デスポティズム』（東洋的専制主義）を一般理論とすれば、『資本論』は特殊理論である。

「東洋的専制主義」論の今日性／目次

第3章　ウィットフォーゲルの学問の展開（Ⅰ）

「東洋的専制主義」論の今日性

——還ってきたウィットフォーゲル

本書はウルメンによるウィットフォーゲルの評伝（亀井兎夢監訳、堤静雄・小林修・甲斐修二共訳）を大いに利用させていただいた。

第1章　今なぜウィットフォーゲルなのか？

カール・アウグスト・ウィットフォーゲルが死去したのは一九八八年のことである。(1) 生年は一八九六年。その活動は一九二〇年代、ワイマール時代初期からドイツ左翼を舞台として始まった。カール・コルシュ、ゲオルク・ルカーチなど、とりわけフランクフルト学派のグループとほぼ同じか、すこしズレた世代である。彼らはすでに戦間期に盛名を馳せ、戦後はますます多彩に活躍した。しかしウィットフォーゲルは戦後ただひとり冷遇され、とりわけ後期の主著『オリエンタル・デスポティズム』(東洋的専制主義)の公刊(一九五七年)以後は積極的な無視《ネグレクト》、いや、罵倒の対象となった。それはソ連の革命的意味を否定するのみならず、その反動的役割を主張したからである。

特に日本においては、戦前、彼の著書は多くが翻訳され、広く流布されていたにもかかわらず、彼の死にあたっては新聞に一行のニュースも報道されなかった! 彼の死亡の年ですら、日本ではあやふやだったのである。後述の旗手勲の論文では、一九七三年ごろ死亡としているが、どうもこれは誤報である。筆者は一九八八年説をとっているが、これは『オリエンタル・デスポティズム』の改訳書(一九九一年)の出版社である新評論の問い合わせに対する出版元イェール大学出版局の回答である。いずれにせよ、わが国ではその訃報が新聞報道されなかったし、ましてその機会に彼の学問的業績が回顧され、顕彰されるどころではなかった。すでに彼に対する批判というより中傷はしっかり行われていたからであり、今でもなおその余韻が厳然と残っているのである。

1　ウィットフォーゲルに対する歪曲・中傷

戦後の日本におけるウィットフォーゲル中傷の最初の発信者は平野義太郎である。平野は一九五七年の『経済評論』八月号に「ウィットフォーゲル、ランゲのことなど――ドイツ社会科学《ママ》研究所にいたころ」を書いた。ここで彼は、彼が一九二〇年代に留学したドイツ、フランクフルト研究所（社会研究所）におけるかずかずの友人たちとの思い出と、彼らの戦後における研究者としての歩みについて随筆風に叙述し、その結びとして、ウィットフォーゲルの学問、というより人格を、「友人」（！）ウィットフォーゲルからの来信を紹介しながら酷評したのである。

「アメリカに落ちついたからは、［中略］アメリカ夫人といっしょになるのが、かれの結婚観による帰結だったらしい。かれは、わたくしに手紙をよせていわく――自分の新夫人は、美しくて金持ちの娘で、しかもボアス教授（人類学）の愛弟子であると。いわば三拍子そろった花ヨメとしてアメリカの金持ちの娘さんをめとったのである。戦後にかれの書いたものは、かれが、すべてを『風土』a-climatisation に帰するように、かれじしんもアメリカに風土化されたことを物語っている」。(2)

一九五七年という日付けを見ると、おそらく『オリエンタル・デスポティズム』の公刊のニュース到来を機会にこの文章は書かれたものであろう。そしてまた、この年の暮れ、ウィットフォーゲルが東京に来て、旧友と再会しているという事実もある。かれ平野義太郎は戦前ウィットフォーゲルの業績の紹介者・翻訳者であったばかりか、ウィットフォーゲルにとっては日本における最も親密な友人であったところから、戦後、日本共産党の運動の熱烈な指導者の一人だけに(平和委員会議長など)、強烈な反共産党文書としてはやされた『オリエンタル・デスポティズム』の公刊を機に身のあかし(私は共産党に忠実です、の誓い)を立てたつもりだったのであろう。

ウィットフォーゲル自身の手紙によるというこのゴシップは、広く伝えられ、その後のウィットフォーゲル紹介にあたって多くの人によって利用されるものとなったが、人格を侮辱するこのゴシップをふまえて、ウィットフォーゲルの罪が並べられることになったのである。そしてこのゴシップは以後ずっと連呼される罪状の三点セットの一つとなった。他の二点の第一は、ウィットフォーゲルがアメリカ議会のマッカラン委員会(マッカーシズムの第二幕)の席で、「友人」ラティモアについて「彼は共産主義者である」と証言したということであり(これに対して彼の旧友は一致してこれを倫理的に唾棄すべきものとした)、第二は、カナダの駐エジプト大使ハーバート・ノーマンが自殺したのはウィットフォーゲルのかつての証言に由来してるということである(本書第4章)。

冷戦たけなわの雰囲気である。大学という閉鎖社会においては、この種のスキャンダルは口コミで一国的にも国際的にもたちまち広まっていったのである。一九五七年に公刊された『オリエンタル・デスポティズム』については、学術的にはわずかに住谷一彦によって『思想』(一九五八年一〇月号)の論文「文化人類学と歴史学——文化移動・多系進化・共同体」において紹介された。この論文は、ジュリアン・ステュワードの『灌漑文明』(一九五五年)、クローバーの『オイクメネ』(一九四五年)と併せ、ウィットフォーゲルの近著もまとめて論評したものである。この取り上げ方は彼らの学問の内容と学界における位置よりして妥当のものであったが、実際の論述の仕方には、冷静かつ学術的とみえる文章の末尾にわざとらしいウソ(?)が隠されていたのである。

ウソを書かねば発表もできなかったのか

ウィットフォーゲルの『オリエンタル・デスポティズム』の紹介において、[3] 住谷は、「東洋的専制主義」と規定しうる社会の指標として、(1)自然的諸条件、(2)経済的諸条件、(3)制度的諸条件の三つをあげている。〈自然的諸条件〉とは、(イ)雨量が比較的多いが河川は少ない地域、(ロ)小河川の多い地域、(ハ)大河川の流域、を指す。〈経済的諸条件〉とは、農業が主要産業で、灌漑水利(=共同労働)の発達がみられる地域を指す。〈制度的諸条件〉とは、灌漑水利を統制する強力な中央権力＝官僚組織が存在する地域を指す。この三条件の組み合わせから、「東洋的専制主義」とは、大河川の流域で大規模な灌漑農業が営まれる、水利社会の上に構築された強力な中央集権的官僚制国家であるとし、世界史的に見るならば、それは典型的にはオリエント、インド、中国、ペルーで成立した、と住谷はウィットフォーゲルの見解を紹介している。

住谷において注目されるのは、その後の『オリエンタル・デスポティズム』の紹介ではあまり言及されることのない、これら典型的なものが成立した中心部に対する周辺部についての説明である。すなわち、中心部の専制主義の国土の周辺部には第一次地域と第二次地域が成立している、というウィットフォーゲルの文明概念についての説明である。第一次地域とは、東洋的水利社会に属しつつも、政府によって非灌漑的大経営が営まれた世界であるが、中世ビザンツ、低地マヤ、遼帝国などがこれに当たる。第二次地域とは、非灌漑的・非封建的農業社会（メトイコイ［寄留民］・自由農民からなる古代ギリシアおよび農業における奴隷労働に依拠するローマ共和国）や、降雨依存農業に依拠する西ヨーロッパ、イギリス、さらに小河川灌漑の農業社会を基盤とする日本がこれに当たり、そこには分権的封建制国家が成長する。そのうえで、世界の近代化の動力学が、洋の東西にかかわらず、中心部である専制主義の辺境（亜周辺部）に位置し、類似した構造を持つ西ヨーロッパ（イギリス）と日本において見られるとするウィットフォーゲルの考え方を住谷は重視するのである。

住谷はまた、ウィットフォーゲルは以上の諸見解をマルクスのアジア的生産様式論から出発したとしている。そして、このマルクスの学説の形成においては、ジェームス・ミル、ジョン・ステュアート・ミル、リチャード・ジョーンズの「アジア的社会」論が大きな役割を果たしていたとする。特に、「アジア的社会」における私有権の弱さとそれによる生産力発展の低さを指摘するジョーンズの見解をウィットフォーゲルは重視しているとする。さらに住谷によれば、ウィットフォーゲルは、マルクスはそこでの自然的諸条件の重要性を強調していたが、レーニンではそれが後退し、スターリンではそれが脱落したとする。ただ、「『歴史研究』の重点は《発展法則》の究明にあり、その場合研究の方向は歴史における自由の発現形態を把えることに指向されねばならず、単なる宿命論に導くようであってはならない」というウィットフォーゲルの見方を紹介したうえで、ウィットフォーゲルはマルクスの発展段階論に次の三つの特徴を見出していたとする。すなわち、第一に、マルクスの発展段階論は一般に理解されている直線的・継起的な系列ではなく多系的・類型的な系列であって、もし単系的・定向的に進化があったとすれば、それは原始社会から封建制社会に移行した社会に対してのみ妥当するという定式を持つものであり、第二に、マルクスの発展段階論はアジア的社会を一九世紀まで不変であったとみなしていることであり、第三に、マルクスの発展段階論では古代社会はフクロ小路に入り、内的発展によって封建制に移行することはないとみなしていることである、と。

住谷によれば、ウィットフォーゲルはこれらのマルクスの見解の特徴を受け入れながら、五つの点でそこから若干ズレのある主張を行っているとする。その第一は、マルクスにとって原始共産制であった原始社会について、新しい文化人類学の研究成果より学んでなお考えなければならないところがあるとしながら、原始社会から各種の歴史社会への過渡期を設定してそこに種族社会を置いていることである。第二は、アジア的社会の内部における発展段階を追求していることである。第三は、マルクスと異なり、帝政社会は発展の究極において東洋的専制主義に回帰していると主張していることである。第四は、古代ローマと中国というユーラシアの東西にある二つの東洋的専制国家の周辺に、西ヨーロッパと日本の分権的封建制が成長するとする多系進化論的・生態学的・類型学的な構想を明示していることである。第五は、ソ連と中共（中華人民共和国）を資本主義の東洋的専制主義への移植・合成物としていることである。

マルクスやウィットフォーゲルに関する解釈論については、ここでは一切関知しないが、住谷はマルクスやウィットフォーゲルが言ってもいないことをそのなかに秘めている。マルクスは一九世紀の人である。したがって二〇世紀のロシアや中国の運命について言明しうるはずがない。マルクスが生きていたらこう言うだろうというのなら、一解釈であると寛恕もできようが、「マルクスとの見解のズレ」としたうえで、しかもその上塗りをウィットフォーゲル言及の末尾の注において念入りにやっているのは学問的には逸脱である。住谷は、「彼［ウィットフォーゲル］はソ連を『新封建制』または『国家資本主義』とよんでいる。なお、彼の東洋的専制主義の解体と移行もしくは再編に関する考察は興味ぶかいものがあるが、割愛した」[4]と述べている。そしてその原文の当該個所のページを指定しているのだが、そこにはそのような意味のことは書かれていない。いや、ウィットフォーゲルはむしろこの書でソ連や中国を「新封建制」とか「国家資本主義」とか呼ぶことに反対しているのである。そのためにこの書『オリエンタル・デスポティズム』が書かれたのである。ウェーバーなどの紹介については優れた仕事をした住谷にして、このポカ(?)である。好意的に解釈すれば、あえてこの誤りをおかさなければ論文すら発表できなかったという当時の事情が充分に考えられる。学界、出版界にみなぎる毒気がどのようなものであったかは、推して知るべしであろう。

書評者の資格なき書評者

住谷の紹介にも相当な毒が含まれていたが、この毒をぎらぎらとみなぎらせ、その後の日本におけるウィットフォーゲル中傷の基調をつくりだしたのが『朝日ジャーナル』(一九六一年一〇月一五日号)に発表された都立大学教授、戒能通孝による論争社版『東洋的専制主義』(=オリエンタル・デスポティズム。アジア経済研究所・井上照丸訳、一九六一年)への書評である。『朝日ジャーナル』はすでに廃刊されたが、朝日新聞社という「権威」ある版元より発行され、知識人、とりわけ進歩的文化人、さらに時代に関心を持つ人士によって読まれた雑誌であるだけに、その影響するところはすこぶる大きかった。

彼はのっけから、「大著だが、結局何をいおうとしているのかわからなかった」と言い、難しい用語や語法を大量に使っているので、追いつくだけでも大変だが、追いついてみても、どうということは乏しいらしい、とくるのである！

「私に理解できたのは、ウィットフォーゲルがソ連や中国を東洋的専制の拡大された再現とみなし、そこには自由もなければ人権もなく、少数の権力者が支配する一種の全体的奴隷制がいまなお行なわれているということにあると思われる[5]」。

こうウィットフォーゲルは主張したいのだろうと彼は想像するのだが、そこにたどりつくまでの論理がわからないと言うのである。

この書評で彼は、ウィットフォーゲルの名前を知ったのは一九二四年の『市民社会史』（邦訳は『資本主義前史――原始共産主義からプロレタリア革命まで』（原書一九二二年）と『市民社会史』の合本として、上下本が一九三五年、一巻本が三六年に新島繁訳で叢文閣より刊行）であるとし、これに関する感想を述べ、自分が昔からウィットフォーゲルの研究を知っていることを披露することで書評者としての権威をそれとなく語っている。しかし、ウィットフォーゲルはヨーロッパの市民社会史を研究してから中国史の方向に移っていったわけではない。それは戒能のありふれた思いつきでしかない。ウィットフォーゲルは歴史をランプレヒトから学んでいるが、その出発点から中国に関心を持ち、研究していたのであって、『市民社会史』を書いたのは共産主義教育の活動家としての彼が割りあてられた啓蒙書としてであった。さらに戒能はウィットフォーゲルの「水力社会論」もおそらくゴシップとして聞きかじったと見え、「水にとりつかれてしまったらしく、一種の機械的唯物論者に変わっていった」と漫才的に決めつけている。しかしながら、ウィットフォーゲルの対象は社会全体なのである。「水力社会」という言葉に熟していなければ誤解を招きやすいのであるが、近代社会を「工業社会」と呼ぶのと同じ意味合いでウィットフォーゲルはこの言葉を使っている。いわゆる〈アジア的〉社会を理解する鍵を水力経済の生産様式の構造に見出したところに『オリエンタル・デスポティズム』の見所があるのである。戒能がこの本を読んでいないことは明らかである。ページをめくっているかもしれないが、読んでいないから、誤ったうろ覚えの情報によって次のようなつくり話をすることになったのである。

「ウィットフォーゲルがナチスをのがれてアメリカにいき、遼史の一部を英訳するなど、主として水管理に縁がなかった時代の史料を取り扱っておりながら、なぜこれほどまでも機械的唯物論型の大著を公刊するようになったのか、私には正直のところ理解できない」。

戒能はこのようにウィットフォーゲルの仕事を漫画的に偽造しているばかりでなく、歴史研究としても不充分だと決めつけ、「そこに引用された事実がすべて真実であり、それによって構成された論理がすべて妥当だとしたも、歴史的研究にはなっていない」とうそぶく。古代エジプトと古代中国において類似があったかもしれないが、アラビアやハワイについてまでゴタゴタ書かれるので困ってしまうと言うのである。戒能は社会科学の教授であるが、マックス・ウェーバーの著作など読んだことはなかったのであろう。読んでも、それを解読する才気はもとより、その能力すら持っていなかったのであろう。『オリエンタル・デスポティズム』はウェーバーの『支配の社会学』（一九二四年）タイプの著述（社会的行為のカタログ的展開とその説明）なのである。戒能は「昔々の中華帝王やトルコの王様とレーニン、スターリン、毛沢東などを同列におく試みは、時代感覚的にもむりがある」と言ったが、金正日とその「ロイヤル・ファミリー」が繰り広げる今日のテレビの映像は東洋的専制の絶好のイラストレーションではないのか。

　戒能は学者としての誠実さでこの書評を書いていない。このことを致命的に暴露するものは、「この書には実に多くの文献引用と参考書名があがっている。しかるにどういうわけかマルクスのアジア的生産に関する基本論文ともいうべき遺稿『資本性《ママ》生産に先行する諸形態』は、その書名さえあげていない」というパラグラフである。このマルクスの遺稿は言うまでもなく、マルクスが一八五七年から五八年にかけて執筆した草稿『経済学批判要綱』（グルントリッセ）の一章をなすものである。この『要綱』は明確に『オリエンタル・デスポティズム』にあげられている。この『要綱』のドイツ語原文は一九三九年（第一冊）＝四一年（第二冊）にモスクワで発表されたが、その一部分のロシア語訳から日本語訳されたものが、世界で最初に普及された『資本制生産に先行する諸形態』（一九四八年）であり、わが国の学界にはまずこの版で流布されたのである。このことを知らぬ戒能は致命的な誤りをおかしたと言える。

「社会主義の祖国」ソ連、中共を守れ

かくもダレた態度で戒能をしてウィットフォーゲル排撃に従事させたのは、強大な「社会主義」の祖国〈ソ連と中共〉の側に付いているという、はしゃぎたくなる安心感であろう。この書きとばした書評において唯一本気なのは次の文章である。

「レーニンは帝政ロシアの持っていたアジア的専制の拡大再生産者であり、スターリンはそのより一層の拡大者であると［ウィットフォーゲルが］力んでも、私には歴史的証明が十分であるとは思えない。社会主義が一方において管理行政であり、他方において官僚主義の危険を内在させていることは多分事実と想像せられるが、それを古代エジプトやマヤ文化に結びつけるのは、はなはだおかしい。この種の結びつけは、歴史研究としては不必要である」。

人類史の数百万年のうちたかだか六〇〇〇年の文明史の期間に起こったことではないか。メソポタミア、ナイル河、黄河、ガンジス河畔での出来事と、南アメリカのマヤやペルーでの出来事を類似した型として理解することは、生物として同じ種に属している人類固有の歴史的想像力なのである。

この戒能の書評がいささかハメをはずしすぎたと考えたのであろうか。ウィットフォーゲルとほぼ同じ考えをほぼ同じころ展開し、しかも日本の学界ですでに地歩を築いていた梅棹忠夫の「生態史観」[6]に対しては、より嘲弄的でない態度で書評しているのが都立大学教授、太田秀通である[7]（勘ぐれば、ウィットフォーゲルを斬るのは刀のけがれになると称して、首斬人らしく梅棹を斬ったのではないか）。太田はまずマルクスのものと言われる単線的発展段階説に対しては教条的でないとの態度を見せる。「人類の総経験を、史的唯物論の方法によって総括し、世界史の発展像を構成したものが、いわゆる［マルクス主義の］公式であるが、このシェーマがすべての民族にあてはまると考えることは、第一に事実が許さないし、マルクス主義歴史学もそのように考えなかった」[8]。

太田はスターリンによる「アジア的生産様式」概念に対する圧力（一九三一年のレニングラード討論。本書第4章）などなかったかの如く、いかにも複線的らしい発展論を主張しながらも、その根拠については一言も理論的に説明していない。のみならず、こうも言う。「主体環境系の自己運動の進展の型をきめる最も重要な要因は自然的要因である、という［梅棹の］主張は、主張にとどまって証明されていない」[9]。このように、実証によって明らかにされていることを西洋史学会の最高級指導者としていとも簡単に排除し、梅棹の命題のほとんどをただ単に否定する。「アジア的生産様式を、奴隷制社会の特殊形態とみるという学会の大勢」とか、「専制国家体制と封建制とは、まったく別のものだと考えることは、今日の学界の水準からすれば、一面的」、といった具合である。太田が言いたかったのは次の一文に表われる。「第二地域における社会主義のたくましい前進と、世界におけるその影響力の増大を、それが最大多数の最大幸福と民族の平等の原則を掲げているにもかかわらず、あたかも自己拡張をはじめた旧帝国の亡霊であるかのように考えるのは、第一地域の少数の独占資本家と、その利益をたえず守ろうとする政府の階級意識にほかならない。生態史観は鏡が物を映すようにこの意識をデザイン化している」[10]。きわめて率直な感想である。ここに一九六〇年代頃から八〇年代にかけての日本の知識人の水準があったといってもよいであろう。梅棹はこの分野での発言をせず、他の尨大な肥沃な領域へとのびのびと転進したが、彼が自らの見解を捨てたわけではないことは、晩年の講演でもわかる[11]。

この学界戦略は、総体として比較文明学を中軸とする学問の豊富化において多大に寄与したことは否定できない。ただし、その代償としてアジアの歴史的特徴の理解という問題をウィットフォーゲルとの関係で探究する試みは、学界からは抹殺されないまでも、一般には見えないところに押しこめられた。わずかに、長崎大学の川田俊昭[12]や早稲田大学の中島健一[13]らによってウィットフォーゲル研究が粘り強く進められたことは特筆しておかなければならない。

他方で、ウィットフォーゲルのゴシップ的中傷は一段と進んだ。それをより拡大させたのが、マーティン・ジェイの『弁証法的想像力――フランクフルト学派と社会研究所の歴史　一九二三―一九五〇』（一九七三年）、およびその日本語訳（荒川幾男訳、一九七五年、みすず書房）であるが、これは日本ではもっぱらウィットフォーゲルの中傷的ゴシップ源として利用された書である。ジェイはウィットフォーゲルが政治的な実践熱で研究所員を当惑させたと述べている。

「〈研究所〉［フランクフルト研究所］が政治にコミットしていたメンバーを受け入れたのは、もっぱらかれらの非政治的な研究のゆえであった。所員のなかの実践主義者のうちでもっとも重要な人物は、カール・アウグスト・ウィットフォーゲルであった。［中略］かれはそのエネルギーの大半を党活動に向けた。もっとも、かれの立場の非正統性のかどで、モスクワでしばしば困った立場に陥ることもあったが。［行カエ］共産党の政治に深く参加すると同時に、ウィットフォーゲルは、大学での勉学にも精力的に励んだ」(14)。

また、ジェイはウィットフォーゲルがアジア社会の研究に転向する前に、ブルジョア科学とブルジョア社会に関する研究を発表していると書いているが、そういう学問的プロセスが誤りであることはすでにふれた。ウィットフォーゲルが一九一七年頃から中国に関心を持っていたことは、後述のG・L・ウルメンによる報告でも明らかである。ウィットフォーゲルは演劇にも熱中していた。いくつも戯曲、劇評を書き、戯曲の二、三はワイマール期の著名な前衛的演出家ピスカートルによって上演されている。一言にすれば、彼は学問のさまざまな分野、さらに芸術にもひと方ならぬ関心を持つ精力的な青年であったのである。

ジェイは、ウィットフォーゲルが共産党と手を切る過程について、いくつものエピソードを紹介している。分水嶺は一九三九年の「独ソ協定」（独ソ不可侵条約）であるが、ジェイのゴシップの焦点は、「ウィットフォーゲルは、中国から帰ったあと、右よりに転向しはじめた。かれの三度目の妻エスター・ゴールドフランクは、彼女自身保守派であったが、ウィットフォーゲルの変化に影響を与えたように思われる[15]」という個所にある。ここで不用意に使われている「右より」「保守派」といった規定はジェイの政治的立場を表明しているものである。

ウィットフォーゲルの経歴で重要な転換を見せたのは、一九五一年、米国上院のマッカラン委員会での彼の証言に拠るとジェイは言う。

「ウィットフォーゲルが、自分が公然たる反共主義者になるに及んで、学界とのつながりも断ち切れたと主張したとき、その証言は哀れっぽい調子を帯びた。かれの『研究所』でのかつての同僚たちが、とくにかれがかつての政治的忠誠に関して個人的な暴露を行ったことで、かれの新たな立場を破門《アナテマ》したのは、もちろんのことだった。かれらは、かれの魔女狩りたちとの協力を、マッカラン委員会に出席したその日一日だけのことでなく、かれがそうでないと怒って主張しているが、もっとも深いものだと確信していた。真実がどこにあろうと、ウィットフォーゲルは、そのときから、フランクフルト学派にとって persona nongrata［好ましからざる人物］となった。またこの国の自由な精神をもった多くの他の学者たちにもそうであった[16]」。

このジェイの言葉は国際的に反ウィットフォーゲル攻撃の決定打となった。知識人には安心してウィットフォーゲルを軽蔑することの許可状＝お墨付きが与えられたのである。その一例が、旗手勲の「ウィットフォーゲルの『東洋的社会』の理論をめぐって」(『愛知大法経論集』経済・経営篇Ⅰ・第九三〇号、一九八〇年八月)である。この論文は一九七七年三月発行のアジア経済研究所『農業水利に関する基本文献の解題と評注(その二)』に発表したものにフランクフルト学派の研究の進展の成果を加え、補正したものだという。

この論文はウィットフォーゲルの人と業績を当時としては広汎に深く取り上げた労作であるが、筆者の旗手は、極力学問的中正の立場を維持しようと努力しているものの、全体としては反ウィットフォーゲルの毒素が滲み通っており、あいも変わらず、ジェイと平野義太郎を利用して、「かれの三度目の妻となったエスター・ゴールドフランク Ester S. Goldfrank が保守派であったため(富豪の未亡人といわれる)、その影響をうけたとみられている[17]」としている。さらに「マルクスの草稿『経済学批判要綱』〔中略〕のなかに〈アジア的生産様式〉にとって重要な示唆を与えた『資本制生産に先行する諸形態』が含まれているが、ウィットフォーゲルは、この論文を使用していないようである[18]」と戒能通孝がふりまいたデマゴギーを復唱している。それにしても、ウィットフォーゲルの学問をマルクスの「アジア的生産様式」論から発展した事実の確認ぬきに紹介できるとは不思議なことである。

この旗手の論文は全体としてウィットフォーゲルの学問の欠陥を、文献網羅的な史実の探究とその理論化に終わっておりフィールドの実証分析にまで及んでいない、という言い方で非難しているが、ウィットフォーゲルと全く同じ方法で書かれているマルクスやウェーバーの業績に対しては、いかなる言葉を投げつけるのであろうか。旗手は、ウィットフォーゲルが第二次中国革命（一九二五―二七年）の詳細な解説者であり、一九三〇年代には中国に滞在していた事実を知らないのであろうか。また、自分がフィールドワーカーであるからといって、そして他の者がこれを行っていないからといって、同じことを歴史学の研究者に要求してもよいのであろうか。

2　ウィットフォーゲル再評価の契機

ウィットフォーゲルは生きながら墓場に埋められたのであるが、この状況のなかで、ウィットフォーゲルの名誉回復のためになされた筆者の闘いは、フランドルの風車に向かって突撃するドン・キホーテ的なものとならざるをえなかった。筆者の第一声はおそるおそるであるが、アジア経済研究所の『アジア経済』（第一五巻第五号、一九七四年五月）に発表した「東洋的官僚制をめぐるマルクスとウェーバー」[19]という論文によって行われ、このなかでウィットフォーゲルの（ケネーの経済表にならった）再生産表式をまずは大きく取り入れた。筆者がウィットフォーゲルに興味を持ったのは、大塚史学より学んで経済史研究に入った以上、ウィットフォーゲルは当然にぶつかっていい人物であったし、彼が中傷、誹謗され、さらに当然彼に論及してしかるべきはずの尊敬する先学がひとしく口を閉ざしているのを見て、不快感をいだいたからであろう。根源的には、大学仏文科の卒業論文のテーマとして「ユムール・ノワール」（ブラック・ユーモア）を選んだところに見られるように、筆者には世人の感性に対する反発があった。これがハンガリー事件（一九五六年の反ソ労働者決起）によって見直すまでのマルクス主義に対する嫌悪や、トロツキズムに対する関心、スターリニズムの批判的検討へとつながり、その延長線上にウィットフォーゲルが存在したのである。

その後ますますウィットフォーゲルへの傾倒は深まり、ハンガリー事件から数えて二五年後、一九八一年の関西の学生を前にした講演[20]では、この時点からさらに二五年後にはきっと彼に対する関心が生まれるであろうと放言した。そして八三年の社会経済史学会の名古屋大会においてはウィットフォーゲルの復権の必要を語り、資料として上述の戒能通孝の『朝日ジャーナル』所載の書評に自らの論評を加えてばらまいた。思い起こせばこの時、司会をつとめてくださったのは斯波義信氏（当時、熊本大学教授）であった。言うまでもなく、この報告は万座を白けさせ、この時まで辛くも残っていた友人さえすべて去って、筆者を天涯孤独の身においた。ただ孤立の身になったときエネルギーが噴出するのが筆者の特性である。『第三世界の経済構造』（一九七六年、新評論）以後一〇年近くまとめかねていた『経済人類学序説――マルクス主義批判』（一九八四年、新評論）をこれを契機に一気に仕上げることができた。

この仕事はウィットフォーゲルを中軸としてポランニー派の経済人類学をまとめたものである。その第Ⅱ部「文化類型としての経済システム」の第一章「いわゆる〈社会主義〉のアジア性」においては、ウィットフォーゲルがソ連論で考えあぐねたすえ社会主義国としてのロシアというそれまでの考えを捨て、それが東洋的専制主義であることを主張して『オリエンタル・デスポティズム』を構想するに至った過程を説明した。同じく第二章「経済システムにおける段階と類型」においては、マルクスの「アジア的生産様式」の概念を紹介し、それがプレハーノフによって継承発展されたこと、コミンテルンにおいても一九二〇年代にこの概念が中国革命を理解する方法として導入されたこと、またスターリンによってこの論議が禁止されたことを示したうえで、第二次世界大戦後における「歴史の単線的発展論と複線的発展論との論争」およびその議論の総枠を紹介し、ウィットフォーゲルがこのマルクスの概念を陶冶する過程を、初期の論文に始まり、一九三一年に出された前期の主著『中国の経済と社会』を経て、五七年の後期の主著『オリエンタル・デスポティズム』に至るまで追跡して、その理論的内容の展開を明らかにした。

国際共産主義運動の崩壊

このウィットフォーゲルに対する誤解をとくための必死の作業は一九八五年の『文明の歴史人類学――「アナール」・ブローデル・ウォーラーステイン』（この書の増補版は『世界史の想像力――文明の歴史人類学をめざして』と改題し一九九六年に刊行、新評論）を通して続けられたが[21]、彼に対する理解が深められることはなかったようである。しかし、一人のドンキホーテの言論よりも現実の歴史の進行はずっと強力であった。八九年から九一年にかけての東ヨーロッパの衛星諸国の反ソ連の決起、国際共産主義運動の決定的な崩壊、ソヴィエト連邦の解体は、氷のなかに完璧に封鎖されていたウィットフォーゲルに一定の雪解けをもたらしたのである。それは六一年に論争社版で翻訳・出版された訳書『東洋的専制主義』（この本はゾッキ本屋で叩き売られていた）が、筆者の新訳『オリエンタル・デスポティズム』として九一年一月に公刊されていること、九五年一月に同訳書が新装普及版として再版されていることに示されている。

ここで是非、強調しておかなければならないのは、ウィットフォーゲルの再評価のための努力が筆者の翻訳よりずっと早くに始まっていたことである。筆者のウィットフォーゲルに対する関心は、ロシア・中国のいわゆる「社会主義」と世界の社会主義政党とは羊頭狗肉ではないかという疑惑から始まった。これに対し、亀井兎夢の関心は、第二次世界大戦以前からの「アジア的生産様式」についての論争との関わりから始まっていた。きわめて不幸なことに筆者はこのことを亀井兎夢監訳、堤静雄・小林修・甲斐修二共訳のG・L・ウルメン『評伝ウィットフォーゲル』（一九九五年、新評論）の出現によって初めて知り、その後、『新雑誌X』の一九八八年六月号から、また『新雑誌21』の九一年六月号から、さまざまな面での研究、紹介の状況を知ることとなったのである。このウルメンによる詳細な伝記はウィットフォーゲル研究において決定的に重要な資料となった（その他、この時期、広西元信によるマルクスとマルクス主義者の共有概念のあいまいさの暴露という綿密な仕事[21]が発表されたことも見のがしてはなるまい）。

これらは陰の世界においてであるが、陽のあたるところでは、一九八九年六月に、東京大学中国学会『中国――社会と文化』第四号に拙稿「中国史の特殊構造」が発表された。その前提として東大内で講演が行われたことは言うまでもない。翌九〇年六月に発表した拙稿「社会主義はどこへ行く？——多線的発展論よりの一考察」（『オルガン』第九号、現代書館）はウィットフォーゲル自体を論じたものである。九五年八月には同じく「ウィットフォーゲル（欧米の東洋学一六）」（『月刊しにか』第六巻第八号、大修館書店）を発表し、これは九六年の高田時雄編『東洋学の系語（欧米編）』（大修館）にも収録された。そして続いて発表した拙稿「営利機構としての国家——中国を典型として」（『比較法史学研究』第五号、一九九六年六月）あたりがウィットフォーゲルに対する学界のこの段階における関心の最後のものとなったのである。それは八九年の国際共産主義運動の崩壊の衝撃に対する鎮痛剤としてアカデミズムがウィットフォーゲルを利用し、とりあえずの衝撃は去ったので日常性へと回帰していったということであろう。

しかし、この鎮痛作用が一九八九年の激動によって提起された問題を解決したということではいささかもない。この歴史の旋回が求めてやまないもの、それは、いわゆる「社会主義国」の存立の正当性を支えるイデオロギーを突如として崩壊させた歴史の論理の検証のみならず、崩壊後の歴史過程を説明しうる新しい世界史像の出現に対する説明なのであり、また、歴史的に破綻した「社会主義革命」に至る、少なくとも一九世紀＝マルクスにまで遡らなければならない思想史の破壊的な再検討なのであった。(22)

これだけでも巨大な課題であるが、さらにこれに加える新しい問題として、「社会主義」とされていた諸国、例えば、ロシア、中国、北朝鮮（朝鮮民主主義人民共和国）のその後の歴史のなかから、一九八九年時点では表層化されなかった難問が不可分のものとして浮上してきたことも重視されねばならなかった。それは人類と地球環境との衝突の問題（地球環境問題）であった。[23] これに向かって筆者の著述の方向も九三年の『環境と文明』（一九九三年、新評論）の公刊の頃から変わってゆくのであるが、もちろん、地球＝風土と文明との関係はウィットフォーゲルの理論の原点でもあったのである。

このように重層化してきたウィットフォーゲル理論への期待をより具体的に見るためには、崩壊後の「社会主義国」の歩みを瞥見しておくことが必要であろう。まず第一に、イデオロギー的にも明確に「社会主義」を放棄して、資本主義への道を歩みたがったロシアのその後はどうなっているか。第二に、イデオロギー的には社会主義を固守しているが、経済的には金ピカの商品貨幣経済を資本主義国との相互依存によって満開させている中国は人類に対して何をやっているか。そして第三に、社会主義をイデオロギーとしてことさらに高唱する一方で、支配者集団はひとにぎりの収奪者カーストであるにもかかわらず朝鮮労働党と自称し、その首領＝総書記は皇帝さながらの宮廷生活をおくりながら、その地位の世襲化＝金王朝の創設に汲々としている北朝鮮はどこへ向かっているか。単に二〇世紀社会主義の破綻の応急的痛み止めの一つとしてウィットフォーゲルを利用するのではなく、文明史の総体的＝体系的把握のための最重要ポイントとして、彼の仕事を見てゆかなければならないのである。

ロシアの状況

ソ連が崩壊した時、この現象に対する共通理解は、ソ連の社会主義は当時の資本主義と比べて自由と人権と民主主義の面においてのみならず、効率性においても劣っていた、というものであった。この問題についてすでに崩壊前夜から考えられていた対応処理は、より自由と人権と民主主義が保証され、より経済効率性の高い社会主義が追求されることであった。この道はかつて、ロシア革命は裏切られ、ソ連は堕落したとするトロツキーらによって追求されたものであるが、一九九一年に実際に起こったことは、「政治革命」などではなく、国有計画経済と共産党独裁の体制そのものの瓦解だったのである。このとき、何よりも考えられ、求められたのは、自由と人権と民主主義の保証のみならず、商品貨幣経済とそれによる資本主義の創造であった。

袴田茂樹によれば、一九六〇年代、モスクワ大学の知識人はすでに共産主義を愚劣なものとして軽蔑しきっていたという。この考えは当時の一般民衆にとっては無縁なもので、七〇年代まで共産党の影響下にあった彼らはむしろ反体制知識人を売国奴として敵視していた(24)。しかし、ソ連の体制の機能不全が顕在化する八〇年代に入ると、欧米の資本主義の方がより進んでいるという見方が一般民衆にまで拡がり、ゴルバチョフが情報管理を解いてペレストロイカ（建直し）の改革路線をとらざるをえなくなった結果、いっきに体制が崩壊にまで進んだのである。この過程において大衆の気分を知る天才、エリツィンが重要な役割を果たした。彼は九〇年七月の共産党第二八回党大会において、ロシア共和国の最高会議議長として劇的な離党宣言を行い、いっきに人気を高めて、九一年六月にロシア共和国大統領となったのである。この間、ソ連を率いるゴルバチョフも、九〇年の夏にヤヴリンスキーらと「五〇〇日計画」を発表し、経済の再建をはかった。

一九九一年八月の共産党保守派のクーデター失敗（ソ連共産党解散）後、エリツィンはガイダルの市場化案を採用し、一〇月にはロシア政府の改革委員会も市場化を採用した。そして一二月のソ連消滅を経て、九二年一月には「ショック療法」的政策として、突如、価格・貿易自由化が実施されたのである。かくなるうえは、もはや国有国営企業をそのまま放置するわけにはいかない。企業の民営化は促進されることになる。民営化それ自体は、ゴルバチョフ時代（一九八五―九一年）末期からすでに始まっていた。これを第一段階として、九二年からのバウチャー型民営化では、国有財産を私有財産化するために、まず国有財産を権利証書（バウチャー）化して、国民に平等に分配するという趣旨の政策が第二段階としてとられた。さらに第三段階として、貨幣的民営化、すなわち銀行、新興財閥による経済の民営化＝寡占化も行われた(25)。

問題はこれらの措置が何を生みだしたかである。それは大塚久雄によってモデル化された〈局地的市場圏→地域的市場→国内市場→世界市場〉と段階的に展開する市場経済の誕生（資本主義の成立）ではなく、いっきょに巨大財閥と地下のマフィア経済の発生（権力を貨幣に両替えしたもの）をもたらしたのである。この動きはすでに第一段階、すなわちノーメンクラトゥーラ（党、国家の特権階級）による民営企業の創立において見られた。ソ連崩壊後の第二段階においてはバウチャーが国民に分配され、その結果、四〇〇〇万の「形式的」株主が生みだされたが、それらはバウチャー市場を通じて寡占的な金融資本にたちまち転形されていった。そのなかで、第一段階から始まっていたノーメンクラトゥーフの資本家化も促進され、第三段階の貨幣的民営化によって一部の層の手に国有企業が渡ることになったのである。

たしかに、一面においては自由・人権・民主主義が成立したかに見えた。しかし、それは無秩序を生みだし、他面において詐欺と恐喝と暴力と強奪のマフィア社会をもたらした。誕生した商品貨幣経済も、ウェーバーによって理念化された信頼にもとづく西ヨーロッパ型の市場経済ではなく、詐欺と恐喝によるバザール（駆引き取引）経済であったのである。プーチンの法独裁が待望されたのも、この無秩序のなかでは強圧的な国家の機能が必要となったからである。

この現実の歴史の進行を見て袴田が実感したこと、それは、ロシアには市民社会が成立していないということであった。彼によれば、ロシア社会においては信頼関係が成立していないので（低信頼社会）ので、経済関係は騙しあいによるきわめてハイリスクなものとなり、長期的な投資など思いもよらないのである。しかし、社会は安定した、大型の生産投資を不可欠とするので、そのリスクは次の三つの場合によってしか回避しえないと袴田はみる。その第一は、国家が経済を完全に管理し、投資におけるリスクも国家が負担する場合である。具体的な姿としては、開発独裁国家かソ連型社会主義体制かのいずれかであるが、ロシアが選んだ社会主義体制は機能不全によって破綻した。その第二は、「地縁、血縁、結社などのプライベートなネットワークが強固になり、それが家族という小さな枠を越え、大きな共同体を形成する場合」である。これについて袴田は次のように言う。「低信頼社会においても、いや、低信頼社会だからこそ、その共同体内部においては信頼関係を特別に重視し、ある程度大型の投資も可能になるのだ(26)」。それ故、ロシアにおいては結社＝マフィア経済が跳梁するのは当然ということになる。その第三は、「国際的な大企業がいくつか結びついてコンソーシアム（企業の連合体）をつくり、その大きな力でリスクを回避する場合」である。袴田によれば、「すでにロシアやＣＩＳ（旧ソ連から独立した国々）諸国で行なわれている石油開発やエネルギー開発に外資が導入される場合、ほとんどがこの形態である(27)」（やがて、プーチンのもとでこの段階は終了する）。このように見通す時、社会主義が崩壊したとはいえ、ロシアにおいてはなお、強力な権威主義的な体制が不可避であったということがわかる。

こうなる理由として袴田が考えたこと、それはロシアが封建制を経験してこなかったということである。ここで彼は、これまで一般のみならず学界でも通用させられてきた「封建制」の概念の廃棄を提案し、封建制を近代化の対立概念とする常識に挑戦している。封建時代は近代のプロローグであることを正しくも彼は認めているのである。

「封建社会は奴隷社会のように強権的な力による社会ではない。［行カエ］封建制度の下では様々な社会組織（領邦、藩、市、ムラなど）が一定の自主性あるいは自律性を持っており、上からの専制権力によって一方的にコントロールされる社会ではなかった。成熟した封建社会にはかなり自律性をもった組織や共同体が重層的に存在していたし、それらの間の関係や、共同体内部の人間関係は、たとえ明確な主従関係が存在する場合でも、ある種の契約関係、あるいは信頼関係によって結ばれていたのである。つまり、封建社会においては、奴隷社会や専制体制の下でのように力で非人格的に上が下を支配したのではなく、主人と家臣の間でも、また横の関係においても、名誉や信義が特別に重んじられた。こうして歴史的には、封建時代に、信頼や約束を重んじるメンタリティや社会的なルール感覚が形成されたのである。したがって封建時代に形成されたエトスは、近代化のための弊害ではなく、むしろ近代の市民社会や法治国家、市場経済が形成されるための重要な前提条件だったのだ。［行カエ］西欧や日本にはこのような封建時代が存在したが、かつてのロシアや中国においては、皇帝が絶対的権力を有する専制国家は存在したものの、厳密な意味での封建時代は経験していない。したがって、自己抑制や自己規律のエトスが歴史的に十分に発達しなかったのである」(28)。

この袴田の叙述こそウィットフォーゲルが主張していたことそのものである。ウィットフォーゲルの反対者にとって、社会主義は資本主義の矛盾の解決である。ときに民主主義的課題と複合して解決されることはあろうとも、それはあくまでポスト資本主義の体制であるはずであった。ソ連の崩壊はこの命題にのほほんと安住していた学者たちを仰天させたが、寝耳に水の彼らは不意に出現したポスト社会主義のロシアについて、考察も概念も持ちあわせていなかった。かくて、何の理論もなく、雰囲気の流れによって「商品貨幣経済・資本主義の創出」がはかられたのであるが、その結果としてのバザール（駆引き取引）経済の出現がロシアにおける封建制段階の欠如の証明となったのである。

スターリンによって変造され、歴史の理解を混乱させる魔語とされてきた「封建制」の概念を袴田は棄てた。そしてウェーバーによって定式化され、ウィットフォーゲルによって継承された本来の意味の「封建制」の概念に立ち帰ったのである。

ここまで来ると後戻りはできない。スターリニズムによって強制されていた理論的障害を突破した以上は、何故にロシアに専制主義が成立してきたか、その成立条件の追求がなされなければならず、またその射程は文明史全体にまで及ばなければならない。しかし、その考察はすでにウィットフォーゲルによってなされていたのである。彼の学問の全面的な名誉回復がなされなければならない理由はここにある。

中国の状況

中国にはなお共産党独裁が政権として存在している。その支配下にある社会の歴史は三つの段階に分けられる。第一段階は、一九四九年の北京政府の成立から五九年までである。第二段階は、六〇年から七八年にかけて、毛沢東が正面に出で人民公社が組織され、文化大革命が荒れくるい、その後片付けが行われるまでである。そして第三段階は、七八年の現代化路線の決定から、鄧小平の開放政策、その南巡講話（一九九二年。開放政策の強力なプッシュ）以後の社会主義商品経済の全面開花に至るまでである。これらを通じて中国共産党はあいかわらず〈社会主義〉であると自称してきたが、もはや社会主義であることは何の威信を与えるものではない（国際主義《インターナショナリズム》＝「万国の労働者、団結せよ！」の徹底した放棄）。したがって、中国社会の展望についてはさまざまな立場を展開する自由が存在しているが、しかし、このことを逆にいえば、この国の社会経済構造については〈社会主義〉の用法がおざなりに使用されてきたために、突っこんだ分析が不可能となっているということでもある。

とりあえず語られているのは、北京政府（党幹部）自身の考え方で、現在の体制がそのまま存在し続け、発展するというものである。この場合、社会主義商品経済という概念が矛盾をはらんでいることを彼らも承知しているが、これについては鄧小平による社会主義理論の中国的発展として言いくるめることですませたいと考えているようである。これは、ちょうどスターリンがとった手法と同じようなことをマルクス＝レーニン主義の発展とするものであろう。スターリンは、本来なら世界的なものとされていた社会主義に対して「一国社会主義」という新しい規定を加えたが、それはソ連やソ連が支配するコミンテルン＝国際共産主義運動の公式の規定からすれば社会主義概念の変造であった。しかしスターリンはこの新規定を拒否するトロツキストらを異端視して排除したのである。

今や中国ではかつての国有計画経済の多くの部分が商品貨幣経済化され、私営企業（このなかには国有私営もある）の活動も盛んに奨励されるようになっている。にもかかわらず、共産党の一党独裁が頑として維持されている。共産党が社会経済の管制高地（開発の許認可権）を掌握し、掌握のために必要な自由・人権・民主主義の制限が貫徹されているかぎり、その体制を社会主義的とするのである。彼ら党幹部は、沿海部と内陸部とのあいだの、そして都市民と農村民とのあいだの格差が拡大していることも承知している。また、党員、官僚が一般大衆に対して特権的地位にあり、横暴にふるまい、賄賂、接待によって大衆を収奪していることも承知している。しかし、党幹部はこれらも社会主義の発展によって解決するものと考えている。商品貨幣経済による猖獗の現状もやむなしとし、これらの問題はいずれ経済の成長、生産力の発展によって解決するものと考えているのである。もちろん、こうした現状が共産党の威信、社会主義の権威を大きくゆるがしていることも、党幹部は知っている。そのため江沢民主席（在任一九八九―二〇〇二年）は、こうした不満のガス抜きとして、反日教育による排外主義へと青年を煽動しようとした。二〇〇四年から二〇〇五年にかけての毎日的な大衆行動、反日デモ、そして外交儀礼を逸脱した政府の態度はその現れである。

これらを可能にしているのは、開放以後の中国経済の急速な成長、すなわち、今や世界一の工業生産、輸出国となって、やがて世界一の製品消費、輸入国になろうとしている事実である。もとより、このことの意味もまた、党幹部は充分に承知している。中国の輸入高は二〇〇五年にフランス、イギリスを抜いて、一位アメリカ、二位日本、三位ドイツに次ぐ第四位となったが、これに浮かれていてはならないと中国の『中華工商時報』（二〇〇六年一月二八日付）のコラムは述べているという[29]。すなわち、「生活水準では隣国の韓国でも中国の一五倍」、「イギリスの人口は五〇〇〇万人、中国は一三億人、人口差を考えると、GDP総量を比較することに意味はない」などとして、「GDP信仰」をいましめているのである。データは少し古いが、新しいデータはますますこの状況を強く確認するものであろう。国家統計もまた、中国における二〇〇五年の一人当たりGDPは一七〇〇ドルで、ブラジルの二〇〇二年の二七一〇ドルにもはるかに及ばないとしている。しかし、中国の尨大な経済力は明らかに中国国民を高揚させ、北京政府を強硬なものにしているのである。

この中国の力量の謎をとく鍵はどこにあるのであろうか。それはこの国の労働力の価格が低く政策的に抑えられているところにある。ならば、このことは何故に可能となったのであろうか。その理由を中国の政権の「社会主義性」に求めることは面白いが、その際にはその「社会主義性」の虚妄を説明しなければなるまい。これを説明してくれるのがまた、ウィットフォーゲルの概念だったのである。

北朝鮮の状況

金日成、金正日の金王朝創設の努力は世界史において最もアナクロ的な現象の一つであり、人間にとって言葉と事実のあいだの埋めようもない乖離に平然とするシニシズムがどこまで可能であるか、そのことについて測定することを許す事例である。日本においては、これを社会主義とする研究者はかつてマルクス主義の学説史研究家の長老であったS・Sや宇野派経済学者であるK・Tなどかなり存在したが、現在ではW・Hらの他にはほとんど見あたらないといった状況にある。しかし、これはこの国に対する社会科学的認識が徹底したということではいささかもない。むしろ、この現象は、ワイドショーに出演するタレント的学者のニュース解説にその解明の役をゆだね、自らはこれで「手をよごす」ことなく、眼をそむけて無関心をよそおっているというのが実情であろう。しかし、北朝鮮における金親子による事業が国際共産主義運動によって生みおとされた鬼子であることはまぎれもない事実であって、それは今なお自らの特権集団を朝鮮労働党と称していることによっても明らかである。

この北朝鮮の事象を社会科学的に読解することはことさらに困難な作業ではない。それはマスコミによって紹介される「首領さま」の時に磊落な東洋皇帝気取りの態度・行動、大衆に指令されるヒトラー顔まけのマスゲーム、自らの彫像やパリのナポレオンのそれよりも一メートル(?)高いという平壌《ピョンヤン》の凱旋門ほか巨大な自己賛美のモニュメント、その尊大な威圧的トーンとヤクザ風の恫喝的な語彙とがないまぜとなった北朝鮮政府による公式的言説とりわけ核兵器を持っていることの誇示的宣伝等々、表層的印象のみではない。この国では自由・人権・民主主義が存在していないのみならず、社会的にも家系の履歴に理由づけられる「革命的成分」によって、国民は革命的階級、中間階級、反革命的階級とカースト的に分類され、職業、賃金、住宅、居住地において差別されている。首都平壌や主要都市には革命的階級(上級国民)のみが居住を許されており、国民の国外への旅行は禁止され、国内における移動も許可なしには行えない。これ以上羅列する必要はないであろうが、にもかかわらず、日本の研究者はレポーターのニュースを越えた学的分析のレベルにはあえて手を出そうとしない。いや、それはメディアがそれを伝えることにためらいを持っているからかもしれない(30)。

それだけにわれわれは、ソ連の社会主義性を否定し、その東洋的専制性を主張したウィットフォーゲルの社会学者としての論理から、そして、共産主義者や容共派からの反動呼ばわりをおそれる者たちによってなされる集団リンチに耐えぬいたウィットフォーゲルの学問的良心から、多くのことを学ばなければならないのではないか。

日本の研究者の多くは臆病であり、気概に欠けている。これを反省しないかぎり、もはや社会科学の権威は維持できないところまで来ている。それを証明するものに、経済学史学会編『経済思想史辞典』(二〇〇〇年、丸善)という文献がある。学会のメンバーを総動員したこの辞典は、今日のわが国の経済学史の学界のレヴェルを代表しているとしても過言ではあるまい。この本では、ウィットフォーゲルについてはたった一語、三三六ページにフランクフルト学派のメンバーを羅列したリストにあげられているだけである。しかも念のいったことに、名前の綴字が間違っている。正確には Wittfogel だが、Wittvogel となっている。索引でも同じ綴字になっている。これが日本の学界の水準なのであろう。その他「アジア的生産様式」という重要なキーワードについては項目のみならず、言葉そのものがこの辞典には一度も登場しない。これはいったいどうしたわけか。

第2章　ウィットフォーゲル理論の到達点

墓場から還ってきたウィットフォーゲルが現代の理解のために寄与しうるもの、それは、彼の思索の到達点と、そこに至るまでの過程のなかにある。一方、その到達点と過程を理解するうえにおいて、これまでしばしば語られてきた最低級の議論は、彼がマルクス主義者であったかどうかというものである。記録的には、彼にはマルクスの主張に同意することもあったし、批判することもあった。もっともマルクス自身が状況とともに変化した。したがってマルクス主義者であったかどうかを問うことは、科学を宗教化し、その命題を教条化することであるから、ここでの議論では関係のないことである。

ただ明確に言えることは、彼がマルクスを尊敬していたこと、そして、そこから最も重要なものとして継承したのが〈総体性〉のカテゴリーであったことである。それは対象の本質を把握するためには、断片的、部分的にではなく、全体として考察しなければならないということである。これは『歴史と階級意識』（一九二二年）のルカーチによってマルクス主義の核心にあるものとされたが、ウィットフォーゲルの学問のすべての根底にあるものもこれであり、このことは彼のすべての著作を理解するための鍵である。

マルクスとの関係とほぼ同じ関係は、マックス・ウェーバーとのあいだにもある。ウィットフォーゲルはウェーバー主義者と呼ばれることはないし、それだけの距離はあった。ウェーバーは実践の意欲を持っていたが、学問をするにあたっては実践的配慮を峻拒している点でウィットフォーゲルとは違っていた。しかしながら、ウィットフォーゲルはウェーバーの「価値自由」のエートスや「理念型」的認識を受け継いでいたし、空語やはやり言葉でなく、リアリズムで現実にアプローチすることを決意し、ふやけた＝八方美人的「理想」主義に対して嫌悪感をいだいていたことにおいてはウェーバーと共通するものがあった。特にこの点が、戦後なお知識人のあいだではやりの季節にあった共産主義との決裂にあたって、その意志をあいまいさなく表明しようとする行動となって表われた。それは当時の知識人社会では流れに抗することであった。そのために彼は、大衆的には「赤狩り」の流れに順応したかの如く受けとられるという無念さを味わわされることにもなった。しかし、彼は志なき亨楽者でも、情熱なき職業人でもなかったのである。

彼が取り組んで、定式化まで至りえたのは、次の三点である。

（1）文明を把握するにあたっての風土の役割の理解の必要性について。

（2）文明の中心・周辺・亜周辺という地理的位置による性格の違いについて。

（3）文明の政治構造の類型について。

いずれも、「流れに抗する。ユニークなものを探究する」という研究者のエートスを美事に開花させたものであった。

1　風土と文明

「水力社会」論

マルクス主義に学んだことを基本的枠組としながら、それを発展させる契機を求めるウィットフォーゲルが突破口としたのは東アジア、中国であった。そこにはマルクスがその理論構成において参照したユーラシア大陸の西側（オリエント→ギリシア・ローマ→西ヨーロッパ）の歴史の流れがあり、それはヘーゲルの『歴史哲学』の世界史像でもあったのであるが、彼はそこに彼らとは違った理論を構成する余地を発見したのである。ユーラシア大陸の西側の文明の出発は〈都市〉であった。「文明」のヨーロッパ語“Civilisation”は〈都市化〉である。都市化は部族的生業を破る社会的分業＝経済の展開である。ユーラシア大陸の東側では文明の出発は〈集権〉であった。「文明」の東アジア語「礼楽刑政」は〈華夷の分〉を生む。文明人と未開人を分け隔てる華夷の分は、部族的生業を破る官僚的管理＝統治の展開である。この対照を尺度として、彼は物財とともに権力財を発見し、それがつかみとるものの根源にあるものとして〈水〉を見たのである。

言うまでもなく、一切の人間の営み、そしてあらゆる種類の農耕は水の存在を前提としている。それのみか、水分を獲得するために人間は智慧＝技術をつくした。しかし、天水農法による場合、降雨は自然現象であり、もっぱら技術はそれに適応するためのものだった。しかし、単に水分に適応するだけではすまない文明も存在した。そこでは、水を農地に導き、灌漑をするための施設（水路）を掘削したり、水を集中し、管理するための溜池やダムを建設するのみならず、人間を脅かす自然の水の運動（例えば洪水）を制御するための堤防や排水路を造営する治水も行われたのである。これらの事業は小規模でもできないことではないが、いずれも充分な役割を果たす程度にまで行われるには、大量の労働力の集中と指揮が不可欠であった。そのために、これらの文明においては、集権的な専制官僚制によって政治がなされなければならないので、文明そのものの構造に本質的に刻印を押すことになったのである。

天水農業を主流とする文明においても、生活の維持のために防水や利水の事業は行われる。そこでは時には農地への灌漑すら稀なことではない。それはいずれの文明においても井戸が掘られ、そこから取水が行われているのと同じことである。これに対して、生産の核心に灌漑や防水のための大工事がおかれなければならない文明は全く違った社会システムを取らないわけにはいかない。ただし、この社会システムの構造における水の関わりには程度や類型がさまざまある。メソポタミアのように水路による灌漑によって農業が営まれているところでは、水路の維持がなおざりにされる時、たちまち耕地が荒地や砂漠に返ってしまうこともある。エジプトのように一本のナイル河が貫通して、その定期的な洪水期の溢水によって水分が取り入れられるところでは、大河の水量によってかなりの影響を受けるにせよ、そこに住む人たちの生活が廃絶させられることはない。インダス河畔の文明はおそらくメソポタミア文明と類似したものであったろう。

これらはいわば単純で、文明と水との関係を理解するうえで困難ではない。それに対して、中国の場合は、その建国における治水の重要な役割が伝承に明確に記録されているにもかかわらず、その文明における専制官僚制との関係のメカニズムが複雑なことが、おそらくウィットフォーゲルの研究意欲を強めたように思われる。彼はすでに学生時代、はやくからこの国について関心を持っており、この国に関する公開の連続研究発表を行ってさえいる。それに一九二〇年代、この国においてはいわゆる第二次中国革命が進行しており、きわめて実践意欲の強い彼はドイツ共産党随一のチャイナ=ウォッチャーとなって、二六年には『目覚めゆく中国——中国の今日の諸問題と歴史的概説』を書いている。革命は二五年に始まり、二七年に敗北したが、彼はその一部始終を中国の外から観察して、この社会の特質を詳細に理解しようとしており、そのうえでいくつもの理論的論文も書いている。その中心となるのが、三一年の『中国の経済と社会』である。

この書には中国文明に刻印されている風土の特徴が詳細に記述されている。まず中国の経済と社会を条件づけるものとして気候、土壌、水をあげる。とりわけ黄河流域の農業文化にとって黄土の重要性を指摘し、黄土がさまざまな栄養分を含んでおり、農業にとってはきわめて有利な肥沃な土であるとする。さらに気候は寒暑の激しい気温の差、とりわけ夏季の高温が作物の生長をうながす。そして降雨による水の適時の供給が決定的役割を果たす。何となれば、黄河流域は基本的に乾地農業であって、降雨後ただちに播種し、圧土することが必要であるが、モンスーン地帯の末端にあるため、降雨の時期は予期することが難しい。したがって、天文学、暦学の役割が大きく、さらに灌漑も存在するが、より深刻な洪水に対する防衛（治水）が必要であって、そのため中央集権的な専制官僚制を成立させ、これを確固として存続し、文明のさまざまな分野に滲透させていったのである。そこでは権力が一切の富の源泉であって、物財の所有権は権力に制約されてユーラシアの西側よりも弱かったと言える。

労働力の掌握については、西側では商品として流通する奴隷制が展開した。中国でもこの種の奴隷が存在することはあったが、むしろ大多数の農民は自由度と権利度において薄弱な「老百姓《ラオベイシン》」として存在した。彼らを「国家奴隷」とする見方もありうるが、中国においてのそれは奴婢に対する「良民」であって、西洋経済史における奴隷と対比した場合、語感において強すぎると言える。

この但し書きを付ければ、中国共産党支配下の国家における農民を理解するのに便利となるであろう。彼らは今も戸籍において都市民と差別され、都市民が享受する社会保障等の諸権利を持っていないのである。出稼ぎの過熱が見られるが、基本的に出国を含めて移動、居住地の自由はなく、権利ではなく、許可が必要である。この農民の存在形態のみならず、都市民を含めて人権が制約され、共産党員を除いて政治的自由が決定的に欠如していること、そして土地その他の生産手段が国家所有であり、その占有のためには国家からの貸し出しを受けなければならないことは、商品経済が大幅に認められ、拝金主義が大高揚しているにもかかわらず、権力が共産党幹部に独占されている一点において、この国家が東洋的専制主義と定義されることを回避できなくさせている（その商品貨幣経済の発展が近代資本主義へと転化する可能性は、おそらくない)。

「征服王朝」論

できあがった東洋的専制主義の政治制度は一つの政治文化となるが、それはその基盤をつくりだした上述の水力的経済構造と不可分なものではない。政治文化としての専制支配や官僚制度は、一つのシステムとして定着させる基盤がある時は完成した政治社会を産出させることができる。このことが中国史において「征服王朝」を成立させ、その一つから畸型的に膨張したモンゴール帝国(元)がユーラシア大陸の中央を東西に貫く乾燥地帯を征服することによって中国に君臨したのである。

ウィットフォーゲルがこの「征服王朝」の概念を提起したことは、中国史を立体的に把握させ、世界史の新しい視野を開いた。モンゴール帝国は世界システム形成の道を開く第一関門を突破させた。この元王朝によって文化が東西に交流したのであるが、火薬や羅針盤はこのとき西ヨーロッパに伝えられたものである。それは一三世紀のことであったが、それから二世紀後には東西の文明の力量比が逆転している。一五世紀末、ヴァスコ＝ダ＝ガマが喜望峰経由でインド洋航路を開発し、やがてポルトガルが東アジアに現れるのである。そのとき中国は明であったが、やがて清という「征服王朝」へと再び続いてゆくのである。

ウィットフォーゲルは『中国社会史・遼(九〇七―一一二五)』(一九四九年)において、自らの概念理論を『遼史』の翻訳とその解説によって展開している。彼によれば、中華帝国＝「中国世界システム」の歴史（紀元前二二一―紀元一九一二年）は一〇の段階に区別される。(1)

1　秦と漢（紀元前二二一―紀元二二〇）
2　分裂期の漢族諸王朝（二二〇―五八一）
3　魏［拓跋族］とそれに直接前後する異種族諸王朝（三八六―五五六）
4　隋と唐（五八一―九〇七）
5　宋（九六〇―一二七九）
6　遼［契丹族］（九〇七―一一二五）
7　金［女眞族］（一一一五―一二三四）
8　元［モンゴール族］（一二〇六―一三六八）
9　明（一三六八―一六四四）
10　清［満洲族］（一六一六―一九一二）

このリストは通時的にあげられているが、必ずしも一貫した時代区分ではなく、欠落部分や重複部分、秦漢の如く一括した部分もあるところから明らかなように、むしろ構造的に分類したものとすることができよう。これらをウィットフォーゲルは、「典型的な中国王朝」を1、2、4、5、

9とし、「征服王朝」および「滲透王朝」を3、6、7、8、10として二群に分類したのである。後者のうち、3の（北）魏とそれに先行する五胡十六国、およびそれに後接する（南北朝の）北朝諸国など「蛮族」諸王朝については、征服というより、半平和裡に権力に接近、滲透したところから、これは正確には「滲透王朝」ということになるので、本来の「征服王朝」は6の遼、7の金、8の元、10の清ということになる。さらにまた、この四つの「征服王朝」のなかでも、遼（と元）は「文化的抵抗型」、金は「文化的従順型」、清は両者の「中間型」と性格づけている。

彼が提起した新概念は、これまでの中国史において通説となっていたところの、いわゆる「吸収理論」に対する批判であった。「吸収理論」は漢族の自民族中心主義によるものである。それは外国文明を同化する中国文明の能力を過大に評価し、中国社会は狩猟＝遊牧民的征服者を吸収することができ、あらゆる中国文明の要素は自民族の社会的力量と魅力の顕われとみなしたものだが、ウィットフォーゲルはこれに事実との相異を感じたのである。

彼が中国史研究プロジェクト、「二四史」翻訳の最初のものとして『遼史』を選んだのは決して偶然ではなかった。遼（契丹）は今日、ロシア語において中国を意味するキタイの国であるが、このことは、遼が北方アジアにおいて、東アジアの国として歴史的に最も印象的であったことを示すものである（英語のチャイナ、仏語のシーヌ、伊語のチーナは、秦が東アジアの印象的な国としてインド経由でヨーロッパに伝わったものである）。この遼が、ウィットフォーゲルによれば最初の本格的な「征服王朝」であって、その後のパターンを決定したのである。

彼が遼＝契丹族について指摘していることは次の四つである。第一に、「契丹族は中国人に対してただの部分的勝利をおさめたにすぎないので、彼らは中国本土の北部を支配していたときですら、北ジェホル族の昔からの部族の領地にその政治力、軍事力の中心を維持していた」。第二に、「契丹の王族と貴族はしばしば中国人臣下と接触し、彼らから多くの文化的要素を採用したが、しかし典型的に部族的な政治的、軍事的組織や、以前の世俗的伝統、宗教的信仰は、決して放棄しなかった」。第三に、「契丹族大衆は長いあいだ営んできた遊牧活動を続けた。中国人農民や都市民と離れて生活していた彼らは、『中国風の習慣、儀礼、文字、文明』でもって部族的な生活様式に取って代わらせることをしなかった」。第四に、「伝統的遊牧生活の継続が不可能とされるどころか、部族が基本的な組織単位であることが至上命令的に要求された。征服がもたらす政治的、軍事的修正にもかかわらず、遼帝国の部族はカッコなしの部族であり続けた。それは多くの行政的役割を果たしたが、しかしそれは行政的単位以上のものであった[2]」。

これらは彼以前の理論をもってしては理解しがたいものであったが、これらにアプローチする枠組みとして彼が選んだものがアメリカの文化人類学における「文化変容 acculturation」（違った文化に属する人たちが継続的に接触、共生するとき、双方あるいはいずれかの文化にもたらされる変化）という概念であったことは、中国文明理解に新しい視座を提供するものであった。

ロシアの東洋的専制主義

この「征服王朝」論の延長において理解されるのが、ロシア＝アジア的社会論である。ロシアは一二三七年にモスクワを、四〇年にキエフをモンゴールによって占領され、四三年にモンゴールの将、バトゥがキプチャク＝ハーン国を建ててから、一五世紀までモンゴールの支配下にあったのである。モンゴール帝国は中国に即して言えば、元であるが、遊牧帝国として独自の歴史を持っている。古代から中世にかけてはトルコ族が主流を占めており、おそらくモンゴール族の源流は狩猟民で、中国の記録では唐末にその名が散見されるようになったという。

このモンゴールの遊牧民としての若いエネルギーを爆発させたのがテムジン・チンギス＝ハーンである。その頃、黒龍江上流流域、バイカル湖周辺における狩猟民、遊牧民の葛藤は苛烈なもので、そのなかでモンゴールは鍛えられ、若い氏族ながら政治面では老巧なノーハウをそなえることとなった。テムジンの生まれは一一五五年（一説では一一六二年）とされており、闘争のなかで父を毒殺されたり、孤独のなかで苦労するが、金（＝女眞、トゥングース族）の影響下にあったモンゴール高原において諸部族との闘争に勝ち抜き、モンゴール全体の長＝ハーンの位について、チンギス＝ハーン（太祖）となったのは一二〇六年のことである。

チンギス＝ハーンは一二一五年に金の都＝燕京をおとしいれ、一九年に西征を開始、中央アジア、ペルシア、そしてロシアを征服するが、帰途、死亡する。

彼に次いでハーンとなったのがオゴタイ（太宗）で、一二三一年に高麗に侵入し、三三年に金の汴京を陥落させ、三四年には金を滅亡させている。三六年には今度はバトゥが西征して、ドイツ東部、ハンガリーまでいく。その途中でロシアが占領されたのである。

ロシアは東スラヴ族とフィン族をスカンディナヴィアから来たヴァイキングの一派＝ルーシが九世紀に統合してつくった国であるが、一〇世紀末にビザンツの影響のもとにギリシア正教に改宗した。そしてキプチャク＝ハーン国に従属し、いわゆる「タタールの軛《くびき》」のもとで行政制度など新しい文明に接した。ドイツ騎士団と戦ってロシアを防衛したノヴゴロド公、アレクサンドル・ネフスキーを画いたエイゼンステインの映画「アレクサンドル・ネフスキー」（一九三八年）では、支配するキプチャク＝ハーン国の使節に漢族の服装をさせている。はじめロシアの都はキエフにあったが、モスクワ公イヴァン一世がキプチャク＝ハーン国の庇護のもとに一三二八年、大公となってルーシの公たちの筆頭に立ったときから、モスクワがロシアの中心になるのである。そしてイヴァン三世が一四八〇年にモンゴールの支配からモスクワ大公国を自立させ、一五四七年、イヴァン四世が初めて正式にツァーリを称するのであるが、その際、バトゥの子孫のサイン・ブラト（シメオン・ベクブラトウィッチ）をまずクレムリンの王座につけ、全ルーシのツァーリ（ハーン）に推戴し、次いで彼から譲位されてツァーリとなるという手続きをふまなければならなかったのである。なお、彼の宮廷の貴族の三分の一はタタール系であったという(3)。

これが新生ロシアの発生であるが、ロシアを東洋的、アジア的とすることに違和感が生じ、むしろヨーロッパの一国とするのは、一つにはピョートル大帝（在位一六八二―一七二五年）が大胆な欧化政策を行ったせいであり、もう一つにはエカテリーナ二世（在位一七六二―九六年）のもとで三回にわたるポーランド分割（一七七二年、九三年、九五年）に参与し、外交の方向がアジアからヨーロッパに旋回したためである。あるいは、ナポレオンが一八一二年、ロシア征服を試み、その失敗の処理のためのウィーン会議にロシアの皇帝、アレクサンドル一世が参加したことにもよる（ウィリ・フォルストの映画『会議は踊る』はそれに付会したエピソードをストーリーとしている）。一八四〇年代から雑階級中心の知識人の活動が盛んになって、ドストエフスキー、ツルゲーネフ、トルストイといった作家がヨーロッパ向けの創作をしたが、体制批判的知識人はなお西ヨーロッパ派とスラヴ派とに分裂していたのである。

もう一つ、ロシアにおける資本主義の発展が一八六一年の農奴解放以後進展し、特に九二年にヴィッテが蔵相に就任することで資本主義化が推進された事情がある。また一九〇四年、レーニンが『ロシアにおける資本主義の発達』を書き、一七年の革命の主体が都市プロレタリアートであったことは、この国を東洋的と規定する意味を判りにくくした。

この点をウィットフォーゲルは見おとしているわけではない。より踏みこんで、彼は彼の理論のうち一般の人たちに平板化されて理解されている部分をめぐる誤解を解くために、一九五〇年の『ワールド・ポリティクス』に「ロシアとアジア」を書いたのである。すなわち、彼はこう述べる。多くの人たちは言う、「ヨーロッパ＝ロシアは決してアジア的水力的類型の政治経済を持ったことはない。したがって、粗雑な経済学的方法だけで関連性の問題は片がつき、その地域をより広汎な比較検証によって考察する必要はない」と。しかしながら、と彼は続ける。「適切な歴史的比較をしてみると、この点についての性急な否定は危険であることが判明する。ビザンツ史の後期を通じて、東ローマ帝国の狭められた領土には、政府経営の大規模水力事業は実際に存在しなかった。それにもかかわらず、アラブ人がその重要な水力地域をことごとく攻略し去ったのちも、この帝国にはなお八〇〇年にわたって、その中央集権的官僚制デスポティズムが維持されたのである(4)」。

専制官僚主義は水力経済の単なる上部構造といったものではないのである。「征服王朝」の征服の結果として、東洋的専制主義は扶植されたのである。モンゴール以前のロシアには東洋的専制主義はなかった。

「モンゴールの支配下において一三世紀の中葉から一五世紀末までの間、周辺的な東洋的帝国の一部となったとき、ロシアはその制度的な分水嶺を超えた。東洋的な統治方法の強制的＝搾取的技術が活発に導入され、東洋的な専制官僚的政府組織と社会との結合が可能となったのは、この永々とつづいたモンゴールの覇権の時代——多くの研究者が多くの理由によって粗略にした時代——においてであった(5)」。

当然に生まれてくる疑問は官僚的利害と地主的利害の処理である。この二つの対立はヨーロッパの絶対王制に見られるもので、一貫してその体制の矛盾となったものであるが、ロシアではそうはならず、領土の大部分において政府が支配権を掌握し、貴族たちに終身的かつ無条件の政府への奉仕を完全に義務づけることができたのである。モスクワの専制君主は国家に仕える官人たちにまず第一に官僚的利害を、その次に地主的利害を尊重させて貴族階級を構成したのであるが、これは中部、西部ヨーロッパではありえぬことであって、中国、ムガール朝インド、オスマン＝トルコのある時期に同様な例を見出せるタイプのものだったのである。

この体制のもとで、ロシア国家はピョートル大帝以後、工業化を緊急の課題として解決していくことになる。しばしばこの大規模工業化は、主として、徴発された農奴の労働力、強制労働を使用することによって成ったとされているが、より重要なことは、その経営である。

「一八世紀におけるロシアの大規模工業を総合的に取り上げて、重工業とともに軽工業をも考察してみると、かなり高度の確実性をもって、大規模工業が強制労働を基盤としただけではなく、むしろこれまたツァーリの官僚機構によって支配的に経営されていたのである――支配されていたとか監督されていたとかいうのではなく、まさに経営されていた(6)」。

ビザンツやオスマン＝トルコのような周辺的な東洋的専制主義の場合でも、国家の官僚機構の代表者たちは、土地および資本の私有財産制がかなり発展していたにもかかわらず、その支配的地位を確保し、自己の既得権益を保護していた。そしてロシアでも、一八六一年の「農奴解放」以後においてすら、ツァーリの国家とその官僚組織は第二義的な地位に引きおろされるどころか、むしろますます自己の地位を近代化し、確保することに成功したのである。官僚は地主を見殺しにし、土地貴族は一八七〇年代から一九〇五年までにその所有地の三分の一を、一九一四年までには四〇％を失った、という。他方で、これらの変化は農民の立場を改善することもなかった。農村に対する官僚の誅求的支配は微動だにせず維持された。一九世紀の末葉、ロシア政府は直接税ならびに間接税によって零細農民の所得の五〇％を搾り取っていたのである。

この間、資本主義の発展の促進策がとられた。もはやかつての官僚による経営では追いつかず、また生まれたばかりのブルジョアジーでは不充分であった。ブルジョアジーには充分な自由が与えられているわけではなかった。この隙間を埋めたのが「ツァーリ政府の特別の機関によって保証され、導入された外国資本家[7]」であって、それがまた国内資本家にとっては強敵となったのである。かくして二〇世紀初頭のロシアの工業は次のような状況にあった。

「二〇世紀の初頭において、ロシアの鉄道網は大部分が政府によって経営されていた。西ヨーロッパと違って、国内軽工業のほとんど三〇％までがツァーリの国家官僚によって直接的な経営管理をうける非常に有力な独占企業であった。非独占的軽工業の三分の一を占めるものは、政府の保証する外国人投資に依存していたが、これらに対してもツァーリの官僚機構はかなり強力な支配力を持っていた。重工業や鉱業の中枢部門においては、一九〇〇年においてその全資本の七〇%、第一次世界大戦直前にはその九〇%程度までも国家の受け入れた外国資本が占めていた[8]」。

この経済の官僚支配をそのまま受け継いだのがソ連である。「ソ連の全体的経営者的官僚支配社会は、農業的で半経営者的な東洋の官僚社会と一致はしないけれども、そうした社会とは決定的な関連性を持っているのである[9]」。それは系譜的、構造的な近似性である。しかしそれを指摘することは、社会主義のレッテルで飾られたソ連の正体をあばくものであるだけに、ソ連共産党とその支配下にある国際共産主義運動によって蛇蝎のように嫌悪され、恐怖された。このツァーリ・ロシアの経験は今日の「人民中国」を理解するうえで有力なモデルとなるものである。

2　文明の類型

「水力社会」のタイプ

ただし、ウィットフォーゲル理論はある種の社会(二〇世紀において、いわゆる社会主義が勝利した社会)を「東洋的専制主義」という一色で塗りつぶして終わっているわけではない。「東洋的専制主義」は一つの文明現象である。文明は「水力社会」において本格的に成熟し、その「水力社会」が文明の「中心」地帯となる。この「中心」の水力社会は一つの制度的秩序であるから、地理的、技術的、経済的要因の一つをもって説明することはできない。

「水力社会」は水力体系にもとづく農耕の程度と類型によっていくつかに区分されるが、その指標は「空間的凝集度」(これは水力供給の連続性、非連続性で決まる)と「水力体制の経済的、政治的比重」によって次のように定められる。(10)

(イ) 水力的に耕作される土地が全耕地の半分以上を占めるもの。

(ロ) 水力的に耕作される土地が全耕地の半分に満たなくとも、その収量が他の耕地の収量を上回るもの。

(ハ) 水力的に耕作される土地およびその収量が他の耕地のそれを下回るもの(この場合も、決して専制支配の動機が欠如し、抑制されるわけではない)。

(ニ) 水力体系が直接に農耕を規定することなく、治水＝洪水防御の側面を中心とするもの(この場合も、政府権力の拡大に大きな意味を持つことがある)。

以上のような指標にもとづいて、ウィットフォーゲルは「水力社会」をその密度の面で次の四つのカテゴリーに分類する。まず、水力農耕が絶対的ないし相対的に優位を占めるものを水力的に「コンパクト」(C)であるとし、逆に覇権を確保するには不充分なものを水力的に「ルーズ」(L)であるとする。さらにそれぞれの傾向がより強いもの、絶対的なものを1とし、より弱いもの、相対的なものを2とすれば、次のようなカタログを展開することができる。(11)

●コンパクト1（C_1）——リオ・グランデ沿岸の大部分のプエブロ族、沿岸ペルーの古代の小都市国家、ファラオ時代のエジプト。
●コンパクト2（C_2）——古代メソポタミア下流の都市国家、中華帝国形成前後の秦。
●ルーズ1（L_1）——東アフリカのチャガ族、古代アッシリア、古代中国の斉および楚。
●ルーズ2（L_2）——東アフリカのスーク族、ニュー・メキシコのズニ族、原住民ハワイ国家、古代メキシコの多くの地域小国家。

このように「水力密度」による性格づけを可能とする地域的、民族的単位が結集されて巨大な水力帝国ができあがるわけであるが、この場合その水力的帝国の内部構造はコンパクトな水力的地域を内に包んだルーズな水力社会を形成し、不均質なものとなる。それを全体的にみるときは「ルーズ1」に分類され、その例としてあげられるのがバビロニアおよびアッシリアの諸帝国、統一された中華帝国、インドの大帝国、最盛期のアケメネス朝ペルシア、カリフ時代のアラビア、オスマン＝トルコ、インカ帝国などである。

この水力体系の密度の差によって文明の類型はさらにもう一つの角度から切りだすことができる。文明の発展の歴史のなかで、水のみでなく、他の物財が必然的に生まれてくるのである。それは、自然より切りだされた鉱物や宝石などから、手工業的に製作された道具類、そして食料に野生の植物、農耕により生産された農作物に加えて、狩猟、漁猟によって得た獲物、さらには家畜を飼養して得る畜産物にまでおよび、それらが現れるとき、国家官僚の手で掌握しきれない物財が発生してくるわけである。とりわけ畜産物の登場は所有という概念を生むことになる。それは財産のなかに、それまでの不動産とならんで動産が生まれたということであるが、畜産物を生みだすのみならず、それ自体が繁殖する家畜は、後に商品化された人間＝奴隷や農作物、とりわけ穀物とともに突出した所有物であって、その概念の反省によって私有に対する国有も浮かび上がるのである。ウィットフォーゲルは、この私有という概念を組み入れた文明の類型化も行っている。[12]

(1)「単純水力社会」　動産と不動産の両方の形態において、独立した活動的な財産が従属的な役割を果たしている場合、われわれは比較的単純な財産形態に当面するわけであるが、この構成を「単純水力社会」と呼ぶこととする。

(2)「半複雑水力社会」　独立をした活動的な財産が、農業ではなく商工業で強力に発展する場合、われわれは半複雑な財産形態に当面するわけであるが、この構成を「半複雑水力社会」と呼ぶこととする。

(3)「複雑水力社会」　独立した活動的な財産が商工業のみならず、農業においてもまた強力に発展する場合、われわれは複雑な財産形態に当面するわけであるが、この構成を「複雑水力社会」と呼ぶこととする。

このウィットフォーゲルの眼配りはマルクスの「アジア的生産様式」概念への批判、むしろ補足を含んでいる。マルクスは所有形態によって歴史の段階分けをしており、西ヨーロッパの近代資本主義からさかのぼって古典古代の奴隷制までを所有がある社会、そしてオリエントの「アジア的生産様式」を所有がない社会としている。マルクスとウェーバーを組み合わせた大塚久雄はその共同体の理論において、共同地の形態によって所有形態を次のように類型化している。[13] すなわち、近代資本主義においては、共同地は綜画（エンクロジャー）によって分割し尽くされ、私有地化した。また、古典古代社会においては、土地は公有地 ager publicus と私有地 ager privatus に二分されていたが、オリエント社会においては、土地は公有で、経営は個人の占有によって行われた、と。こうした考え方をウィットフォーゲルは、西ヨーロッパの事情をアジア的社会に投影したものと批判したうえで、所有関係がその社会を性格づけるキメ手とはなりえないところに東洋的社会の種差＝特徴があるとした。つまり、東洋的専制主義は官僚権力の性格の問題で、そのなかに私的所有の弱い社会と強い社会がありうるとしたのである。

周辺と亜周辺

これが「中心部」から見た文明の類型であるが、中心部が文明と国家を持ったとき、それによって軍事的＝行政的に支配され、文明が移植される地域を「周辺部」という。ここでは「中心部」において有効であった水力体系の密度は基準としての意味を失い、経済的なものよりもむしろ「（大部分は非水力的な）建造、組織、収取の各領域における絶対主義的方法の相対的発展度を評価するというアプローチによって最もよく測定」される官僚制の密度の程度を基準に、その傾向がより強い「周辺部1」（M_1）とより弱い「周辺部2」（M_2）に分類される。[14] 遼帝国とマヤ文明はその中心部を「ルーズ2」（L_2）にも入れることができるボーダー・ラインのケースであるが、M_1とすることもできる。ビザンツ帝国と「タタールの軛」以後のロシア帝国はM_2である。このように水力体系の密度はさまざまであるが、専制国家の組織的・収取的方法を使用している点では同じである。なお、M_1とM_2の特徴をあわせもつのはオスマン＝トルコである。これらはいずれも、その内部に私的所有の力量を相当程度に展開させたけれども、その専制体制弱体化の要因が内部にはなく外部からの攻撃であったことは、逆にこの秩序の持久力を示すものである。

「亜周辺部[15]」の事例としてあげられているのは、（1）歴史以前のギリシア、（2）初期のローマ、（3）日本、（4）「タタールの軛」以前のロシアである。このうち、後に「タタールの軛」によってM_2の道を強制されたロシアを除いて、ギリシアもローマも日本も独自の文明を形成することができたのであるが、これらは「中心部」の国家によって征服されることなく、したがって軍事的＝行政的な支配を受けることもなかった。そこでは、中心文明の魅力に引かれながらも、独立を維持し、中心文明の諸要素のなかから選択したものを導入しえたのである。ウィットフォーゲルは「亜周辺

部」の「第二次的特徴」を次のように説明している。(16)

（1）かつて水力世界の一部であったところの文明は、その後の非水力社会的局面においても以前の条件の若干の痕跡をなお保持している。それは新しい編成にとって不可欠なものではないが、しかしそれと共存しうるものである。〔盲腸のようなものである〕

（2）望ましい「東洋的」諸特性の自発的採用は、大化の改新以後の日本やキエフ＝ロシアのような現象を説明してくれる。〔唐の律令を模倣した日本の律令のようなものである〕

中心―周辺―亜周辺の三重構造

中心―周辺―亜周辺の三重構造はユーラシア大陸では西側と東側に見られる。この西側と東側との相互影響は難しいところであるが、ユーラシア北部で草原が東西に貫通しているだけに、例えば金属の精錬技術のように西から東に流れたことは考えうる。しかし、それは文化が複合した文明以前の文化であると思われるので、ここでは考察より外すことは許されよう。文明の影響は多様な分野で多々見られるが、なかでも**文字**、**宗教**、**政治**などをあげることができる。

ユーラシア大陸西側の文明

ユーラシア西側の文明の中心部として代表的なものは、メソポタミアやナイル河畔であろう。メソポタミアは王朝的にはシュメールから始まり、バビロニア、アッシリアと継承されてゆく。その初期の言語であるシュメール語の系統は不明であるが、バビロニア、アッシリアの言語はセム＝ハム語系である。しかも、周辺部地域ではインド＝ヨーロッパ語系のフルリ、ヒッタイトの言語が使われていた。これらを表現する文字が楔型《せっけい》文字である。これはもともと絵文字＝象形文字であるが、葦の筆記具と粘土という筆記される対象の機能から一筆が楔型の痕跡となったものである。あるいはナイル河畔でも最初は絵文字＝象形文字として石に刻みつけられたが、後に葦の筆記具を用いてパピルスでつくられた紙にインキで書かれた。

これらの**文字**は表意文字なので、隣接するイラン高原やアナトリア高原の諸国家においても、その言語であるインド＝ヨーロッパ諸語に適応した表記法が用いられた。そして行きつくところでは、すなわちレヴァント海岸の諸語（シリア語、フェニキア語）においては、表意文字の記号がその形のまま表音文字化された。それが、亜周辺部にあたる地中海東部沿岸ではキプロス、クレタの音節文字化を経て、ギリシア語において明確に表音文字化＝アルファベット化するのである。その際、根本的な構造転換も行われた。その理由は、フェニキア文字はセム語を表記するものであったから、母音記号が必ずしも必要ではなかったことによる。すなわち、セム語においては子音の語幹に母音を嵌めこむことで関連する言葉（例えば、書く、本、書記）を意味させることができるため、この言語に精通した人にとっては母音を入れて読むことができたのである。しかし、他の言語、とりわけインド＝ヨーロッパ諸語においては、子音字のみでは表現することができない。そのため、フェニキア文字に欠けている母音字については、ギリシア語では使われない他の子音字や新しくつくった文字を用いて表記することとした。このギリシア文字がほぼそのままキリル文字（ギリシア正教の文字）となり、あるいはエトルリア文字を媒介としてローマ字となり、アルファベットとして世界的に使用されるのである。なお、フェニキア語と同系統のアラム語を表記したアラム文字は、商人によって東方に伝播してソグド文字となり、これを媒介にして突厥《とっけつ》文字、モンゴール文字、満洲文字を生みだし、さらにインドのブラフミー文字を生みだして、インド系諸文字を派生させることとなった。

宗教については、オリエントは多様な神々を発生させた。エジプト、メソポタミアではいくつものパンテオン（万神殿）を作りだしたが、結局、エジプトのアクンアトン（紀元前一四世紀のファラオ）の唯一神に示唆を受けたイスラエル人の唯一神ヤーヴェが歴史的に成立し、それがキリスト教に継承されるとともに、七世紀にはアラビア半島でイスラームのアラーに収斂する。かくて唯一神が中心部文明の特色をなすこととなったが、中心部と亜周辺部との相違は、イスラームとキリスト教との相違として現れる。同じキリスト教の内部でも、三二五年のニケアの公会議において神・キリスト・聖霊の同質を主張する三位一体説をとるアタナシウス派とイエスの神性を否定するアリウス派とに分裂し、四三一年のエフェソスの公会議においては三位一体派のなかからイエスの母マリアを神の母とすることに反対するネストリウス派が誕生した。全般的に、オリエント中心部では唯一神の唯一性を強調する傾向が強いことから、今なおヤコブ派その他の単性論やより単性論への傾斜をみせるネストリウス派が存在しているのだが、亜周辺部である西ヨーロッパではゲルマン族の多神教に適応してか、マリア崇拝や聖人尊崇を残しているカトリックが優位を占めているのである。

中世から近世にかけ、宗教面における中心/亜周辺の対立・敵対は激烈で、両者の力関係によって宗教、政治といった制度の境界は移動した。イベリア半島は中世においてイスラームによって占領され、コルドバに独特なイスラーム文明を熟成させたが、レコンキスタ(国土奪回)によって、一四九二年にはキリスト教に取りもどされた。また、バルカン半島では一時オスマン＝トルコがハンガリー、ウィーン近郊まで侵入したが、キリスト教勢力に押しもどされ、第一次世界大戦によってその東南隅にとじ込められた。しかし、ボスニアやアルバニアにはムスリム(イスラーム教徒)が今も取り残されている。イスラームのなかで北アフリカ(エジプト、チュニジア、アルジェリア、リビア、モロッコ)は今や完全に周辺化したが、亜周辺部との境界のあるイベリア半島とバルカン半島では制度の分水嶺が移動して、特にバルカン半島は国際関係が脆弱で安定を欠き、紛争の発火点となっている。

政治については、中心部に生まれたイスラームが支配しているところでは、「聖俗一致」で、宗教に従属している。イスラーム圏はカリフ時代(七―九世紀)には一つの帝国に統一されていたが、やがて主に民族別に複数の国家を成立させていった。にもかかわらず、ムスリムは一つのウンマ(共同体)を形成し、国家を超えた強い連帯感を保持している。これに対して亜周辺部である西ヨーロッパのキリスト教は、「神のものは神へ、カエサルのものはカエサルへ」であって「聖俗分離」である。そのため中世西ヨーロッパでは権威が教皇と国王に二分されていた。この間隙をぬって、正しい意味での封建制度と中世都市が、そしてその前提のうえに近代社会が成立したのである。なお、東ヨーロッパのロシアにおいては、三位一体派ではあれ、宗教は皇帝教皇主義（ツェザロパピスムス）で、教会は政治権力に従属することになっていた。それを強化した理由が「タタールの軛」によるものであったことは言うまでもない。

ユーラシア大陸東側の文明

ユーラシア東側でも以上と同じような文明の三重構造が存在した。中心部における**文字**は黄河流域に成立した漢字であり、漢語を表記するものであった。漢語はタイ語を土台として、その他の言語の諸要素を組み入れたもので、その諸要素によって地域的に相違する言語を生みだした。現代では北京語よりなる普通語《プゥトンホワ》以外に、上海語、福建語、広東語などがあり、それぞれ違った音韻を使った単語構成を持ち、文章構成も違っているが、表意文字としての漢字はそのいずれの言語をも表記することができる（完璧には表記不可能なところは残る）。東アジア中心部の文明圏においては、この漢字と漢文がコミュニケーションを可能にする唯一の記号であった。そしてそれが周辺部にもそのまま移植されたのである。

東アジアにおいて、中心部の漢語文明が滲透した周辺部は朝鮮半島とヴェトナムであった。朝鮮半島の場合、漢族の流入は早くから始まった。漢の武帝が樂浪郡など四郡を朝鮮半島に設置したのは紀元前一〇八年のことであり、以後朝鮮半島に対する漢文化の圧力は巨大となった。朝鮮半島固有の言語は廃絶せしめられることはなかったが、一八九四年の甲午改革まで漢文、漢字のみが公用語、学術語として使用されていた。朝鮮語を表記するハングル文字が制定＝公布されたのは、一四四六年、李氏朝鮮の世宗によってであるが、これは完全な表音文字で、元の支配下に学んだパスパ文字からヒントを得たものである。これにより、ようやく朝鮮語は表記されるようになったのである。しかし、この文字は諺文《オンムン》（正字である漢字に従属する民間の文字）として卑字とされ続け、第二次世界大戦後まで広く用いられることはなかった。

ハングル以前の朝鮮半島においては、漢文を読むとき、日本語における訓はなく、若干古音を保存している北宋の北方音に近い漢字音で読まれた。しかし、漢語は単音語であるのに対し、朝鮮語はアルタイ語系で必ずしも単語が単音ではなく、特に助詞がある。そのため漢文を漢字音で読み下すときには朝鮮語の助詞をつける。この助詞を音のよく似た漢字表記にしたものが「吏読《リト》」である。今日では、朝鮮半島の北では全面的にハングルのみで記録する。しかし、南では基本的にはハングルのみであるが、新聞等では漢字まじりのハングル文字が採用されている。このことは、語彙の六割が漢語であることによって（同音異義の単語を書き分けるのがハングルのみの表記では困難なこともあって）、ハングルのみの朝鮮語文の文体に多大の変化をもたらしているようである。

もう一つの周辺部であるヴェトナムは、周代（紀元前一一―紀元前五世紀）から越人が歴史に現れるが、秦漢の頃（紀元前三―紀元三世紀）、越人は東越、閩越、南越、甌越などと越の名をつけたさまざまな小国に分裂して、百越と総称されていた。漢はこれらの分裂を促進するため移住策をとったが、南下する百越のなかではとりわけ南越が今日のヴェトナムとなったのであろう。南越がヴェト＝ナムと語順が逆になっているのは、ヴェトナム語は修飾語が下につくからである。この国は前漢代から中国に従属していたが一一世紀に自立に成功する。この間、言語的には漢語の流入が引き続き行われ、ヴェトナム人の漢字の読み方をみると、さまざまな時代のものが特に自覚されることなく使われてきたことがわかる。そのうち、特に漢語として意識して使われるもの（漢越語）は一一世紀の北宋時代の読書音を伝承したものである。

ヴェトナム語のなかで漢字に当てはめることのできない単語は「字喃《チュノム》」によって表記される。これは本来の漢字「字儒《チュニョー》」に対するもので、これによって漢字まじりのヴェトナム語文が表記され、いくつかの古典が書かれた。字喃《チュノム》のつくり方には、次の四つがある。

（1）意味とは関係なく、漢字の字音を利用してヴェトナム語の単語を表記するもの。（沒《モッ》＝数詞の一を表わす）

（2）漢字を音符として、それに意符をそえた形声文字。（𠀧《バー》＝数詞の三を表わす）

（3）漢字を組み合わせた会意文字。（𡗶《ジオイ》＝空を表わす）

（4）音を表わす音符が漢字ではなく、ヴェトナム語による形声文字。（眃《ズオン》＝広いを表わすが、田のヴァトナム語もズオン）

この字喃《チュノム》はずっと使われたが、ヴェトナムがフランスの支配下に陥ちたとき（一八八七年、仏領インドシナ連邦成立）以後、ローマ字化し、ヴェトナム語独特の声調はローマ字に符号をつけて表現されることとなった。これを「国語《コックグー》」と呼ぶ。ヴェトナムにおける「字喃《チュノム》」からローマ字＝「国語《コックグー》」への転換は、この国が中国世界システムから近代世界システムへと移行したことを示すものである。

亜周辺部の日本においては、**文字**は周辺部の朝鮮半島とも、ヴェトナムとも違った道を歩んだ。日本語は朝鮮語と同様に漢語とは系統を異にする言語である。したがって、朝鮮語がハングルにたどりつくまで「吏読」を使ったとしても漢文に基本的に依拠しないわけにはいかなかったのと同様に、日本語を漢字だけで表わすには無理があった。この無理を突破させたのが、漢字をもっぱら音字として使うという手法である。それは『万葉集』の形成と同時に進行したと思われる。まず、その初期においては漢字をもっぱらその意味において使用する手法がとられた。これは語順において日本語的であったにせよ、助詞的な部分は完全に脱落してしまうので、とりわけ詩歌の表記には不完全なものであった。その結果として次にとられたのが、歌をその語音のままに表記する方法である。しかし、なお漢字の意味を日本語で読む「訓」は残った。こうして最終的には漢字の意味を捨て、その音のみを使用する「万葉仮名」が開発されたのである。

漢字を表音文字に転用するところまで来ると、もはや「仮名」への道は一直線である。ここに、朝鮮語が「吏読」でフクロ小路に入ったのとは異なる日本文明の特徴があるのだが、それは日本が周辺部ではなく亜周辺部に位置した結果である。こうなると仮名は、もはや意味を持った字形とはかかわりのないものとなる。片仮名はおそらく漢字の吏読的な使い方から、その漢字の構成の一部が表音文字へと発展したものである。また平仮名は漢字の草書的くずし書体から、やはり表音文字へと発展したものである。平仮名の字体は、もはや起源の漢字とは全く異なった、流れるような感じを与えるものとなった。こうして日本の文章の特徴は、当初は仮名のみ（ふつう文芸では『土佐日記』や『古今集』に見られるように平仮名のみで使用された）、やがて漢字を〈音〉で読みながら本来の意味を担った用語として使ったり、漢字をその意味を持つ日本語で読む〈訓〉として使ったりしながら、その両方で用いる漢字を片仮名文あるいは平仮名文のなかに嵌めこむ「和漢混淆文」として表われるに至ったのである。

この漢字の表音文字としての使用、さらにその音訓両面での使用は、すでに日本が国家として成立した直後の八世紀に始まっている。それは中国文明の圧力を受けない自由な立場に日本が立っていたことを教えるもので、その自由の極まるところ、現代ではＪＲやＪＡ、ＮＴＴのようにアルファベットを日本文のなかで使うまでに至ったのである。

宗教は、ユーラシアの東側の文明では西側のそれと比べて厳格さに欠けている。その中心部として東アジア文明を生みだした漢族は、来世を信じなかった。人間は、生まれ、死ぬとその魂《コン》と魄《パク》は分離する。魄と分かれた魂は鬼として地上をさまよい、食を求める。この魂を餓鬼にしないために、お祭をし食物をそなえなければならないが、魂を祭ることができるのは、その男系の子孫でなければならない。したがって、不孝のうちの最大のものは男系の子孫をつくらなかった者である。それは自らのみならず、先祖のすべてを餓鬼にすることである。この考えの下、儒教は人間の行為から野蛮なものを取り去ることが〈礼〉であるとし、その中心にあるものを〈孝〉とした。人間が学ぶのは、この〈礼〉であり、学べば〈徳〉がそなわる。そしてこの〈徳〉が官僚制社会において人間を立身出世させる。マックス・ウェーバーはこの儒教を幸福の神義論（本書一二〇頁参照）の代表的なものとしているが、それは学んで努力すれば〈徳〉がそなわり、幸福がもたらされるという教えである。

言うまでもなく、現実の官僚制社会には危険がいっぱいある。その煩わしさから逃れるために、一方では隠逸の思想＝老子、荘子の思想がある。儒教＝孔孟の教えの裏側に老荘の教えがあるわけである。儒教は前漢の武帝以後、国教、国家イデオロギーの位置にあるわけであるが（国教化は紀元前一三六年）、それは中国においては何よりも学問であり、宗教とは言いがたいものがあった。しかし宗教と無縁のものではなかったことは、南宋の時代（一二―一三世紀）、対モンゴール・ナショナリズムと仏教、特に禅を跳躍台として『文公家礼』（朱熹による編集）をつくらせ、冠婚葬祭といった儀礼までをも取りしきり宗教化をはかったことに見ることができよう。また、儒教の裏にある老荘をネタとして道教も生まれている。これも現世利益を中心とした世俗臭の強いものではあるが、やはり宗教であろう。一方、仏教は後漢末（一—三世紀）に伝来して、以後、宗教としては儒教を凌ぐ勢力を持ち続け、浄土教といった独創的なものも生みだした。中国文明は儒教とならんで仏教をもその影響圏に伝授させたのである。そして周辺部である朝鮮半島とヴェトナムはこの二つの教えを中国文明の要素として受け取ることとなる。

朝鮮半島とヴェトナムはこの受け取った仏教をもとに自らを繁栄させた。ヴェトナムは隣国にラオス、カンボジア、タイを持つが、そこで栄えた上座部仏教（小乗仏教）ではなく、中国から受け取った大乗仏教を信仰した。また、朝鮮半島の高麗（一〇—一四世紀）では同じく大乗仏教が社会的大勢力となった。しかし朝鮮半島に特徴的なのは、一三九二年に高麗に取って代わった李氏朝鮮においては仏教が弾圧され、僧尼が都市から山へ追いやられたことである。そして儒教が公認のイデオロギーのみならず、宗教として独占的地位を占めるに至ったことである。それは同じく中国から来た科挙（官僚選抜試験）の発題に儒学（なかんずく朱子学）が取り上げられたことと大いに関係するが、これについては後にふれる。

亜周辺部である日本には中国で繁栄した宗教のいずれもが流入し、大衆宗教として個別的習俗を越えて流布することがなかった道教以外は、儒仏が並行して伝来し、あい排除しあうことなく支配階級に滲透して行った。儒教は仏教とともに六世紀、朝鮮半島の百済を経由して進貢された。それは国子監など国立学校や私塾において文字の学、知識人の基礎知識として一九世紀まで学習され、特に一七世紀から一九世紀にかけての江戸時代においては、朱子学が徳川幕府の国定の儒学となった。しかし朱子学が独占的地位を占めることはなく、古学、陽明学、さらに平安時代よりの日本語の詩歌散文のたしなみ、そしてそれらを体系化した国学などが並行して、同一人に同時に学ばれることもあった。これは、中国文明の周辺部のように、科挙制度の定着のもとで官僚を目指す人士によって試験のための儒学が全面的に学習されるといったことが、ついになかったからである。

仏教については、七世紀、国家や有力者によって大寺院がしきりに建立され、奈良時代には国分寺がもうけられて、国家の宗教施設とされた。教義的にも南都六宗（当時の六つの宗派）として華厳、法相、三論、律、倶舎、成実が僧侶によって学ばれたが、あくまで学問としてであって、寺院を出て広く大衆に宣布されたものではなかった。これに対して、日本流の仏教をつくったのは、平安時代の初め（八〇四年）に留学僧として唐に派遣された最澄と空海であったと言いうる。空海は多くの寺院を造ったが、高野山の金剛峰寺は密教の中心道場となった。その空海＝弘法大師の真言宗は呪術的なものを含んでいたので、全国的に民衆末端にまで影響を及ぼした。最澄は比叡山に延暦寺を開いて天台宗を布及させた。この寺院も金剛峰寺と同様に国家鎮護が建設目標の大きな柱の一つであったが、多くの僧侶を養成して、その後の日本の仏教諸流派の中心的な源泉となった。法然の浄土宗、とりわけそこから出た親鸞の浄土眞宗は、ラディカルな阿弥陀仏崇拝によって一神教に接近した。日蓮の日蓮宗は天台宗から出た。この宗派による強烈な法華経崇拝は念仏とならんで題目の連呼に象徴される宗教行為、宣教行為をともなうが、その積極性は民衆に強い影響を及ぼした。その他、平安時代末期から私的な留学僧によって禅宗(臨済禅、ついで曹洞禅、最後に黄檗《おうばく》宗)が伝来した。江戸時代には、檀那寺による寺請け制度が、宗派間の競争に介入することなく、もっぱらキリシタンの排除と秩序維持を目的に施行された。しかし、これはむしろ日本人の宗教的情熱を冷却させ、伝統的な習俗の一部から宗教化した神道を併存させることとなった。その結果である宗教面の混沌状態が今日の日本の状況である。

中心部の中国の現状をみると、戒律の威信による少数の仏僧が存在している一方で、庶民一般の行動様式の面ではもっぱら呪術による現世利益の追求へと向かっている。また、周辺部の朝鮮半島における宗教は、長い間朱子学が独占的地位を保っていたが、現在では三割に及ぶキリスト教徒を存在させている。これらのことは一般に、祖先崇拝の習俗は強靭であるが、個人の霊魂を対象とする宗教についてはルーズであること、そしてそれが東アジア文明の特徴であることを示している。東アジアではいずれにおいても、底層にアニミズムや巫覡《ふげき》によるシャーマニズムを濃厚に残しているのである。

政治についても、ユーラシアの東側では明確に文明の三重的構造が現れている。これについては、すでに宗教との関連において、ユーラシアの西側では中心部におけるイスラームの「聖俗一致」と亜周辺部におけるキリスト教の「聖俗分離」が存在していることを述べた。東ユーラシアにおいては、中心部中国の儒教との関連において、周辺部の朝鮮半島とヴェトナムでは官僚選抜試験での科挙の利用があったが、亜周辺部ではどうであろうか。言うまでもなく、日本はきわめて明確にそれを拒否した。それにまた、周辺部の両国が受け入れた宦官《かんがん》制度も拒否した（後述）。このことは文明のもとにおける中国、朝鮮半島、ヴェトナム、そして日本の政治的、文化的発展の差異に巨大な影響を残した。

科挙、それによる専制官僚制度は中国文明の枢軸である。官吏の任用は、漢代（紀元前三世紀から）においては地方官と地方名望家の合議による推薦制、すなわち郷挙里選であったが、貴族政治が開花する魏の時代（三世紀）には中央から任命された中正官が地元の官吏希望者を九等級に分類して中央に報告する「九品中正」制度がとられた。そしてこれを科目別の統一試験「科挙」としたのが、隋（六―七世紀）の文帝である。このときの科目は、時事問題系の「秀才」、経学系の「明経」、詩文系の「進士」などであった。唐代（七―一〇世紀）に入るとますます盛大に行われ、太宗は科挙を受験する人士の群れを見て「天才の才人傑物がわが嚢中に入る」と豪語したと言われている。しかし、実際の官人任用にあたっては礼部（中央行政官庁の一つ）によるもう一つの試験があったので、まだまだ貴族の勢力は残存した。なお、唐代においては、隋代の科目に「明字」「明法」「明算」を加えて専門性への配慮を示した。

科挙が本格的になり、専制官僚制を貫徹しうるものになったのは宋代（北宋、一〇―一二世紀）に入ってからである。この時から科目は「進士」一つとなり、地方の「解試」、中央の「省試」、皇帝による「殿試」の三段階に分けられた。受験資格はいくつかの卑賤な職についている者を除いて、人民一般に平等に与えられることになった。モンゴールの元代（一三―一四世紀）においてはしばらく中止されたが、しかしやがては再開されるほど科挙に対する漢族の願望は強烈であった。そしてこの時から試験の内容が朱子学へと移った。明代（一四―一七世紀）に入ると、科挙に応じる資格は州県学の生徒（学校に在籍する童生）の身分であることが原則となった。受験希望者増大に対する処置である。この時代から皇帝の専制化が極端にまで進み、例えば、官僚の長である宰相は、宋代までは皇帝の前で椅子に座することができたが、明代からは起立していなければならなくなった。とはいえ、官の権力は絶対的なものとなり、財も権力によって容易に集めることができ、その蓄財は、「三年清知府、十万雪華銀」（清廉潔白な官人でも、三年つとめれば、雪のように銀が集まる）と言われたほどである。それだけに、ほとんどの有能な青年の精力は他の分野をなおざりにして、この試験のための勉強に集中し、朱子学以外の学問はさげすまれたのである[17]。

この事情は周辺部の朝鮮半島でもほとんど同じように模倣される。最初の統一王朝である新羅では姓名が朝鮮語から漢姓に変えられ（七世紀）、それとともに氏族制も輸入されたが、なお「骨品制」という貴族制度は残していた。次の高麗（一〇―一四世紀）は、仏教が大きな勢力を持つ王朝ではあるが、九五八年に中国の後周から来た双冀《ソウキ》の指導によって科挙が導入された。科挙によって選抜された官人である文班は、武挙により選抜された官人である武班とあわせて、両班《ヤンバン》と呼ばれた。李氏朝鮮（一四―二〇世紀）においては、科挙＝両班制は体制的に強化される。言うまでもなく、両班のうち重視されたのは文班であって、朝鮮半島の社会と文化に巨大な影響を与えるものとなった。重要なことは、この官人任用試験は中国ではほぼ平等に「良民」（＝公民）に受験資格が与えられた（例外はあるが）のに対して、朝鮮ではそれが官人＝科挙合格者の子孫ないしその縁故の者に限定されていたことである。この国では土地はタテマエ上、公地公民制なので、私的所有権は不安定で、権力の影響のもとにあった。それ故、官人ならびに科挙受験資格保有者よりなる社会集団の勢力はきわめて大きかった。彼らは現役の官人をのぞいて、詩文を玩弄するほかなすべき仕事のない地主であって、その収入は決して満足できるものではなかった。そればかりか、官人の定員数は絶対的に限られていたため、官人とその背景にある両班は激烈な、血なまぐさい党争を繰り返して、この国の政治を麻痺させた。

一方、亜周辺部の日本では、この「科挙」を一度も実施したことはなかった。唐制を模倣した律令を持ちながら、それを実施する官人は貴族のなかから任用された。しかも、奈良時代においてはまだ、さまざまな氏族から高官を輩出することができた。しかし平安時代の菅原道真のフレーム＝アップ・スキャンダル（九〇一年、大宰権師《だざいのごんのそつ》への左遷）以後、高官＝公卿は藤原氏、それも北家出身者と、天皇の皇子の子孫である源氏によってほぼ独占された。法律は三善氏、大江氏、天文・卜占《ぼくせん》は賀茂氏、安部氏といった具合に、技術・知識は家元的に継承する下級官人によって受け持たれた。その他、昇殿を許されぬ四位以下の下級官人は地方官になるほかなく、彼らの多くは任期が終わると任地にとどまり、その子孫もまたその地にとどまった。そして若干の土地を自営するほか、高級貴族や大寺社の荘園（公地公民の国衙領の外に私有される領地）の管理人（荘司）として高級貴族と関係を持ち、その身辺を護衛する侍者「さむらい」となったのである。彼らは有力な首領を中心に家人「いえのこ」として団結し、それぞれの所領を封地＝知行地として安堵され、その代償として忠誠を契約した。それは本来の意味における封建制の成立であった。

日本の亜周辺性のもう一つの重要な要素は、「宦官」を全く導入しなかったことである。古代東アジアの刑罰の一つとして宮刑がある。これは男の生殖器を切除すること（去勢）であるが、この刑に処せられた男子が宮廷で後宮に仕える者として使用されたのが宦官である。彼らは女犯のおそれがないので、この役目を与えられたのである（司馬遷はこの屈辱をバネとして、宦官ではなく、本来の太史令として『史記』を書いた）。この制度は東西の諸文明にあるが、特に重要な役割を与えられたのが中国文明である。それは昼の専制官僚の裏側にある夜の官僚制と言えるものであって、中心部から放射される文明の要素として、「科挙」とともに周辺部（朝鮮半島とヴェトナム）に導入されたのである。亜周辺部であった日本はこの宦官を導入しなかった。そして、科挙を拒絶した結果として封建制を生んだように、宦官制を拒否した結果として、後宮を中心とする女流文化を開花させた。紫式部や清少納言の「もののあわれ」とエスプリの文化は、宦官がいては不可能であったろう。藤壺と光源氏のしのぶ恋をテーマとする『源氏物語』は、東アジア文明の中心部と周辺部の知識人にとっては礼を知らぬ野蛮人の不倫の物語なのである[18]。

3　単一中心性と多数中心性

ウィットフォーゲルの学問は文明の類型論で終わるわけではない。

彼は青年時代、共産主義運動に積極的に参加し、一九三三年のナチスの権力奪取によって逮捕されてコンツラーガー（強制収容所）に送られた。そして収容所を転々とさせられながら、約八カ月後、国外の多数の知識人の支援によって釈放され、自由の身になったが、翌三四年にはスターリンの「大粛清」を経験するのである。

ソ連を中心としたその後の動きをみてみよう。三五年、コミンテルンによって反ファシズムの「人民戦線」が提唱される。ところが三九年八月に独ソ不可侵条約が締結されると、九月にはこの両国がポーランドに侵入し（ソ連はポーランドと前年の三八年に不可侵条約を更新したばかりだったにもかかわらず）、両者でこの国を分割する（この分割によって得た土地をロシアは今なお領有している。日本との例を見ても、ソ連にとって条約は破るためにある）。そして同じ九月に英仏がドイツに宣戦布告して、第二次世界大戦が始まる。続いてソ連は同年一一月、フィンランドに侵入してカレリア地方を強奪し、翌四〇年六月、今度はバルト三国に侵入して二カ月後にこれらを併合する。そして四一年四月には日ソ中立条約を調印し、同六月の独ソ戦争開始、同七月の英ソによる対独共同行動協定へと向かう。これによって、ソ連がナチス・ドイツとの共同でポーランドを強奪して以来続いてきた容共派知識人のソ連に対する心のネジレはひとまず解消するが、心の葛藤が終わったわけではない。四六年三月、イギリスのチャーチルがフルトン（ミズリー州）演説でソ連の対東欧政策を「鉄のカーテン」と呼んで非難したことで、ようやく、彼らのソ連に対するもう一つのネジレがとれた。共産党員は一〇年前の顔に帰ることを指令されたのである。こうしてソ連はアメリカと対峙する大国となった。

国際関係とは極端に言えば詐欺と恐喝と強盗の宴会にほかならないが、この間に容共派知識人は内心、外貌ともに、あわただしく、ネジレにネジレた化粧を手ばやく仕直さなければならなかった。これを嫌悪するウィットフォーゲルは第一次のネジレに憤激して断乎として共産党との決裂の道を選んだ。この時、ポール・ニザン（フランスの作家）ら多くの知識人も党を去った。一方、アラゴン（同じくフランスの作家）など共産党と決裂しなかった部分は反ナチ闘争をやめて、日和って頭をひっこめて、おとなしくしていた（この辺の事情はサルトルの『自由への道』を見よ）。しかしほどなく四一年、彼らは六月の独ソ戦の開始でほっとして、しばらく様子をうかがいながら、やがて嬉々として彼らの言うブルジョア機構に浸透していったのである（ニューディーラー＝容共分子の元気取りもどし）。彼らのなかには、浮かれてソ連賛美的作品を発表する者まで現れた。後に「ハリウッド・テン」（アメリカの下院非米活動委員会（国内の反体制的破壊活動を調査する立法機関）の審問を拒否した一〇人のハリウッド映画人）の名で高名になるのは、彼らのなかの一部のはしゃぎ屋である。四七年からの冷戦の開始は再び化粧直しが必要となったが、元の立場に帰った容共派知識人は、このときブルジョア機構に深く潜入していただけに、ソ連の「第五列」（敵のなかに紛れこんで、味方の軍事行動を助ける人）とならざるをえなかった。下院非米活動委員会はこれを断罪し、「赤狩り」へとのりだしていったのである。

新しい視野

この容共派の仮装舞踊会を横目で見ながらウィットフォーゲルは、共産党の転身によって破綻したかに見えた青春時代の自らの思想を理論的に黙々と再検討していた。そして、彼にとってこの数年にわたる手さぐりの暗黒の世界に一点の活路を与えたのが、たまたま見せられたバートラム・ウルフの『革命をなし遂げた三人――レーニン・トロツキー・スターリン』[19]（一九四八年）の草稿であった。ウルメンによれば、ウィットフォーゲルはそこでレーニンの土地「国有化」の綱領に関するプレハーノフとレーニンの論争（一九〇六年のロシア社会民主党ストックホルム大会）の事実を知り、はっとして悟ったのである。ウルメンはこの論争の内容を次のように要約する。「プレハーノフは、国有化は再び農民を土地に束縛し、ロシアの『アジア的』遺制を再び活気づけるに違いない、即ちそれはロシアの『古い、半アジア的制度』の『復古』を招くであろうと論じた。ウルフはその議論を更に進め、スターリンの集産主義化は『まさしくプレハーノフが予見したように――個人的専制政治や労働固定、粛清、強制労働、官僚的特権、警察支配の――『復古』、即ち、ツァーリズムもこれに比べればまだ制限された国家にみえるような国家の膨張に対して、現実の経済的、政治的基盤となるものであった』と付け加えた[20]」。この時ウィットフォーゲルはすでにこのことの正確な意味、すなわちプレハーノフの「復古」論の意味は把握していたが、これらを理論的かつ総体的につかんでいたわけではなかったとウルメンは言う。しかし、これを契機として「アジア的」

なものへの探究が深まり、その過程で彼の文明理論が完成してゆくのである。

トンネルを抜けでた思いを彼は堂々と、「われわれは西洋文明とその社会の諸価値の防衛を要請する」と宣言した。そして、現代人の生活全体の基礎であるこれら諸価値の諸概念（自由・人権・民主主義）をわれわれはどこまで明確化しえているのかと自問しつつ、われわれは「東洋」「アジア」「オリエント」という言葉のなかに地理的偶然による類似点や芸術・宗教間の類似点以上の共通分母をいまだ見出していないにもかかわらず「ひとつの凝集したオリエントの現実を信じて、「この言葉を」使っている」(21)と述べ、文明研究の道へと入って行ったのである。

その成果としての『オリエンタル・デスポティズム』は、決して単なる比較文明論に終わるはずもなかった。そこにはウィットフォーゲルの熱い情熱がこめられていた。それが形となって表われたのが「単一中心的」および「多数中心的」という概念である。この概念の裏には強烈な価値意識がひそめられていた。学問の客観性を保証する「価値自由」のエートスは、問題への強烈な関心と、それと距離をおく冷静な探究との二面を持つものだけに、たんなる記号の二項対立と見まがうようなものではないのである。「単一中心的」および「多数中心的」という用語は開眼以後のウィットフォーゲルの諸著作の基本タームとして使用されるものだが、彼が正面からこの概念の定式化を行うのは、J・ダナー編『政治学辞典』（一九六四年）のなかの項目説明においてであった。

ウィットフォーゲルの説明

彼は『政治学辞典』の「単一中心社会」の項目で次のように説明する。[22]「あらゆる時代で、すべての社会権力が一つの最高権威に集中されている社会」。「[それは]疑いもなく多数中心社会から、さらにはまた、本質的に多数中心的秩序が一時的に独裁政権によって妨害されている社会から区別されるのである。騎馬遊牧民は、時に管理の単一中心的形態に接近した。また、ニュー＝メキシコのプエブロ・インディアンのように、共同体によって管理される灌漑事業をもった農耕部族は、純粋に権威の単一中心的な型を発展させた」。これらの部族的レヴェルを越えて二つの大形の単一中心的社会が来る。「それが、農業専制的（オリエント的、水力社会的）国家と、ファシズムおよび共産主義という工業を基盤とする近代現代全体主義秩序である」。「西欧の絶対主義のもとでは、そのときの中央政府の力量が社会の多数中心的性格を覆いかくす。一方、オリエンタル・デスポティズムのもとでは、その時の支配的宗教の聖職者の突出や官職についていない名望家（ジェントリー）が社会の単一中心的性格を覆いかくす」。しかし、「西欧の絶対主義のもとでは、いくつもの組織された非政府的勢力が有効に行動することができた。一方、オリエンタル・デスポティズムのもとでは、支配的宗教が世俗的政体に行政的に従属していた。官僚制的〝ジェントリー〟（地主）はそれが政府と関連している場合にのみ意味があった。ファシズムのもとでは、多数中心社会の意味ある要素は、特に、私有財産に基礎づけられたビジネス共同体、大地主、将校団の非ファシスト分子として持続した。とはいえ、主要な多数中心的要素を破壊することに成功したときは、より一層の浸食を促進した」。「戦争が臨界点に達したときは、ファシスト的権力保持者は土地所有の国有化と産業の従属化を目標にした。共産主義的全体主義者は初発から一切の主要な生産手段の支配を目標にした」。かくして「産業を国有化し、農業を集産化した共産主義諸国は、国民の社会的、知的生活にほとんど完全な管理を及ぼしている。それは人間の歴史において単一中心社会の最も包括的な形態をなしたのである」。ここではウィットフォーゲルがファシズム全体主義も共産主義全体主義も同様に考えていることが重要である。あえていえば、彼は共産主義とファシズムを同一の基準におくことで、この両者に対して価値的に反対していたのである。

彼は「多数中心社会」の項目では次のように説明する。[23]「［それは］認知されている補足的政治勢力（諸身分、ギルド、議会、政党、独立的世論）や、第一次的には政治的ではないものの、非公式的および／あるいは間接的には政府に影響を及ぼす社会勢力が存在し、これらの勢力によって政治的決定が制約されている最高権威者の下で運営される社会」。「部族社会においても原始的な政治的秩序のさまざまな変種を含んでおり、その多くがこうした勢力として性格づけられていた」。「［これに対して］複雑な多数中心的構成体は部族レヴェルを越えて現れる。ホメロスのギリシアの都市国家では王、貴族、庶民の諸勢力の共存は貴族と庶民の諸勢力のさまざまな共存を促進するその後の発展まで貫いた。共和制ローマにしても同様の道をたどったが、庶民の勢力を極端にまで行かせなかった」。

興味ぶかいのは、ウィットフォーゲルはアジアについても「複雑な多数中心社会」の存在を見出していることである。「封建制日本では、二つの主要な中心権力が生まれ、一国の政権は天皇と、将軍および数百の封臣によって構成され、一時的には仏教寺院もまたいちじるしい影響力を行使した」。「[これに対して]中世ヨーロッパでは単純な封建制から四つの承認された政治勢力――(1)支配者とその代表者、(2)貴族、(3)教会、(4)(ギルドに組織された)さまざまな程度による自治権を享受している非貴族的、非聖職者的都市民――を持つ複雑封建制へと変わった」(ヨーロッパの多数中心社会の古典的表現である「マグナ・カルタ」を参照せよ)。「封建制以後の絶対王制のもとでは、中央政府は政治権力を独占しようとする傾向があったが、補足的勢力が政権の意思決定に公式には影響しない場合でも、政府は彼らの利害を考慮しなければならなかった(西欧と日本の絶対王制下の中央政府は限嗣《げんし》相続[家督相続の許可制]と長子相続の諸制度を廃止することはできたが、オリエンタル・ディポティズムが実行したように、国民に普遍的に課税することはできなかった)。近代の代議制政府のなかでは、西欧と日本の多数中心社会は新しい形のものである」。これらの日本観は、同時代にオーウェン・ラティモアやハーバート・ノーマンが示した講座派的見解とはいちじるしく異なっている。

一般的に言えば、「大企業、大労働組合、大農業、大教育機関など大構成体の力量はさまざまであるが、効果的に相互作用している。これらの構成体のあるものの内部では、下層階層(大会社の株主と大労働組合の一般組合員)の影響力は縮小しつつあるものの、さまざまな構成体が相互に作用しあう側面的影響力と部分的に均衡し合っている」。しかし「最近におけるファシストや共産主義者の発展は、一つ二つの主要な均衡をもたらす勢力の排除が、全社会の多数中心的性格を危険にしたり、破壊したりすることさえ可能であることを示している」。これらの記述は、一九五〇年代から六〇年代にかけての共産圏の衛星諸国の政体、独立した新植民地の政体を念頭においてのものであろう。

多数中心性を支える〈身分〉

亜周辺部に多数中心性が生みだされた要因の一つには、中心部から放たれる文明のインパクトが氏族社会に及ぼされても、氏族社会が絶滅せられることなく、頑強に残存し、その社会の血縁関係を稀薄にして、その社会の構造に新しい意味を与えたことがあげられるが、この「新しい意味」とは、〈身分 Stand〉という構成原理の生成であった。

ウェーバー的に言えば、この「新しい意味」とは、同一の精神的価値によって結ばれた、一つの〈社会階層〉の生成である。この〈社会階層〉(=〈身分〉)においては、そのメンバーはそこに所属することを精神的価値として、その共属性を自らのプライド、存在価値に還元して尊重し、それを自らの支配者だけでなく、被支配者にも求めた。近代においてそれは一般的に解消の方向にあるが、しかし、強固で一体となって行動しなければならないという職業的特性から残存している組織もある。それは軍隊である。軍隊には指揮権、命令権を持った司令官がいる。軍隊は単一の集団ではなく、多数の並列する部隊で構成され、この諸部隊は階層序列的に命令権を持った集団——小隊→中隊→大隊→連隊→旅団→師団→方面軍——にまとめられているが、そのなかの戦闘員は兵→将校→司令官というように〈身分〉的に編成されているのである。このうち将校は、さらに何らかの長（ライン）や参謀（スタフ）に分けられているにせよ、同じ〈身分〉にあるのである。

彼ら将校は、司令官のもとでは被指揮者であるが、兵に対しては指揮者であり、独自の威信とプライドを持つという立場から、単なる隷属者ではない。官舎においても、独自の部屋と食堂と便所を持ち、担当の兵を従者として与えられている。これに対し、単一中心型の「アジア的」社会では、軍隊は総体として労役用に徴発された者、放浪者、ルンペン、卑賤なる職業の者、乞食僧、刑余者、犯罪人などによって構成されており（好人不当兵）、一人前のメンバーをそなえた部族社会の軍隊から被支配的に脱落させれられた者たちによって構成されていた。

一方、ギリシア＝ローマの古典古代社会の特徴は、戦闘者であることが市民であることの資格であるとされ、奴隷が兵として使用されることはなかった。老人、女性ですら市民の集会から排除されていた。これがユーラシア西側における多数中心社会の成立であるが、ここでは古典古代を蛮族として崩壊させたゲルマン諸部隊が征服地において分解するなかで、封建社会や〈身分〉が生まれてきたのである。

古典古代社会を確立させたものは、市民兵によるファランクス（槍兵方陣）の力量である。ただ、ギリシアの艦隊がペルシアの艦隊を撃滅した紀元前四八〇年のサラミスの海戦の段階では、甲冑と盾と槍の武装を自弁したこれら市民兵以外に、シャツ一枚の庶民である水兵も戦った。

また、封建社会が確立したのは、騎兵が養成されたからである。馬の飼育においては特別な立地を必要とするのであるが、これが可能となると、一方の大陸内部の草原においては騎馬遊牧民が生まれ、もう一方の西ヨーロッパにおいては、劫略してきた騎馬遊牧民（フン族、アヴァール族、マジャール族）との接触のなかで、馬の繁殖技術が学びとられていった。フランク王国のカール・マルテルは、七三二年のトゥール＝ポアティエ間の戦いにおいてこの騎士軍を使い、象を先端に立てて侵攻してきたイスラームの軍隊を撃破することができた。この騎兵の養成は、侵入してきたイスラーム勢力が目指す〈ヨーロッパのイスラーム化〉を阻止し、馬耕による三圃制（一サイクル三年の輪作）によって農業生産性を高め、騎士たちを封建領主へと成長させたのである。

この領主たちは、独特な騎士道という美学と倫理を仕上げて、騎士としての〈身分〉を確立した。騎士は戦闘者であり、トーナメント（馬上槍試合）などで武技をみがく者であるが、主君に対しては忠誠の誓約をして、臣従の契約を結んだ。これにより主君から武器などを与えられて、騎士身分と所領を獲得し、城館に住むことができた。そして農地を直営するのみならず、その多くを農民に保有地として与え、賦役や貢納を受けとった。

これが〈身分〉というものであるが、同時代においては、都市民は自らを商業、手工業のギルドに組織し、団結することで、領主や国王の支配権を跳ね除けて自治権を獲得した。この自治都市は市参事会が選出する市長によって取りしきられた。この都市の成立こそ、市民＝ブルジョア身分、あるいはビュルガー（都市の人を意味する仏語ブルジョアにあたる独語）身分の発生であり、それまでの権力からは何ら正統性を受けることのなかった新しい権力、すなわちウェーバーの言う非正統的支配の発生であった。そして、これが本来の意味における〈革命〉というものであった。

この市民身分の成立は、亜周辺部における権威の複数性と不可分である。宗教の聖俗分離は王権に対する教権制によって聖職者集団を生みだした。そのもとで騎士身分が発生し、さらに〈革命〉によって市民身分が成立した。国民を身分的に総括させることで身分議会も生みだされた。この身分議会は、フランスの三部会（一四世紀）のように、西ヨーロッパ全体に拡がってゆく制度となった。イギリスではこの身分議会が近代的な議会へと連続的に発展することとなったが、その発端は、諸身分がジョン王に「マグナ・カルタ」を承認させたことによる（一二一五年）。それは教会の自由を承認し、国王の支配権を制約するものであった（税金はすべて協議による承認を得なければ課することはできない）。こうして一二六五年には、レスター伯、シモン＝ド＝モンフォールが貴族（＝騎士、聖職者）、州の騎士、都市の市民を召集して議会を設立し、一二九五年のエドワード一世以後は定期的に議会が召集されることとなったのである。

日本の事情はある程度、この西ヨーロッパのコースに近似した論理に拠っている。西ヨーロッパにおいては、多数中心性の性格の根源がキリスト教における聖俗分離によって媒介されて、その間隙のなかで封建制が形成された。一方、日本においては、多数中心性の性格の根源が宮廷における祭政分業によって媒介されて、その間隙のなかで封建制が形成された。ただ、西ヨーロッパにおいては、自治都市の成長によって市民身分が確立したのに対して、日本においては、博多や堺に都市が成長したものの、自治都市として完成せず、法的な市民身分は確立しなかった。その理由は、幕藩体制によって士農工商の区分が形成されていながら、工商が非正統的支配を貫徹することができなかったためである。それ故、身分議会にまで到達することができず、近代化には明治維新の一撃が必要となったのである。

このような論理から、封建制は近代社会の序曲と言える。スターリニストに強く影響を受けた歴史家たちは、東洋思想における一君万民が民主主義への道と言うが、これは東洋的専制主義そのものであって、民主主義の対極に立つものである（ちょうど「国家所有」が「共同所有」の対極に立つように）。ウィットフォーゲルにおける単一中心性、多数中心性の対立概念は、この社会的対立を概念化しているのである(24)。

第3章　ウィットフォーゲルの学問の展開（Ⅰ）

――『中国の経済と社会』まで

ウィットフォーゲルは一九八八年に死去したが、一九七〇年代まで学問的仕事を続けている。それは八〇年代近くにまで及んでいるが、その活動は前後二つの期間に分けられる。その裂け目は現実の「社会主義」に対する絶望であって、前期は三〇年代末まで、主著は『中国の経済と社会』（一九三一年）であり、後期は四〇年代初めからで、主著は『オリエンタル・デスポティズム』（一九五七年）である。

1　青年時代

カール・アウグスト・ウィットフォーゲルは、一八九六年、ドイツ北西部はハノーヴァー州のウォルテルスドルフという一農村に生まれた。(1) 父の最初の妻とのあいだにできた二人の義兄と一人の義姉は別のところで暮らしていた。育った環境から、彼は農業と農民生活というものに早くから興味を持った。父は村の学校の教師、ハインリヒ・ウィットフォーゲル、彼の二度目の妻である母は旧姓ヨハンネ・シュルツェという。父の教育者としての専門は歴史と地理であったが、この二つはともに息子のカール・アウグストにとっても終生の重要関心事となった。一九〇三年、父が学校を退職したため、彼の家族はまず小さな商業都市ベルゲン＝アン＝デア＝ドウメに移り、次いで一九〇四年にハノーヴァー州の郡都の一つリューネブルクに転居した。彼はこの地で実科ギムナジウムに入学し、一九〇七年には人文ギムジウムに転校している。この学校は当時のドイツで最も高名な大学予備学校の一つであった。

カール・アウグストは高齢の両親から生まれた子供によく見られるように、早熟で、情熱的で、創造的な好奇心の強い子供だったという。この点フロイトとよく似ている。義兄や義姉と年齢がかけ離れていたので、一人っ子的な生活を味わい、早くから独立心が強かった。彼は父と二人で過ごすことが多かった。リューネブルクの荒野は二人の散策の場であった。父ハインリヒが福音主義的なルター派教会に魅きつけられていたので、カール・アウグストも宗教に関心を持ち、牧師になろうと考えたこともあった。彼の家庭は書物と学問に対する尊敬の念のあついところで、彼も読書を好み、年齢のわりに難しい書物にも熱心に挑戦したという。とはいえ、彼は家のなかに引きこもりがちだったわけではない。一九一二年にはリューネブルクの「ワンダーフォーゲル」(渡り鳥)運動にも参加している。

「ワンダーフォーゲル」運動とは、山野を徒歩旅行して自然や国土へのロマン主義的愛を追求する青年運動で、二〇世紀初めのドイツにおいて、中流階級の凡庸なムードに反逆する活動的な青年たちの多くを巻きこんだ運動として知られている。もともと運動の前身は一八九六年にベルリンでヘルマン・ホフマンらの小グループによって始められ、いちおう一九〇一年に終わったが、この年、ホフマンの第一協力者であったカール・フィッシャーによって全国的な推進組織「ワンダーフォーゲル」として公式に結成されたものである。この全国組織にはドイツの多くの知識人がその青年時代を通して参加しているが、大ベルリン以外の最初のグループは、リューネブルクで結成されていた。「ワンダーフォーゲル」は一九〇四年には分裂したが、リューネブルクのグループはその後もフィッシャーの側にとどまった。ウィットフォーゲルが加盟したのはこのグループである。一九一〇年から一三年までは、「ワンダーフォーゲル」のみならず、「自由ドイツ青年」などの青年運動もドイツ全土に広がり、オーストリアやスウェーデンにまで同様のグループができた。「ワンダーフォーゲル」はもともと思想運動ではなかった。しかし、一二年頃から青年のあいだでニーチェが流行し、運動に一定の影響力を与えるようになった。その思想は、一方では国家主義者たち、他方では社会問題に関心を持つ反抗者たちによって有効に利用されていたのである。

ウィットフォーゲルは「ワンダーフォーゲル」に参加する以前よりニーチェを知っていたから、「[仲間の多くがニーチェに抱いていた]素朴で保守的な国家主義的思想よりも、むしろニーチェの異端的、革命的な思想(2)」を受け入れていたという。ギムナジウムを卒業する前年に、彼はリューネブルクの「ワンダーフォーゲル」グループのリーダーとなった。この頃は青年運動が新しい方向を模索していた時期で、彼はこうした運動の機関紙の一つ『フォルトルップ』(先発隊)に経済問題や農地改革についての論説を書いていた。社会主義に対するそれまでの偏見を棄てて、これを新しい眼で見はじめたのである。

あいかわらず彼は多読していたが、社会問題ばかりでなく、芸術、とりわけ文学への関心から、いくつか習作も書いていた。特に熱中したのが戯曲で、その最初のものは「リラの花色の偶像」と名づけられた。もう一つ「松明振り」を書いたが、時代は第一次世界大戦の前夜、学友の多くは戦争熱にうかされており、彼は孤立していたといわれる。

一九一四年、ライプチヒ大学で学業を開始した彼は、ここでヴントの哲学史とランプレヒトのドイツ史を熱心に聴講している。また、このライプチヒで大都市での文化生活を経験するのであるが、特に興味を持ったのは劇場である。社会主義新聞である『ライプチヒ人民新聞』の戦争批判には共鳴したが、まだ社会主義者にはなっていない。一六年、彼はベルリン大学に移り、ヘーゲル学者のラッソンを聴講した。この頃、興味を持ったのは仏教であるという。一七年の初め、『自由ドイツ青年』に一文を発表したが、まだロマン主義的である。一方、彼は心臓に問題があった。そのため徴兵を延期されていたが、予備軍不足のため兵役につき、ベルリンに配属されている。しかし大学に通う自由な時間はあったので、地理学と地質学とゲシュタルト心理学を勉強した。一七年はロシア革命の年であり、一八年一一月にはベルリンで革命が勃発した。ウィットフォーゲルはこの間に社会主義者となり、戦争中、反戦で闘っていたドイツ社会民主党の一派が分裂してできた独立社会民主党に一八年一一月、入党することになる。

一九一九年の春、彼は再びベルリン大学に在学し、古代史や社会学の勉強をしていたが、この頃、中国に関する公開スピーチを六回にわたって行った。それはリヒャルト・ウィルヘルムの中国古典の翻訳や中国学者A・コンラディーの著作から得られた人類学的知識に拠ったものという。そこでの関心は、それまでの仏教よりも、老子や道教に移っていた。このスピーチをきっかけに成人教育の組織「民衆大学」に二〇年から協力することになる。彼はそこで哲学者のカール・コルシュと出会い、友情を結んだ。その直前の一九年の晩秋には、ライプチヒで開かれた第一回「社会主義学生大会」に出席し、また、近くジュネーブで開かれることになっていた「国際社会主義学生大会」に出席する三名のドイツ代表の一人にも選ばれた。そして二〇年の秋には、独立社会民主党が分裂し、ウィットフォーゲルはコルシュとともに、ドイツ共産党に入党するのである（この党とは一九三九年に断絶した）。

2　ドイツ共産党員として

ドイツ共産党内部において、彼は政治家ではなかった。彼は多方面に関心を持ち、多くの領域で仕事をした。

一九二〇年代初期のドイツは世界の革命的情勢の中心であった。ロシアの一九一七年の一〇月革命は世界史の画期となる大事件であったが、当時、この革命によって社会主義への道が開かれたと思う左翼は一人もいなかった。どう見てもその年の二月革命はブルジョア民主主義革命であった。したがって一〇月を志向したボルシェヴィキも、これを打倒すれば後進国であるロシア一国でこの社会主義革命が完結、勝利しうるとは考えていなかった（スターリンも！）。にもかかわらず、あえてボルシェヴィキが権力奪取に踏みきったのは、世界資本主義の中心にして世界最大の労働者運動を誇っていたドイツに間もなく革命が起こり、ロシアの労働者のために救援にかけつけてくれると考えていたからである。

この情勢判断に応えるように、現実のドイツの情勢も動いていた。一九一七年の革命のインパクトのもと、一八年一一月、キール軍港の水兵らの反乱をきっかけにドイツ革命が起こり、皇帝が退位し、共和国宣言を行った社会民主党政権によって第一次世界大戦の休戦協定が結ばれた。一方、一九年には、すでに同党左派の流れから一六年に結成されていたローザ・ルクセンブルクとリープクネヒトを指導者とするスパルタクス団（のちのドイツ共産党の中核）が共和国政府に対して蜂起し、二人の指導者の虐殺によってこの反乱は鎮圧された。とはいえ、ドイツにおける激動は各地において続き、二一年には「三月行動」が起こる。これは、結成されたばかりのドイツ共産党がコミンテルン（国際共産党）のジノヴィエフとブハーリンに煽動されて武装反乱を一揆的に突入させたもので、当然手ひどい失敗に終わった。二一年はロシアも危機の年で、クロンスタットで水兵の反乱が起こった。ドイツとロシアで立て続けに生じたこの二つの事件の総括のため、同年暮れにはコミンテルンの第三回世界大会が開かれる。そこで決定されたのが「多数派の結束を通じて権力へ」

というもので、ここから「統一戦線戦術」という概念が出てくるのである。

そして、一九一八年と二一年に続き、二三年にも三たびドイツに危機がやって来る。この頃ドイツはヴェルサイユ条約（一九一九年）で課せられた尨大な賠償金支払いの重荷を背負い、天文学的インフレーションによって国民は窮乏のドン底にあったが、そのなかでフランスは賠償金の支払いがなされぬという理由でドイツ重工業の中心地ルールを占領したのである。そのためドイツ国民は憤激して、大衆の革命的高揚がもたらされ、ザクセン州とテューリンゲン州では社共政府が成立した。しかし、ブラントラーやタールハイマーといったドイツ共産党指導部はこれを全国的に発展させることができず、ベルリンが派遣した軍隊の力で解散させられるままにしてしまうのである。これで革命的危機は永久に去り、代わってヒトラーのナチスが抬頭する。ナチスのミュンヘン一揆は二三年一一月のことである。このような切迫した情勢のなかで青年ウィットフォーゲルはドイツ共産党に加わっていたのである。

戯曲作家として

この頃、ウィットフォーゲルがやっている仕事は、著作リストを見るかぎり、ジャーナリストの仕事であり、労働者の学習活動のテューターであり、演劇に関する仕事であるが、一九二四年頃まで熱中していたのは、やはり演劇であろう。この好みはすでに見たように、リューネブルクのギムナジウム時代から始まったが、これは劇場での観劇のときの感動からというより、文学青年として読む戯曲（レーゼドラマ）への興味が昂揚したためであったようである。イプセンやハウプトマンを読んでおり、特にストリンドベリーに夢中になった。すでに二篇の戯曲を習作していた彼の最初の著書は、『革命的戯曲叢書』の第五巻としてマリク書店から二一年に出版された『赤い兵士』（五幕の政治悲劇）である。二二年には「革命的舞台芸術の限界と課題」という論文を『ゲグナー』（抵抗者）という雑誌に書いている。また、この年には『革命的戯曲叢書』第七巻として『唯一の思想を持つ男』（四幕の性愛劇）、同叢書第一〇巻として『母、逃亡者』（二篇の一幕物）、翌二三年には同叢書第八巻として『誰が一番馬鹿か？』（序幕付き四幕の劇における運命に対する問い）と立て続けに三篇の戯曲を発表している。

これらはアジ・プロ演劇といえば言いすぎだろうが、政治的演劇であったことは事実であろう。これらが出版され、時に上演されるチャンスを持ったのは一九一八年の大激動の結果である。しかも、この政治演劇の先頭を切る数少い青年として、彼はいわば矢継ぎ早に書きまくったのである。演出家としてはマックス・ラインハルト、レオポルト・イェスナー、特にエイヴィン・ピスカートルが活躍し、現代（革命）演劇の誕生の時代である。この時代のアイドルは若くて好奇心にみちみちたピスカートルで、二〇年から二四年にかけて「プロレタリア演劇」から「民衆舞台」へとそのスローガンを展開しつつあった。そのピスカートルによって、ウィットフォーゲルの戯曲『赤い兵士』はベルリン、次いでモスクワで上演されるというチャンスに恵まれたのである。このドラマの特徴は現実の共産主義ではなく、倫理的・宗教的なあるべき共産主義を語ったところにあると言われている。

彼は芸術家としては理想主義者、表現主義者だったろう。とはいえ、美神は冷酷無情なものである。いかに愛そうと、美神は嫌いな者には一顧だにしないのである。彼は二流の劇作家であって、自分でもそれを知っていたから、一九二四年、ベルトルト・ブレヒトがベルリンでデビューすると、戯曲の発表をやめてしまう。ブレヒトはすでに二一年、ミュンヘンで自作を発表しており、処女作『バール』も二三年にライプチヒで初演されてはいたが、ベルリンに登場するのは二四年、『夜の太鼓』によってである。それ以後、『都会のジャングル』、『イングランドのエドワード二世の生涯』、『男は男だ』を発表し、二八年、『三文オペラ』で世界的名声を博するのである。かくて、ウィットフォーゲルは戯曲を書くのはやめたが、劇評は書き続けた。この年代末にピスカートルから演劇顧問になってくれとさそわれたが、彼は辞退している。

ただし、ウィットフォーゲルの作品は劇壇と一切縁がなくなったわけではない。一九三〇年、『誰が一番馬鹿か?』はロシア語に訳されてモスクワで上演され、さらに日本語に訳されて築地小劇場で上演されている。この作品はアプトン・シンクレアによってニューヨークでも上演された。築地小劇場は二四年、小山内薫、土方与志らによって結成され、二九年、分裂し、翌年、解散しているから、解散寸前に上演されたことになる。

一九三〇年にはプロレタリア文学のあり方に関する論争が雑誌『リンクスクルーヴェ』(左旋回)においてほぼ一年間にわたって行われた。これは、プロレタリア文学は何を目指すことができるか、何を目指すべきかという問いを投げかけたものである。この論争でウィットフォーゲルはマルクス主義美学に関する評論を七本書いた。彼はこのなかで、文学作品を判断するに当たって作品の形式を重要視するブルジョア的理論に反論し、内容も大事であることを強調した。雑誌編集部は彼の評論をもって全論争の結論としたかったようだが、結果的には「それはマルクス主義文学理論に対する新たな社会史的解釈《アプローチ》の出発点[2]」になったのである。この年の一一月の第二回「プロレタリア革命作家国際会議」（いわゆるハリコフ会議）では、一部で彼の論文は評価されたが、RAP（ロシア・プロレタリア作家協会）会長、アヴェルバッハに反対された。ウィットフォーゲルのマルクス主義美学の特徴は、メーリングのマルクス主義美学がカントから出発しているのに対し、ヘーゲルから出発したところにあったようだ。

彗星のごとく出現したブレヒトの才能をウィットフォーゲルも認めていたが、彼のルンペン・プロレタリア的傾向に対してはずっと批判的であったという。とはいえ二人は友人関係を持ち、しばしば会い、一九三一年、『三文オペラ』がG・W・パプストによって映画化されると、「メッキー・メッサーのモリタート」（タイトルとともに流されるバラード。クルト・ワイル作曲）のプロローグで始まるこの作品を一緒に見た。この時この作品をブレヒトは批判したが、ウィットフォーゲルは賞讃したという。

ブレヒトは一九三三年、ナチスによる国会放火事件の翌日にドイツを離れ、とりあえずデンマークに逃げ、三五年、アメリカに亡命する。そして第二次世界大戦後、四七年、アメリカの下院非米活動委員会に召喚されたので、いち早く（彼の逃げ足は速い）スイス経由で東ドイツに帰っている。この国で「初めて体制の側に立った彼は、教条主義的な党の文化政策、とくに演劇では、公式的な社会主義リアリズムやスタニスラフスキー・システム信奉者の攻撃にさらされたが、〔中略〕社会主義国家内での矛盾と戦いながら、資本主義社会に対する攻撃の姿勢を崩すことはなかった(3)」。しかし、五六年八月、稽古中に死んだ。五六年はポーランドとハンガリーで反ソ暴動の起きた年であった。

ジャーナリストとして

ジャーナリストとしてのウィットフォーゲルは多くの書評と時事的な論説を書いている。一九二二年から二三年にかけてはドイツ共産党の青年組織の機関誌『ユンゲ・ガルデ』（若き親衛隊）への執筆を中心としたが、二五年には党の機関誌『ローテ・ファーネ』（赤旗）に移っている。二六年になると中国問題が現れて、『ローテ・ファーネ』以外に、党の理論機関誌『インテルナティオナーレ』（インターナショナル）にも書きはじめている。労働者の学習運動に関してもいくつかの啓蒙的な著作、パンフレットをものしている。

彼は各地の学習会に参加して、さまざまなテーマで講演しているが、それを中心に文章化したもの、あるいは新聞・雑誌等に発表したものを集めたのが、

一九二二年『市民社会の科学――マルクス主義的研究』（邦訳あり）

一九二三年『資本主義前史──原始共産主義からプロレタリア革命まで』(邦訳あり)
一九二四年『市民社会史』(邦訳あり)

などの著作である。

『市民社会の科学──マルクス主義的研究』は、彼が一九二一年にライプチヒとチェコスロヴァキアのブルノで、さらに二二年に再びライプチヒで行った講演をまとめたものである。この書は彼が初めて学問としてのマルクス主義について語ったものだが、これは二〇世紀のこの年代初めにおけるマルクス主義が単なる労働者運動の指導理念の一つとしてではなく、学問の世界の一潮流として出現したことを示している。ただ、彼のはいわば「青年期の著作」であるから、若々しく、瑞々しいところが多く、ワイマール期におけるマルクス主義研究の絢爛たる展開の出発点としては平凡なものであろう。ロシアのマルクス主義に対抗する西ヨーロッパ・マルクス主義の本格的な業績が現れるのは、カール・コルシュの『マルクス主義と哲学』とゲオルク・ルカーチの『歴史と階級意識』によってであるが、ともに二三年の出版である。実際、レーニンに代表されるロシア・マルクス主義が、認識における反映論、下部構造(土台)による上部構造の規定、生産力と生産関係、階級闘争、歴史の単線的発展段階論といった安直な公式にもとづく議論にすぎないことへの反発が広がっていた。これに対して哲学の重要性を強調したのが彼らであった。

彼らは西ヨーロッパ思想の概念的体系のなかにロシアにおける歴史の現実的進行を位置づけようとした。例えば、ウェーバーの、そして新カント派の弟子であったルカーチは、近代の文明意識や価値意識の不安定性のなかに現代を見ようと、これを社会学から学んで概念化することから出発した。そして生の全体性のカテゴリーに到達して、それを見通すための課題をマルクス主義のなかに位置づけようとしたのである。しかしウィットフォーゲルはそうではなかった。彼はロシアのボルシェヴィキの「擬似宗教的な性質」を最初に強調した人たちの一人であり、しかも共産党員でありながら、これを行ったのである。のみならず、

「マルクス主義の定めた限度をかなり越えて、人間の問題は社会的問題のみではなく、道徳的・倫理的問題、更には『超越的』問題でさえあるということを示唆するまでに彼［ウィットフォーゲル自身］の主張を押し進めていた(4)」。

これがウィットフォーゲルの下意識にあって、つねに意識面に概念化して表出されるものではなかったけれども、あえていえば、彼のエートスとなったものと考えられる。このような基盤に立つ彼のブルジョア科学批判の展開は、本来の科学は「生活の必要に応えて、自然と社会における方向づけを与える体系的手段」であるはずだが、ブルジョア科学においてはそれが支配階級の「道具」として人間の「蒙昧化の手段」となっていると主張するところにある。具体的には、「個人としての学者=研究者の進行する孤立化と、諸科学、特に社会諸科学の『個別学科』への細分化」がオプスキュランティズム（蒙昧化）を促進させたとするのである(5)。もちろん、いわゆるブルジョア科学

の一切を否定したわけではない。限界を持ちながら、社会と歴史の理解においてはクノー、オッペンハイマー、フィールカント、ジンメル、ゾンバルト（ウェーバーは言うまでもあるまい）も評価した。そしてマルクス、レーニン、ブハーリンから学ぶことによって、自分はマルクス主義者になったとしたのである。

彼はマルクス主義を「未来についての社会学」として構想した。この社会学の第一の主要原則は、知的分業にもとづいた大規模な集団的研究と調査にある。第二の主要原則は、大学の諸学と補助諸科学のインターディシプリナリー（学際的）な組織化と調整にある。『例えば、西洋史は東アジア史と提携して研究されねばならず、またこの両学科は経済史、民族学、一般社会学と提携して研究されねばならない」[6]。とりわけ未来の社会科学に政治経済学と経済地理学を結合しなければならないと考えたのである。そして、この社会科学がすでに緊急の課題としているのは、「中国の諸問題の組織的かつ実際に役立つ理解」であるとしたのである。この種の提言が今日的課題にも通じていることは、彼の考えの先進性として評価されるべきであろう。しかし、この視野の多元性、重層性によって、現実を理解する認識論を彼はどのように考えていたのであろうか。ここで彼は、マルクス主義者として、〈実践〉をもって実在と観察とのあいだに橋を架けるのである。周知のフォイエルバッハに関する第二テーゼ――

「客観的真理が人間の思惟に帰さられうるかどうかという問題は、理論上の問題ではなく、実践上の問題である。実践において、人間は真実、すなわち実在や権力、彼の思惟の現世的面［中略］を証明しなければならない」。（国民文庫版『ドイツ・イデオロギー』第一冊、一九五三年では、附録、一四五ページ、ただし訳文は同じでない）

3　歴史像とマックス・ウェーバー

一九二二年の『資本主義前史――原始共産主義からプロレタリア革命まで』と二四年の『市民社会史』は、青年の熱鬧《ねっとう》時代における彼の世界史像を展開したものである。前者は二一年から『ユンゲ・ガルデ』に掲載した五つの論説を中心にまとめたもので、いわば「人間社会の発達の一スケッチ」である。後者は二三年冬から春にかけて『ユンゲ・ガルデ』に連載したものである。注目すべきは、前者の終章「中世の神秘」において、彼はまだまだドイツ、ロシア、フランス、中国、インド等において「封建制は社会発展の一般的、過渡的な段階である」と述べていることである。彼はこの時期、ヨーロッパについてはゾンバルトを、中国についてはエルケスを、インドについてはM・N・ロイを引用していた。

それは彼がまだマルクスの発展段階論に依拠していることを示している。すなわち、「広く概観して、われわれはアジア的、古代的、封建制的、そして近代のブルジョア的生産諸様式を、社会の経済的構成におけるその数だけの進歩を劃する時期と称することができる」（一八五九年に発表された『経済学批判』の序言の一節）という周知のテーゼの内にあった。彼はこのマルクスの図式を「ほとんど完全に」受け入れていた。ただ一つの例外は、『資本主義前史』では、封建制は「恐らく」古代および「アジア的社会」への「過渡的段階」かもしれないと付言しながら、『市民社会史』の方では多線的発展説を支持している点である。(7)

この多線的発展説への傾斜は、『市民社会史』で行った世界の都市の比較に明確に表われている。彼は、各都市ともに、いずれも原始封建制を出発点として、それぞれの地域で市民（都市ブルジョアジー）は自らの独立のために闘ったか、闘った結果は成功したか、そしてその後のそれぞれにおける今日的状況はどうか、という角度で分類している。(8)

ウィットフォーゲルの分類では、まず、独立のために闘ったかという点で否定的なのが、アフリカとロシアである。肯定的なのが、古典ギリシアとイタリア、ドイツ、フランス、イギリスであって、アジアでは一部で肯定的である。

闘った結果については、古典ギリシア、イタリアでは比較的持続的に成功したが、古典ギリシアではその後滅亡したとする。ドイツとフランスでは相当に成功したとする。イギリスでは「直接」成功はしなかったが、中央権力に対するブルジョアジーの組織的影響はあったとする。アジアでは一部で成功したが、「直接」の成功はなく、政治的官人国家が勝利して、停滞したとする。

今日的状況については、近代産業都市がアフリカでは未発達であり、ロシアでは西ヨーロッパから移植されて派生的に発達、イタリア、ドイツ、フランスでは急速に、またアジアでは派生的に発展したとする。

この概括には、あまりにおおまかなところと細部にこだわったところが混在し、錯雑としている。これらは歴史書やニュースから得た知識に拠ると思われるが、当時とその後の彼の学問的発展に影響を与えたのは、マルクスであるとともにマックス・ウェーバーであった。ライプチヒで学んだカール・ランプレヒトも、あるいは、父が亡くなった一時期、一九一六年にしばらくその聴講を得たリヒャルト・エーレンベルクも、ウェーバーの影響を受けた学者である。

ウェーバーの世界史像

ウェーバーの歴史観のキーワードは「転轍手」〈鉄路のポイントを切り替える人〉である。「人間の行為を直接支配するのは、理念ではなく、物質的ならびに観念的な利害である。しかし、理念から生まれた世界像は、きわめてしばしば転轍手のように、人間の行為が利害の力関係によって動かされてきた軌道を決定した」(『宗教社会学論集』第一巻の序言)。その具体的な世界史像の叙述と概念は、『宗教社会学論集』第三巻、『支配の社会学』第一巻などに詳述されている。その他『古代農業事情』『ロシア革命史論』が重要である。

ウェーバーの歴史における〈理念〉は、『宗教社会学論集』第一巻における神義論において説明されている。神義論とは、「人間はどこから来て、どこへ去るのか」という人生の根本的な問いであって、彼によれば幸福の神義論、苦難の神義論、そしてその中間のゾロアスターの神義論の三つがある。このうち幸福の神義論の実例は中国および東アジアの儒教である。漢族はきわめて現世的な価値観を持っており、俗世を越える鬼神に関することがらについては不可知論であり、無関心である（孔子の言説を集録した『論語』はこの立場で一貫している）。彼らの価値は、福・禄・寿ですこぶる即物的である。福は子沢山で子孫繁栄であり、禄は給与されるものを指すがそこから物財一般に拡がってゆく。寿は長生きして世を楽しむことである。これを集約すると権力となろう。子供は、女を集めて精力をつければ得ることができるし、寿命も、不老長寿の丹薬によって得ることができよう。権力は「銃口から出てくる」（毛沢東）こともあり、そのための盗であり、賊であるが、暴力を行使するこれらの争奪の行方を決定するものは天である。天命による革命によって成立する王朝権力は統治のための使用人を必要とするが、それが官人であって、天子の権力にあずかることによって財を手に入れることができる。権力があらゆる財の打出の小槌なのである。

苦難の神義論は、この世を苦難（煩悩）と観し、これより解放を求めるものである。ウェーバーによれば、この苦難の説明の仕方には二種類ある。一つは「業の教説」であって、前世における行動によって現世の社会的地位が決まるというものである。この教説によれば、世界は始めもなく、終わりもない。生も同様で、死は生の終わりではない。死んでも生前の行動がインドではカーストの掟に照らして判断され、後世の運命が決められる。ヒンドゥー教はこの掟を守ることに努力し、仏教はこの生老病死の輪廻から離脱すること（涅槃）を願うのである。もう一つの苦難の説明は、セム族の生んだ唯一神（ヤーヴェ、アラー）の定めたもうたところであって、その由来は『ヨブ記』におけるそれのように、アブラハムに子供のイサクの供犠を命じるように人智の及ぶところではない。この世は神によって創造され、やがて最後の審判が来て、神によって義とされる者は天国に、義とされない者は地獄に落とされることになる。時間の有限性のもとにあるこの一神教は、おそらくエジプトからイスラエルの民によって招来したもので、彼らは十誡を中核とする律法により契約をむすんで選民となった。聖典（旧約聖書）に記録された伝承は周辺に巨大な影響を与えた。そしてそのなかから律法よりも福音に重点を置くキリスト教が生まれ、さらにその後、それまでの預言者たちを認めつつ、最後の預言者ムハンマドによって宣教されたイスラームが生まれる。キリスト教と言い、イスラームと言い、さまざまな潮流があり、それは救済の方法の違いによって決まる。

「救済」の方法はさまざまあるが、一方には官能を解放するもの、他方には行動と感覚を一つの方向に集中するものとがある。前者の極には狂躁道（オルギー）がある。これは、官能を満開させたり、舞踏等の身心の運動によって恍惚境を探求するものである。そしてこれはすぐさま、苦痛による神秘的体験を求める苦行と、悟達を求める瞑想という後者の極に直結する。瞑想は思考を無にする神との合一である。雑念をはらい除けた行動、一つの目標への集中は、奮励努力に通じる。これは北宋（一〇一一二世紀）の眞宗の「勧学歌」と呼ばれ、世に知られる詩に見られるように、豪華な邸宅、美女と黄金、盛大なお供の行列が欲しければ「経書を読め」というたぐいの努力から、プロテスタント、特にカルヴィン派の禁欲（アスケーゼ）のように、信仰の極限的な高揚の果ての神の全能感・預定説にもとづく活動までである。イスラームにおける信仰は日々決められた時刻における礼拝、喜捨、ラマダーンの断食、ハッジ（メッカへの巡礼）、そしてアラーの敵に対する聖戦（ジハード）に至っているが、日常生活における快楽、なかんずく性愛についての抑制はない。

神義論にもとづく救済財の追求は、何らかの程度において人間の本源的思考法である呪術の変容ないし抑制を結果するのであるが、それは人間の利害の物質的、精神的配分状況（階級と身分）を共鳴盤とするものである。ウェーバーのプロテスタンティズムの倫理を転轍手として資本主義の「精神」とするのは、共鳴盤としての小市民層である。彼らは中世末期に展開された貨幣経済＝市場関係に巻き込まれていたのであるが、おそらくそれは〈神のみぞ知る〉価格の変動に翻弄されている日常生活の感覚が感応したものであろう。それに市場の変動は予測できないけれども、呪術によってではなく投資、立地、技術、労働力その他の「新機軸」（シュンペーター）による対応は、何ほどかのリスク（不合理）は避けられないにしても合理的な活動を促進させるのが禁欲の特性であったのである。同じ商人でも、前期的な商人における営業は投機であって、そこでの成功の秘訣はイカサマ、すなわちインサイダー取引である。イスラーム隊商にとっては遠距離取引による稀少性の価値づけと人間的なネゴシエーション、漢族商人にとっては奮励努力と賄賂、贈物、宴会によるコネクションがものを言うのである。

これに対して、武人は生死のあいだに闘う職分から、決断力と運命感と忠誠心とが資質として評価され、威信を他の身分に及ぼすことができる。また職人は自己の製作品に対して思い入れが深く、細心の努力をする（いい仕事）。そして農民は信仰深いとされ（ウェーバーによればそれはロマン主義的幻想）、本来その労働対象が自然であるだけに呪術に深く囚われている。ラテン語で異教徒（非キリスト教徒）はパガヌスと言うが、フランス語におけるペイザン（農民）という言葉はここから来ているのである。このような思想と社会層との対応は親和的なものであって、決して因果的なものではないというのがウェーバーの考え方であった。ただ、この親和性はともかくとして、宗教的信仰の厳密性については、西ユーラシア、南アジアではきびしく、東アジアではあいまいなようである。漢族は儒教をタテマエとしており、「経書を読む」奮励努力によって官職のポストを入手する利点を知っているが、しかし官僚社会のリスクも承知している。このリスクを嫌悪した隠者の理想である老荘の思想は儒教と表裏の関係にあると言える。庶民が一般的に信仰している道教は老荘に付託しているが、道教は呪術の塊である。

ウィットフォーゲルはウェーバーから多くを学んだ。その背景のもとに彼の歴史観は初期から次のような特徴をそなえることとなった。(9)

（1）**権力と官僚制論**――マルクスは官僚制にほとんど関心を持っておらず、持っても抽象的なものであったので、後にウィットフォーゲルは政治学体系としてのマルクス主義から離脱してゆくことになる。それはウェーバーが権力に対して深い鑑識眼を持っていたことに魅かれた結果でもある。そのウェーバーの権力の見方の焦点が官僚制であった。この影響のもとに、ウィットフォーゲルは、通俗的な封建制概念のもとで一般的に想定されている地主の権力というものを否定するか、これをはなはだしく弱体化されたものとして考えた。

（2）**多線的発展論**――彼は単線的発展論の一般性の否定にまで到達した。それはすでに見た都市論に示されているとおりである。彼はロシアの都市が西ヨーロッパの都市と違って、生産機能のない、軍事的・行政的中心地であって、アジア的専制主義の拠点であると考えた。そして近代資本主義は自治都市がないところには成立しなかったと考えた。なぜなら、そこには近代的な資本と自由な賃金労働者が存在しなかったからであり、また、都市と農村との分離がはっきりとなされていなかったからである。

（3）**歴史における自然的要因**――マルクスも労働は人間と自然を相互に媒介するものと理解していたが、ウィットフォーゲルにとっては、歴史における自然的要因はこの域ですむものではなかった。彼は地域の風土的特質にまで考えを及ぼそうとした。それは彼のプレハーノフ（『マルクス主義の根本問題』）に寄せた共感によって知ることができる。彼はプレハーノフによって特殊アジア的なものを知り、マルクスの「アジア的生産様式」を認識したのである。すでにプレハーノフは歴史の多線的発展、すなわち氏族社会から脱出するには、古典古代的な道と専制官僚的な道との二つがあることを知っていた。

4　ドイツ共産党の転換と中国革命

一九二四―二五年はウィットフォーゲルが活動するドイツ共産党にとって大転換の年であった。一九二三年の革命的危機はドイツ共産党に地方権力（ザクセンとテューリンゲン）を獲得させた。にもかかわらずそれを全国的に発展させることに失敗して、チャンスを手離した。翌二四年のコミンテルン第五回世界大会はこうした見地でこれを総括した。すなわち、二二年の第三回世界大会で定式化された「統一戦線戦術」が二三年の革命的危機においてはドイツ社会民主党との「お手々つないで」に歪曲化され、社共統一戦線の枠に押さえこまれてしまったというのである。第五回世界大会はこれを右翼的誤りとして批判し、統一戦線のあり方を「上からの」それと「下からの」それとに分断した。上からの統一戦線とは、指導者と下部との協定によって結ばれるもので、社会民主党への批判をとりやめるものである。下からの統一戦線とは、下部における闘争のなかの統一行動を実現するもので、社会民主党への批判をゆるめず、この批判によって統一闘争を促進しようとするものである。後者によれば、二三年のブラントラー＝タールハイマー指導による方針は「上からの」統一戦線で、それ故に挫折させられたということになる。したがって、この方針を批判する第五回大会の「下からの」統一戦線の政策は実質的には反社民政策であったのであり、結果的に「統一戦線戦術」を不可能としてしまうものであった。

この新路線は一九二四年四月、フランクフルトのドイツ共産党第九回大会によって先鞭がつけられた。この党は前年の一一月に非合法化されていた。そのため、大会の最中に秘密裡に開かれた一夜の会合にウィットフォーゲルは自分のアパートの一室を提供していた。この会合に出席したのは、ルート・フィッシャー、エルンスト・テールマン、アルカディ・マスロフ、エルンスト・マイヤーといった新指導部と、コミンテルンのお目付役、Z・D・マヌイルスキーであった。ウィットフォーゲルは会議のメンバーではなかった。これは党の政治活動における彼の位置を示すものであったと言えよう。二四年は党としてはアイデンティティの再建の時代であったが、このなかでのウィットフォーゲルの仕事はきわめて僅かで、この年の八月から一一月にかけては妻と一緒にイングランド、スコットランド、アイルランドを旅行してさえいる。政策転換によって新しく確立した左派指導部のもとで、この時期の彼が引き受けたのは『ローテ・ファーネ』(赤旗)の文化部の編集者としてさまざまなペン・ネームを使って書評　文学評論、論説を書くことであった。

しかし一九二五年六月、この関係は正式に終わる。それは、モスクワがルート・フィッシャー、アルカディ・マスロフらの新指導部の方針を極左的とし、党の「ボルシェヴィキ化」を指令してきたことと無縁ではない。この頃ロシア共産党とコミンテルンは大きく変わっていたのである。(10) 二四年一月二一日、レーニンが死に、ロシア共産党のバランスを支える錘りが失われた。すでに党組織の構造はすっかり変わっていた。レーニン時代とは違ったソ連共産党が生まれていた。教科書としてはスターリンの『レーニン主義の基礎』(一九二四年)があったが、これが二五年の第二版において訂正され、公然と「一国社会主義」が主張されはじめた（つまり、ソ連はもう外国の革命をあてにしないということ）。この情勢の変化はウィットフォーゲルにも直接的に波及した。二五年四月、コミンテルンの宣伝煽動部からの手紙（「ベラ・クンの原案」と言われる）がドイツ共産党中央委員会に送られて来たのである。この手紙ではドイツ共産党のとびぬけて独特的な思想家たち、コルシュ、ルカーチ、ウィットフォーゲルが攻撃されていた。

「『インターナショナル』『インテルナティオナーレ』誌がプロレタリア革命の旗の下にまかり通る多くのいわゆる〝共産主義的〟擬似《えせ》マルクス主義の出版物に関して沈黙を守っていることは、同誌の最大の間違いの一つに数え上げられねばならない。ウィットフォーゲルの著作のような言語道断の出版物は、もし『インターナショナル』誌が真に党のボルシェヴィキ化をめざす定期刊行物として見なされんと欲するならば、そこにおいて根こそぎの批判にさらされるべきである。これは、およそ考えられる最もたちの悪い刊行物である！　一定期刊行物が、一方ではスターリンの本『レーニンとレーニン主義』『レーニン主義の基礎』を宣伝し、他方でコルシュの『マルクス主義の真髄』『マルクス主義の哲学』や、ルカーチの諸著作や、ウィットフォーゲルの念の入った著作のような非マルクス主義の出版物を宣伝するようなことをしてはならない。革命的プロレタリアの前衛の至難な仕事は、理論に関しては最上の、ただこの上なく最上のものだけを必要とする」(11)。

まことに共産党らしい口汚い悪罵である。これをウィットフォーゲルがあびせられたのである。

中国問題の出現

この時、ウィットフォーゲルは新しい活動の場を手に入れていた。それがフランクフルトの社会研究所である。この研究所（以下フランクフルト研究所と呼ぶ）は、フェリックス・ワイルが一九二二年夏にパトロンとして開催した「第一回マルクス主義研究週間」をきっかけとして結成された組織で、党派にとらわれず、革命の問題、マルクス主義の問題を研究することを目的として二三年、正式に発足されていた。フェリックス・ワイルは、一八七〇年頃アルゼンチンで穀物商人となり巨万の富を築いたヘルマン・ワイルの息子で、一八九八年生まれ、九歳のときフランクフルトに来てギムナジウムを卒業し、中間の一年を除いてフランクフルト大学で勉強し、カール・コルシュの指導を受けた。その縁でマルクス主義に関心を持つ多くの左翼人を集めたのである。[12]

例えば、ゲオルク・ルカーチ、カール・コルシュ、リヒャルト・ゾルゲ、フリードリヒ・ポロック、ベラ・フォガラシ、そしてウィットフォーゲルなどがそれである。ウィットフォーゲルとワイルとの交友はこの一九二二年の夏に始まり、しばしば面会した。そして二四年末にすでにフランクフルト研究所の所長になっていたカール・グリューンベルクに研究所に入ることをすすめられたのである。その頃、ウィットフォーゲルは中国問題に夢中になって、たくさんの中国に関する現状報告、地理歴史の資料を渉猟していた。マルクス主義的な最初の中国に関する社会、歴史の著書である『目覚めゆく中国――中国の今日の諸問題の歴史的概説』（一九二六年）を仕上げたのは、この研究所の一室であった。

中国においては、満洲族の国、清が一九一一年末に崩壊し、中華民国が成立していた。一六年から各省に軍閥政権が乱立し、文化面でも一七年ごろ胡適、陳独秀、魯迅らの「文学革命」が起こっていた。中でも魯迅の活躍は目覚ましく、一八年には痛烈に中国社会を批判した『狂人日記』が発表され、二一年には土地を持たぬ極貧農の奴隷根性を暴露した『阿Q正伝』が連載された。この頃、北京は首都であったが、何ら中国を代表するものではなく、国内は軍閥割拠によってばらばらに分断され、内戦を繰り返していた。しかしこの国においても二一年には陳独秀らによって共産党が組織されていた。これに続いて始まった第二次中国革命（一九二五―二七年、後述）に対し、第五回世界大会以後コミンテルンを掌握したスターリン、ブハーリンらの指導者は、一言にすれば、中国においてはプロレタリアートと貧農を国民党に従属させることで、二四年の「国共合作」に意味を持たせようとしたのである。国民党は孫文が創立し、指導してきた党であり、国内の資本家、知識人のみならず、国外の華僑の圧倒的支持という広汎な基盤を持っていた。したがって二二年以来、中国共産党は党員個人が国民党に入党することを認めていた。この二重党籍をめぐってはさまざまな議論がなされた。革命を指導する「階級」は民族ブルジョアジーかプロレタリアートか、といった問題とも重ね合わされ、中国共産党内的にも国際的にもさまざまな対立があった。結局、二三年、コミンテルンは国民党への加入を指令したが、それでも、全共産党員が加入すべきか、知識人のみが加入すべきかの対立は残ったのである。(13)

このまさにその時、広東、香港にゼネストが起こり、治安・補給・教育・交通等、生活に必要な問題が、武装した労働者に守られたストライキ委員会の手中に移ったのである。それは中国における最初のソヴィエトの出現という事態であり、世界的に世論を興奮させた。すでにソ連共産党内に形成されていた反主流派は、共産党員の国民党からの脱退と独自の政策の遂行を示唆したのに対し、コミンテルンの主流派は、「愛国的」ブルジョアジーを恐怖させないよう、共産党員はあくまでも国民党にとどまれと指令したのである。後者の政策の根拠であるかの如き現象もあった。国民党率いる蒋介石は、「ソ連との同盟は、実は世界革命を完遂するため、ともに帝国主義者と闘っている一切の革命党との同盟である」(14)と語り、広東における商工会議所（ブルジョアジー）も、「世界革命万歳！」と宣言していたのである。人間は時流のなかでどこまで興奮できるのか、これを教えてくれる好個の史実である。

この現象をふまえてブハーリンは言った。「国民党は特殊なタイプの組織、政党とソヴィエトとの中間の組織であり、そこにはさまざまな階級組織が加入している」。「その構造は階級的な結集を実行することによって、下部からこれを獲得することを許す」。「われわれは中国革命においてこの特殊性を利用しなければならない」。「国民党をだんだんと選挙制による大衆組織に転形させ、その重心を左傾させ、組織の社会的構造を変化させる必要がある」(15)。すなわち、国民党の内部においては蔣介石が軍事力を掌握しているので、共産党員が国民党の内部にとどまるためには、中国共産党は土地改革を、ストライキを、ソヴィエトの組織を、そして何よりも労働者農民の武装を、抑制しなければならないとしたのである。この遠慮にもかかわらず、一九二六年三月には蔣介石のプレ＝クーデター（中山艦事件）が起こり、このことは共産党員のある部分に従来の政策に対して疑問を投げかけさせた。しかしスターリンはなおも語っていた。「［国民党による］広東軍の進出は、帝国主義に対する一撃、中国における帝国主義の代理人に対する一撃を意味し、それは中国におけるすべての革命的要素一般、ことに労働者のための集会の自由、ストライキの自由、出版の自由、組織の自由を意味した」。「青年学徒、労働青年、農村青年、これらをみな、もしこれを国民党の思想的＝政治的な影響下に従わせるならば、一歩七マイルの歩みで革命を推進できる(16)」。

トロツキー、ラデックらの反対派は、中山艦事件後ただちに中国共産党の自立、コミンテルンによる国民党批判を要求した。しかし、それは発表されず、一九二七年三月には上海ゼネストが起こり、これが自然成長的に武装蜂起に発展しようとしている時、蔣介石は翌四月、凄惨な反共クーデターを仕掛けて共産党勢力を粉砕してしまうのである。コミンテルンの上海駐在員ヴォイチンスキーは書いた。「われわれは極度に有利な歴史的瞬間を取り逃がした。権力は街頭にころがっていたが、党はこれをつかむことができなかった。もっと悪いことに、そうする意志がないばかりか、そうすることを怖れていた(16)」。当然、この事態の総括をめぐって大論争が起こったが、コミンテルン主流派はあくまで国民党左派、王兆銘の武漢政府に期待をかけた。しかし、七月、中国共産党は王兆銘の共産党員粛清によって武漢政府を追われ、独自路線に出ることを発表し、ここに国共合作は完全に瓦解した。中国共産党はなすすべもなく南昌で蜂起し、武装闘争に入るが、二八年六月、国民党軍は北京に入城し、ここを北平《ペーピン》と改称して北伐を完了させた。こうして二九年には国民党と共産党とのあいだで内戦が始まるのである。

この中国での一連の出来事は当時の国際問題の焦点であって、熱湯が煮えたぎるような、そして一転冷水をあびさせられるような情勢の展開のなかで中国問題の議論が行われていたのである。マルクス・レーニン主義研究所（ソ連）のリアザーノフがマルクスのインド・中国論におけるアジア社会の分析を紹介したり（『マルクス主義の旗の下に』第一巻二号）、ヴァルガが「中国革命の経済的諸問題」（『計画経済』第一二号）を発表したのはこの時期である。そしてウィットフォーゲルの『目覚めゆく中国』が出版されたのも、この議論のなかにおいてである。この著作は一九二六年に出版された。この年、ウィットフォーゲルはいくつもの中国問題をめぐる論文を発表している。

「中国に対する新たな武力干渉に賛成する宣伝文書」『インプレコール』第六巻一一六号
「イギリス・ブルジョアジーと中国」『インテルナティオナーレ』第九巻六号（三月一五日）
「中国における諸侯領および諸侯特権に対する国家補償・歴史的後産」『ローテ・ファーネ』第九巻一二四号（六月一日）
「中国に関する最近の文献」『インテルナティオナーレ』第九巻一一／一二号（六月二〇日、

八月一日)
「中国史の諸著作」(匿名)『インテルナティオナーレ』第九巻一八号(九月一五日)

一九二七年にもひき続き書いている。
まず著作として『上海―広東』
論文として「中国経済史の諸問題」『社会科学・社会政策アルヒーフ』第五八巻二号
「孫逸仙〔孫文〕と中国革命」『インテルナティオナーレ』第一〇巻八号(四月一五日)
「汪兆銘・広東政府の政治的指導者」『インテルナティオナーレ』第一〇巻一〇号(五月一五日)
「中国の農民運動」『ローテ・ファーネ』第一〇巻一五二号(七月一日)
「孫逸仙・中国解放運動の旗」『ウラニア』第三巻八号
「中国における白色テロルに対抗するプロレタリアの闘争」『インテルナティオナーレ』第一〇巻一八号(九月一五日)
「中国はどこへ行くか?」『ウェルトビューネ』(世界舞台)第二三巻三九号(九月二七日)
「孫逸仙に関する新しい諸著作」(筆名W)『インテルナティオナーレ』第一〇巻二二号(一一月二五日)
「上海における女性兵士」『デル・カンプ』(ベルリン、一二月八日)

「中国革命の裏切者」『インテルナティオナーレ』に三回（一九二七年一二月八日—一九二八年一月一日）
「上海におけるストライキ闘争」『コムニスティシェインテルナティオナーレ』第四巻
「孫逸仙の発展と孫逸仙主義・政治的伝記の試み」（孫逸仙『中国革命の記録集』への序文
譚平山『中国革命の発展の道』への前書き

一九二八年になるとぐっと少なくなる。
「孫逸仙の遺産」（その一）『ウェルトビューネ』第二三巻一号（一月三日）
「孫逸仙の遺産」（その二）『ウェルトビューネ』第二三巻二号（ 月一〇日）
「中国はわれわれにどんな関わりを持つか」『フロント・経済＝政治＝文化＝労働者運動のための雑誌』第一巻二号（一〇月）

一九二九年にも中国関係の論文があるが、それは純理論的なものとなる。
「中国農業の諸前提と基礎的諸要素」『社会科学・社会政策アルヒーフ』第六一巻三号

さらに一九三〇年。
「中国労働者運動の基盤」『社会主義＝労働者運動史アルヒーフ』第一五巻二号

「科学的中国研究に関するソヴィエトの寄与」『新ロシア』第七巻七―八号（一二月）
「中国の農業的＝産業的生産諸力の経済的意義」（フランクフルト＝アム＝マイン大学哲学学部に提出された学位請求論文）

そして一九三一年には、
「ヘーゲルの中国論」『マルクス主義の旗の下に』第五巻三号（一二月）
『中国の経済と社会――大アジア農業社会の科学的分析の試み』第一巻
が来るのである。

このリストを通覧するとウィットフォーゲルがいかに第二次中国革命に関心を持ち、いかにあわただしくジャーナリストとして論文を書いているかがわかるであろう。知識人としての関心の傾向に見られるうねりの高低の激しさに驚嘆せざるをえないであろう。しかし子細に内容を検討してみると興味ぶかいことが明らかになる。それは、第二次中国革命が始まった一九二五年にウィットフォーゲルは『目覚めゆく中国』を仕上げているにもかかわらず、同年には出版されず、二六年にずれ込んでいること、そしてこの年に他の数篇の論文も発表しえてはいるが、二七年四月の上海クーデター以後は俄然その数がふえていることである。つまり、革命の上昇期よりも、それが敗北して下降しはじめる頃に論文の数が激増していることである。これは党機関や党機関誌（『インテルナティオナーレ』など）を握っていたコミンテルン主流派の情勢理解、情勢判断の遅れを反映した結果と思われる。主流派としては、反対派による一年前からの警告を、党派心から真面目に受けとらないまま不意打ちを受け、呆然としながらも、革命の高揚は続いているとだらだらと思い続けた。敗北したと内心気づきながらも、七月の南昌蜂起（時期おくれの武装闘争）によって失敗を糊塗しようとしたが、秋にはもはや敗北の雰囲気が自明なものとなっていたのである。

コミンテルンをして、このような「失敗」をさせたのはスターリン、ブハーリンらの主流派である。彼らは中国の革命の任務を段階革命の教義に従って「ブルジョア民主主義的」なものと位置づけ、反対派の要求する「ソヴィエト（労農評議会）の組織」を、段階を飛び越える冒険的なものとして攻撃した。彼らにとって社会の変革は、封建制から資本主義へ、資本主義から社会主義へと順番に進行する。彼らにとって歴史は、リレー競走のようなもので、一人の走者から次の走者へバトンが渡されるのである。ブハーリンの草案『コミンテルン綱領』（一九二八年）では、全世界各国の革命（＝リレー競走）走者のバトンの色（歴史的任務）は整然と定められており、人を唖然とさせるのであるが、これに従えば、中国は植民地＝半植民地であって圧倒的に農民からなる半封建的な国であるので、ブルジョア＝資本家はなお進歩的な役割を果たすことができる、となる。あえて言えば、ブルジョア＝資本家は革命の主体であり、「四民ブロック」（資本家、労働者、農民、知識人）の中心であるというわけである。

対する反対派も、中国が植民地＝半植民地であって、農業が主要な生業であり、地主が収奪者であることは承知している。とはいえ、次のようにも捉えるのである。すなわち、都市には商業資本家が存在し、それにともない労働者、大量の半失業プロレタリアートも存在する。また半植民地だけに教師、その他の知識人の役割も大きい。この状況を封建的とするのは誤りである。革命は少人数であれエネルギーがうっ積したプロレタリアートによってなされるものであるが故に、これに恐怖するブルジョアジーには自らの階級的限界を超えるどころか、民主主義的任務すら完遂する能力はない。したがって、革命はプロレタリアートの力量を充分に発揮させうるソヴィエトによって結集させ、彼らの要求のもとで社会主義的任務に着手することもありうるのだ、と。

『目覚めゆく中国』

ウィットフォーゲルの仕事はこの国内、国際の共産党の意識の環境のなかで行われたのであるが、彼の立場は主流派、反対派のいずれとも違った独自のものであった。それにまた、彼は戦略論争に介入することをあえて避けていたので、ドイツ共産党のチャイナ=ウォッチャーとして充分に活動することができた。

ウィットフォーゲルは『目覚めゆく中国』においてマルクスの「アジア的生産様式」の概念を本格的に活用しようとした。このなかで彼は、中国に経済的・政治的・社会的な影響を及ぼしている自然的生産条件の特異性を指摘した。彼によれば、「自然力を社会的に制御」すること、すなわち「水の制御」は、「中国農業の死活の問題」であった。この中国における生産力の特異性、つまり灌漑を含む水の制御のための国家統制（＝中央集権的組織）の必要性から、彼はマルクスの主張である「人工的な灌漑」とウェーバーの主張である「強力な官僚制」の二つの基礎を持つ「アジア的生産様式」を考えたのである。ただしウィットフォーゲルのこの仕事は単に先人から学んだだけにはとどまらなかったとウルメンは言う。ウィットフォーゲルにはマルクスやウェーバー、そして「ブルジョア」中国学者を超える視点があったとして次のように言うのである。(17)

マルクスを超えた点　この時期の中国研究におけるウィットフォーゲルの業績のメリットの第一は、中国、インド、エジプトにおける「階級国家」の起源についての論述に見ることができる。彼はマルクスが使っている例証を利用して、灌漑と治水の「管理者たち」が、その職務を通じて「支配階級」になったことを主張した。マルクスは水力的国家とその「君主」の存在は認めたけれども、アジア的社会における生産手段を管理するものが「階級」であることには気づかなかった。

ウェーバーを超えた点　ウェーバーは「非労働的」「強力な水力的」官僚制を検討してはいるが、それを「身分的支配」ständische Herrschaft としか論じなかった。これに対し、ウィットフォーゲルは、搾取する「行政的役人階級」と「絶対的君主」の双方によって構成されている「階級国家」の存在をそこに認めた。ウィットフォーゲルは、職務的官僚制が支配階級を構成し農民を搾取していることを立証するために、アジアにおいては税と地代が等しいものであるとしたマルクスを引用したが、まさに農民の搾取は本質的に「国家」によって達成された。この「国家」においては、皇帝とその官僚が一体となって「支配階級」を構成した。

ブルジョア中国学を超えた点　ウィットフォーゲルはまた、中国の「民主的」試験制度（科挙）に関する「ブルジョア」中国学者の〈通説〉を次のように批判した。「事実において、この制度は決して民主的ではなかった。教育の容易な機会に加えて、官職売買、贈収賄、〝縁故関係〟等、即ち（高級官吏の子弟に対する）公的な援助の可能性は、一般的に裕福な官僚志願者を有利にした」「そのことに間違いはないが、筆者は当時のウィットフォーゲルの「科挙」批判をきわめて不充分なものとして捉えている。それはミクロな問題にひっかかっているからである。ここにおいて彼が、きわめて形式的な公平さを追求するのに汲々としていたこと自体、そのマクロな領域においては試験の正当性を強化して、官僚の専制支配を正当化する方向に結びついていったことは忘れてはならない。このマクロ的な問題こそ、野心的な青年たちのエネルギーを吸いつくし、彼らの知的視野を狭隘にして、東洋的専制主義の支配を正当化してゆく重要なポイントとなったのである」。

これらにおけるウィットフォーゲルの言説はウェーバーの「階級 Klasse」と「身分 Stand」概念に拠っている。すなわち、「階級」とは物質的な富（金銭、物財）の配分における集団分類であり、

「身分」とは精神的な富（権力 威信）の配分における集団分類であって、決して同一視されてはならないという視点である。この二つは、集団の構成の論理構造が全く違っている。あえていえば、「階級」は経済的土台の上部構造であり、「身分」は権力的土台の上部構造であるということになろう。ここから水力的官僚制の階級的性格と近代的官僚制の身分的性格がでてくる。

『目覚めゆく中国』において重要な部分は書誌的付録としての「中国に関する文献」リストである。その最初に付した注においてウィットフォーゲルは、自らの中国学研究の発展を説明するくだりで次のように語っている。

「著者〔ウィットフォーゲル本人〕は一九一九年以来、講演や著作において中国問題に対する注意を喚起し、中国の社会的発展の法則を探ってきた。最初に著者は、文化的社会学的な観点から研究を進めた。しかし、間もなく――著者が一九二一年、ライプチヒの東アジア・ゼミナールにおいて、大学の中国学の全く不充分なおきまりの研究に踏み出す以前のことであるが――著者は、ブルジョア社会学が長いこと目をくれずにいた中国社会の〈下部構造〉の研究を心がけるようになった。ドイツの諸大学における中国学研究の現状批判に関しては、『ブルジョア社会の科学』〔『市民社会の科学』〕を見られたい。……ちなみに、そこではE・エルゲスははなはだ過大に評価されている。

中国はなぜ産業資本主義の独自の発展を全く持たなかったのかという問題に関しては、『ブルジョア社会の歴史』〔『市民社会史』〕を見られたい。……そこではマックス・ウェーバーのゴタ混ぜの説明とは対照的に、中国における資本主義の欠如は、マルクス主義の理論を用いて、自由な賃金労働者の欠如によるものとされている」(18)。

ウルメンもコメントしているように、その初期から、ウィットフォーゲルは権威に屈しなかった。大学の権威、アカデミズムの権威、いうまでもなくマルクス主義の権威にも屈しなかった。「権威への反逆者」であったからこそ、彼は「共産主義の全体主義的官僚制化と西洋世界の政府の増大する官僚制化のいずれ」に対しても批判的立場を堅持することができた。容共的知識人の集団リンチに屈するような人物ではなかったのである。しかし、右に引用したような感慨を彼はその後ほとんど書くことはなかったのではなかろうか。国際共産主義運動の歴史的瓦解の可能性など夢にも思い及ぶことのできない浮かれ学者の思惑には、たとえ孤独のなかでも歯牙にもかけたくないところに彼のプライドがあったと思えるからである。

この反権威の姿勢は、彼が最も依拠したマックス・ウェーバーに対しても貫かれた。彼はウェーバーを称賛しながらも、その欠陥を指摘することを忘れなかった。

「マックス・ウェーバーの『宗教社会学論集』の第一巻は、中国経済史に関する厖大な量の資料を含んでいる。この巻の後半は、中国社会の発展の分析に専らあてられている。この巻の大いなる欠陥は、ウェーバーの示唆するように著者の中国語の知識不足にあるのではなく、すべてのみごとな細部にもかかわらず、彼が唯物論的歴史観に辿りつくことを不可能にしている彼の非弁証法的、非マルクス主義的方法にあるのである。この本は価値ある個々の史実の破片を積み重ねたものであるが、これは歴史ではない……。とはいえ、概して言えば、ウェーバーは、なぜ中国は独自の産業資本主義の発展を遂げなかったのかという問題を真剣にとりあげた唯一のブルジョア歴史学者であった。確かに、彼は折衷主義的非マルクス主義的方法をとったため、彼自身が中心的な問題であると認めた問いに対する充分な解答を見出すことができなかったのである(19)」。

ウェーバー宗教社会学

このウィットフォーゲルの文章におけるキーワードは「非弁証法的、非マルクス主義的」である。この批判は、その後のマルクス＝レーニン主義者業界において枕言葉的に、お題目的に連呼された陳腐きわまる表現ではあるが、ここでは一九二五年という時期を考慮して、そのまま受け取ってもよさそうである。ウェーバーの『宗教社会学論集』全三巻（一九二〇―二一年）はいくつかの論文の集大成である。初期のこの問題に対するウェーバーの『プロテスタンティズムの倫理と資本主義の「精神」』（一九〇五年、第一巻収録）と『プロテスタンティズムの倫理と資本主義のゼクテ』（一九〇七年、第一巻収録）を前座として、主要部分には『世界宗教の経済倫理』全三部（一九一五―二〇年。『儒教と道教』（第一巻収録）、『ヒンドゥー教と仏教』（第二巻収録）『古代ユダヤ教』（第三巻収録)が来るのであるが、その『経済倫理』の冒頭におかれた「序論」では宗教社会学のキー・カテゴリーの説明が行われる。神義論の類型、身分と階級、宗教指導者としての呪術師・祭司・預言者、社会層、宗教などの概念がどのような意味で使われているかが明らかにされる。

また、『プロテスタンティズムの倫理と資本主義の「精神」』は、「人間は自分の職業を義務とすべきだ」とする西ヨーロッパ的観念がいかなる根源から生まれてきたかを追究するものであるが、この観念は世界の各地域に普遍的に成立したものではないだろう。その意味でこの観念は西ヨーロッパ特有の、固有の観念であると言えるが、ウェーバーはこの問題の概念構造を西ヨーロッパ以外の世界の宗教=文明にまで及ぼして、それらの宗教=文明の解明を試み、いやがうえにも西ヨーロッパの特性を浮かびあがらせようとした。そのために書かれた『世界宗教の経済倫理』の研究課題としたのは、R・ベンディィックスによれば次のことである[20]。

(1) 主要な宗教思想が平均的な信徒の世俗倫理と経済的行為に及ぼした影響の問題。
(2) 社会層形成が宗教思想に与えた影響の問題。
(3) 異なった諸文明における宗教的信念の生成要因と作用を比較することによって西ヨーロッパに固有のものを確定するという問題。

このベンディィックスによる定式化は適切なものであるが、ウェーバーはこうした問題説明に立脚して『儒教と道教』を書くのである。ここではまず、西ヨーロッパと違う中国の永続的な側面として、（1）都市の自律性の欠如、（2）家産官僚制、（3）宗教組織における教権制の不存在があげられる。（1）の都市については、中国の都市と西ヨーロッパの都市との相違は絶対的なものではないとする。しかし、世界のほとんどすべての都市が王侯の所在地・要塞として発生し、交易と手工業生産の中心であったのに対して、中国の都市は一度も政治的自律性を獲得できなかった。ウェーバーはその理由を、氏族（宗教）の桎梏がいささかも打破されなかったからだとする。以下、ウェーバーは次のように言う。（2）の家産官僚制について――都市が自律化しえなかった理由のうち（1）とともにひとしく重要なのは、帝国の統治が、他の地域と比べて、早くから中央集権化されていたことである。その原因として、大河流域の治水と農業用の灌漑を経営する必要があったこと、また、北方からの狩猟民、遊牧民に対して万里の長城に象徴される防衛の任務を果たさねばならなかったことなどがあげられる。ただし、これは中国における地方分権、地方自治が薄弱であったということではない。その反対である。だが、決定的瞬間において、中央権力には対抗しえなかった。（3）は宗教組織における預言者と祭司の欠如を意味する。それは儒教に見られるように、俗人の官僚が孔子を祭り、礼典を行うことによって、職業的な祭司が成立しなかったためである（道教などの宗教者は祭司というより呪術師であった）。この官僚層が国家の祭祀と政事をともに掌握し、読書人層も官僚の候補者ないし引退者とその子弟であったので、西方の原野に叫ぶ預言者、呪術の打破を求める預言者は成立しようもなかった。

この『儒教と道教』の末尾に次のパラグラフがあり、この著作の結論となっている。

「儒教の倫理に完全に欠けていたのは、自然と神との緊張、すなわち、倫理的要請と人間の欠陥との、罪の意識と救済希求との、地上における行為と来世における報償との、宗教的義務と社会的・政治的現実との、緊張であった。それゆえ、［儒教には］伝統や因襲から解放された内面的な力によって行為を統御するための槓桿がなかったのである」。

このウェーバーの宗教論は美事なものであったが、幸福の神義論を核とした理念体系の展開であっただけに、マルクス主義者ウィットフォーゲルにとっては不適切なものであった。彼にとって中心的に取り上げられなければならないのは自然と人間との関係であり、その焦点に据えられるべきものは〈水〉であった。〈水〉はウェーバーによっても権力を規定する一要因として取り上げられてはいるが、ウェーバーにおいてはそれ以上でも以下でもなかった。唯物論者ウィットフォーゲルにとってはまず〈水〉であり、これに対する〈権力〉の弁証法がその中軸に据えられるべきものであった。また、ウェーバー社会学にとっても〈緊張〉は重要な概念で、それは二項対立のなかにおいて語られた。しかし、ウィットフォーゲルにおける弁証法は緊張をはらみながら、それを突き抜けてゆく論理である。この論理によって彼の「水力社会」、「水力国家」の概念は成立するのである。こうした彼の原則的立場が、ウェーバーの名著に対するくだんの評言を書かせたことは言うまでもない。

中国の国家

『目覚めゆく中国』が発表された一九二六年、引き続き彼は中国に関するニュース・コメントとともに、しきりに中国研究の諸著作の紹介を行っている。中でも代表的なのが、ハイデルベルクの伝統ある『社会科学・社会政策アルヒーフ』から二六年に依頼された論文で、アメリカ系中国人、メーベル・ピンホア・リー（李炳華）の著した『中国経済史、特に農業を中心として』[21]への長い書評（一九二七年）である。ウィットフォーゲルは、多くの西洋学者が中国の歴史、とりわけ経済史について全く無知で、思いつきを変わった例として取り上げているにすぎない現状を批判して、リー女史の著作を積極的に評価したが、しかし彼女のこの書のなかにも同様の批判点を指摘した。その批判点とは、彼女の記述が単なる史実の蒐集だけに終わっていることである。もちろん史実の蒐集はさまざまな人がさまざまな歴史を書くことを許すものである。ウィットフォーゲルが培ってきた「農民と役人の国家」というヴィジョンは、まさにリーによって述べられた事実から出発するものであった。この頃、彼は周王朝を封建制ととらえ、その終焉から一九世紀の近代資本主義の出現までを「農民・役人国家」とみなしていた。その組織と構造の根底に横たわる「諸条件」のなかに中国中世史の解明の鍵を見出していたのである。リーは、この長い期間に生じた中国社会の変化と発展を説明するために、もっぱら農業技術の改良について論じたが、しかしウィットフォーゲルはむしろ、その期間に恐ろしいほど頻繁に発生した重大な危機のなかに、中国社会の変化と発展を理解する手がかりを見出そうとした。そして彼は、この農業危機の原因を国内的と国外的とに分け、国内的には、一つは個人間の利害対立(その最も深刻なものは高利貸付けである)として、もう一つは農民と国家とのあいだの利害対立として、また国外的には、中原とアジアのステップとのあいだの利害対立としてとらえるに至ったのである。

5 「アジア的生産様式」

マルクスらの考え

これらウィットフォーゲルの中国研究の根底にあったものが「アジア的生産様式」の概念である。このことは、『目覚めゆく中国』の書誌的付録において、一九二五年の『マルクス主義の旗の下に』誌上に発表されたD・リアザーノフ編集によるマルクス論文集『カール・マルクスの中国・インド論』に対して彼が注意を喚起していることからも明らかである。

ウィットフォーゲルが同時代のアジアに関心を向けたように、マルクスが自身の生きた一八五〇年代のアジアに関心を向けたのは興味ぶかい。マルクスのその一連の論文は、中国における革命的覚醒の始まりとなる太平天国の乱(一八五〇—六四年)や、イギリスによるインド征服が完了する大反乱＝セポイの乱(一八五七—五八年)を背景とした時代に書かれたものである。この頃すでにマルクスはモンテスキュー、ヘーゲル、そして「古典学派」の経済学者から学んで「アジア的生産様式」の概念を知っており、これを彼の方法論的特徴である〈生産様式〉＝〈経済的社会構成体〉の一つとして陶冶していたことは、一八五九年の『経済学批判』序言にでている通りである。

マルクスがこの概念の内容について最初に明示的に書いたのは一八五三年六月のことである。この月の二日にマルクスはエンゲルスに宛てた手紙のなかで、「［インドでは］国王が王国内のすべての土地の単独唯一の所有者である」と書いた。[22]これに対する六日付のエンゲルスの返書では、「［私的］土地所有権の欠如」は東洋全体を理解するための鍵であると確認された。インドでは、農耕の第一の条件は灌漑であり、これを管理することは「共同体か地方政府かあるいは中央政府の任務」とされていたからである。さらに、一四日のマルクスからエンゲルスへの手紙では、インドの停滞的性格を証明する二つの互いに作用しあう事情として、「（1）土木事業が中央政府の仕事である。（2）それと同時に、全国が、数個の大土地を除いて、完全に別個の組織を持ち、それ自体として一つの小土地をなしていたところの村落に分かれている」[24]といった内容があげられ、その趣旨については二五日付の『ニューヨーク・デイリー・トリビューン』紙上に「インドにおけるイギリスの支配」[25]としてより整備された形で再現された。

これらはいずれもインドをめぐって論述されたものであるが、マルクスの視野に中国が入っていなかったわけではない。六年後の一八五九年には『ニューヨーク・デイリー・トリビューン』（一二月三日付）に論説「中国との貿易」[26]を書き、中国、インド双方における零細農業と家内工業との結合を指摘している。以後のさまざまな論述においても、終始一貫して、「アジア的」、「東洋的」（オリエンタル）といった用語が使用され、この用語が示す範囲から中国が排除されることはなかった。

これら私信や新聞の論説で語られたものとは別に、マルクスの「アジア的生産様式」の概念について最も詳細かつ重要なものと思われたばかりか、その公開が遅れただけに、その内容とあいまって衝撃的な影響を及ぼしたもの、それは一八五七年から五八年にかけて執筆された草稿『経済学批判要綱』（グルントリッセ）の一章をなすところの「資本制生産に先行する諸形態」である（ウィットフォーゲルは一九二八年にリアザーノフにこの手稿を見せられたというが、発表されたのは第一冊が三九年、第二冊が四一年であった）。この文章においてマルクスは、すべての人類に共通する最初の生産様式として「原始共同態」から出発した。マルクスによれば、この段階において人類は狩猟＝採集によって生活しており、自然発生的な種族的血縁団体を形成している。やがて、野獣を飼いならして家畜とすることによって遊牧生活に入る。しかしながら、なお水源を追って移動の生活を行っているが故に、土地所有の関心はまだまだ不明確なものにとどまっていたが、遊牧から牧畜・農耕へと発展するにしたがって、土地所有が成立することになる。この場合、なお所有の主体としては種族の共同態が前提されており、これが共同体的土地所有をつくりだすのである。その際に作用する諸条件とは次の二つである。

（1）「さまざまな外的・気候的・地理的・物理的等の条件とともに、人間の特殊な自然的素質――彼らの種族の性格[27]」

（2）「気候、土地の物理的性状、物理的に条件づけられた土地の利用様式、敵対的諸種族または隣接諸種族との折衝、そして移動と歴史的諸事件[28]」

マルクスはこれによってさまざまな類型が決定されるとした。すなわち、アジア的、スラヴ的、ローマ的、ゲルマン的といった共同体的土地所有の類型がそれである。この本源的所有がやがて解体する過程において、さまざまな先資本制的生産様式の成立をみるとしたのである。

ここには「アジア的なもの」の詳細な記述がある。しかし、それによってマルクス、とりわけエンゲルスの見解がほぼ確定したとすることはできない。エンゲルスの『家族、私有財産および国家の起源』（一八八四年）においては、これが完全に欠落しているのである。この書の趣旨から、それは絶対に省略されてはならないものである。他方で、これに先行する『反デューリング論』（一八七七―七八年）においては、エンゲルスはこの概念を使用しているばかりか、次のような重大な発言すら行っていたのである。すなわち、「ここで重要なのは、どこでも政治的支配の基礎には社会的な職務活動があったということ、また政治的支配は、実際、自己のこの社会的な職務活動をはたした場合にのみ、長く続いたということを、確かめておくことだけである。どれほど数多くの専制支配がペルシャやインドで興亡をかさねたとしても、それらはどれも自己がなによりもまず河川流域の灌漑の総請負い人であることを、まちがいなく充分に心得ていた。これらの国では、灌漑をおこなわなければ農耕は不可能なのである」[29]。ここには『家族、私有財産および国家の起源』で提出された国家論とは別の、もう一つの国家論が提起されている。階級対立のもとで搾取階級が支配階級となり、彼らが一つの機関として国家を形成するという『家族、私有財産および国家の起源』において主張された、いわゆる「階級国家論」に対して、『反デューリング論』では、共同事業を職務として執行することを委託された人たちが、やがて社会全体に聳立《しょうりつ》して支配する国家を形成するという、いわゆる「分業国家論」がもう一つの類型として提示されているのである。両方の見解の振幅の激しさにとまどわざるをえない。

マルクスらの考えの解釈

長期間にわたり、さまざまな機会に、激しい理論的振幅のなかで現れるマルクス、エンゲルスにおける「アジア的生産様式」概念の具体的内容は、ドナルド・M・ロウが図式的にまとめたところでは次のようになる。(1) マルクスが最初に明示した一八五三年の段階では、東洋的専制主義の持続的な存在を説明するものとして、自己閉鎖的な村落共同体と国家の治水事業があげられた。(2) 一八六〇年代の『資本論』の段階では、商品交換の欠落を説明するものとして、自己閉鎖的な村落共同体と国家による剰余労働生産物の吸収があげられた。(3) 一八七〇年代の『反デューリング論』の段階では、自己閉鎖的な村落共同体が強調されつつも、共同体的土地所有から小農的土地所有への移行の可能性があげられた(30)。この図式化から、ロウはマルクス、エンゲルスが展開する説明のなかに不連続性を読みとっている。すなわち、「国家の治水工事および東洋的専制主義からの論点の移動は、政治経済学の視点から経済学の視点へのアプローチの変化によって根本的に説明されなければならないと、私は信じる。それ故、政治経済学的アプローチは東洋的専制主義とアジア経済との相互作用を示し、経済学的アプローチは純粋に経済用語でアジア的生産様式を説明したものである(31)」。

このロウの説明にマリアン・ソアーは反対して、ロウの見解は一八五三年段階の概念の誤解によるものであるとし、マルクスの見解の生涯における一貫性を主張している。すなわち、「アジア社会についてのマルクスの思想の連続性は、マルクスが政治経済学における東洋の後進性あるいは非発展的性格の説明のなかに、彼自身の生涯にわたる反国家主義的見解と完全に一致するものを見出した事実から来ている。企業者的国家権力による経済的イニシアティヴの独占は、国家権力の役割についての自由主義者の見解に同調したマルクスを含めて、一九世紀の自由主義者が主張したように、停滞に帰着する(32)」というのであった。

この二つの見解のいずれが正しいかの問題にはふれない。しかし、もう一つ、〝聖典〟の解釈によって決着がつけられなかったものがある。それは、この「アジア的生産様式」の概念を段階論的に把握するか、類型論的に把握するかの問題である。

この問題についてマルクス、エンゲルスは明示的に発言していないが、端的にこの問題に回答を出したのはロシアのプレハーノフである。彼の『マルクス主義の根本問題』（一九一三年）の当該文章はくだくだしくて読みづらいので引用はしないが、彼が述べていることは、生産様式の類型は「自然的・地理的環境の影響」によって決まるということである。(33)

氏族制度 ─┬─ アジア的生産様式
　　　　　└─ 古代的生産様式

この類型にあえて注釈を付け加えれば、「アジア的生産様式」は地理的にモンスーン地帯・夏雨地帯に、古代的生産様式は地中海性の乾燥地帯・冬雨地帯に現れる、ということになろうか。このプレハーノの提言は一九一三年になされたものだが、この時期にはとりわけて論評されることはなかった。しかし、一九二〇年代にかけての論争のなかで、また第二次世界大戦後に「資本制生産に先行する諸形態」（『経済学批判要綱』の一章）が普及する段階のなかで、激しく議論された。

コミンテルン時代の論争

「アジア的生産様式」の概念が想起されたのは第二次中国革命との関わりにおいてである。この言葉を最初に発掘したのは、すでにウィットフォーゲルがあげているD・リアザーノフである。リアザーノフは自らの論集としてまとめる前に、『プラウダ』の一九二五年六月二五日号に紹介されたマルクスの論文「中国とヨーロッパにおける革命」に付した解説「カール・マルクスと中国」[34]のなかでこの概念を取り上げた。この年、E・ヴァルガが「中国革命の経済問題」[35]を書き、主にウェーバーを引用して、中国の国家権力が治水灌漑を通じて形成されたこと、中国の支配階級が読書人である官人からなっていることをあげつつ、中国のいわゆる〝封建制〟がヨーロッパのそれと異質なものであることを主張して、単線的発展段階論に安易にもたれかかる主流派的見解に挑戦していた。二六年には、このヴァルガの見解はA・I・カントロヴィチの支持を得、[36]二七年五月には、ジョン・ペッパーの論文「欧米帝国主義と中国の革命」が「アジア的生産様式」の概念によって現代中国を分析した。この流れの上に立ったのが、L・I・マヂャールである（彼はヴァルガやペッパーとともにハンガリーの出身である）。

一九二八年のマヂャールの大著『中国農業経済研究』は、一九二六―二七年に中国で外交官を務めていた彼が、マルクスの概念と現代中国の資料との綜合をはかるためにまとめたものである。この書の「方法論的」に興味ぶかい特色は、第一に、ウェーバーの影響を受けたため、それまで残存した、中国社会の根底に氏族制度をおく見解が払拭されていること、第二に、土地制度に対する関心が正面にでているため、周知の「土地所有権の欠如が全東洋を知る鍵である」というテーゼと現状との整合的な説明に苦慮していること、があげられよう。

実証に裏づけられたこのマヂャールの業績は大きく、彼の支持者であるヴァルガも、一九二八年に発表した「中国革命の基本的諸問題」（『ボルシェヴィキ』第六号）でこの傾向を変奏し、中国の土地制度の特色を明らかにしようとした。

「もちろん、中国にも土地所有は存在した。しかしレーエン［封地］領主制は存在しなかったのである。地代によって生活している階級は存在している。しかしこの地代は、なお多くの場合、生産物地代であるとはいえ、それは本来の意味における封建地代ではない。土地所有は細分され、たえず貨幣によって売買されている。地代収納者の階級は、ヨーロッパ封建制度における大貴族のような特権階級ではなく、直接的な商人や高利貸と密接に融合している」。ヴァルガはまた、その農民収奪も封建的な「経済外強制」によるものではないとしたうえで、このように両者（特権による土地所有と市場による土地所有）を同一視することができないが故に、「われわれは、中国農業問題を理解する上で、中国の事情を特徴づけるために、封建制度という表現を適用することは、利より害が多かったと信ずるものである(36)」と述べる。

ヴァルガは正しいことを言っている。この土地問題への関心は、現実へのアプローチを志すかぎり不可避なものであったろう。しかし、ここに、「アジア的生産様式」概念の支持者らにとっては一つの陥穽が仕掛けられることになったのではなかろうか。つまり、この概念の支柱として、一つには治水灌漑を任務とする国家、二つには土地所有権の欠如という命題があるのだが、この命題を守りながら、その系として、この専制国家の支配者に官人を据え二〇世紀の土地問題を分析することは、極度に困難なアクロバットを強いるものでなかったか。このアクロバットで必要とされたのは、現象の書きながしにすぎないマルクス、エンゲルスの言説に対する、実証をふまえた再整理であっただろう。また、所有関係が軸となる生産様式を下部構造（土台）とし、国家を上部構造とするマルクス主義による社会把握の基本図式についても、いわゆる「階級国家論」と「分業国家論」との関係も含めて再検討されねばならなかっただろう。しかし、それらはなされなかった。なされないままこうした土地問題への関心が現実政治に影響しはじめたことは、この概念の普及の歴史に不吉で不毛な性格をもたらしていったのである。

まず、一九二七年一一月の中国共産党中央委員会総会が採択した「土地問題党綱領草案」[37]には、おそらくＶ・Ｖ・ロミナッゼの影響下に「アジア的生産様式」の概念が導入されていた。また、二八年五月に発表されたブハーリンの草案『コミンテルン綱領』の規定のなかには、マヂャールの議論とヴァルガの論文にもとづいて、植民地＝半植民地における「中世紀＝封建的関係あるいはアジア的生産様式の優越」なる語句が挿入されていた。[38]しかし、この問題を論理的に突きつめて考える時、容易ならぬ深刻な問題が秘められていたことに気づくのである。それは歴史の多線的発展を示唆しうるものだけに、世界の単線的発展を基盤とする世界組織、コミンテルンの中枢には一つの脅威と感じられたことは間違いない。

かくして中央よりの反撃が行われることとなる。「土地問題党綱領草案」は翌一九二八年七―九月の第六回中国共産党大会で否決された。

「もしも、現代中国の社会経済制度および農村経済が、完全にアジア的生産様式から資本主義へ

すすむ過渡的な制度であると考えるとすれば、それは誤りである。アジア的生産様式のもっとも主要な特徴は、

（1）土地の私有制度が存在しないこと。

（2）国家が巨大な社会的工事の建設を指導すること（水利・河道改修）。これは集権的中央政府の一般小生産者（家族共同体あるいは農村共同体）に対する支配を貫徹する物質的基礎である。

（3）共同体制度が強固に存在すること（この種の制度は工業と農業が家庭を通じて結びついている現象にもとづいている）。

である。これらの特徴のうち、とくに第一の特徴は、中国の実際の状況とは相違している[39]」。

さらにまたマヂャールの大著には「編集者の序文」（一九二八年七月六日付）が付けられ、次のように釘を刺されることとなった。

「アジア的生産様式から資本主義への過渡的制度として、現代中国の社会経済制度を特徴づけることは――もしわれわれが資本主義の定着以前の中国が、アジア的生産様式の典型的な国であったということを条件つきで認めるにしても――現実には完全に照応しえないものである。何となれば、土地の国有、共同体制度の支配、農業と工業の家内的結合等に、つまり、アジア的生

産様式のもっとも本質的な諸特質が、中国においてはまったく現実には存在していないか（たとえば、土地の国有のように）、あるいはほとんど存在していないか（たとえば、共同体のように）、あるいは中国の経済においてはいく分でも本来の意味を失っているか（たとえば、農業と工業の家内的結合のように）、である(40)」。

「土地問題党綱領草案」否決にあたって出された大会決議にもとづく「アジア的生産様式」概念においては、国家の水力的役割契機は取り上げられているものの、第二項のレヴェルに落とされているばかりか、マヂャールの大著の「編集者の序文」においては、この水力的役割契機は「アジア的生産様式」の概念から全く抹殺されているのである。しかも、いずれにおいても土地所有の問題が前面に押しだされ、すべてをミクロ的に取り扱うことによって、社会体制のマクロ的な側面への視野が閉ざされていた。

一九二八年の中頃に風向きが変わった。風見鶏、ヴァルガも二九年一月一六日付の『プラウダ』紙上でのマヂャールの著作への書評において、半年前とは正反対の見解を発表せざるをえなくなったのである。

「『アジア的生産様式』の特別に熱心な擁護者であるマヂャールの著書を読み終わったのちに、いま私〔ヴァルガ〕は、この『アジア的生産様式』に対しては以前よりもはるかに小さい意義を与え、封建的要素に対しては以前よりもはるかに大きな意義を与えるであろう。『アジア的生産様式』の意義が強く理論的に強調されているが、しかしそれに対応するような具体的な資料がほとんど完全に欠如しているというこの矛盾こそ、この著書の弱点である。個々の省における小作条件について詳細かつ熱心に蒐集された資料によれば、［中略］中国における現状の多くのものは、ヨーロッパにおける中世的生活の諸条件に類似しているということがはっきりとわかるだろう[41]」。

つまり、コミンテルンの議論においては「官人（官僚）国家」の問題が抜きとられていたのである。もともと「アジア的生産様式」は官人社会の構造論として位置づけられるものである。当時の中国の状況は一九一二年の清朝国家の崩壊によって、まさに内乱のただ中にあった。この内乱の論理を分析せず、経済統計をただいじくって、そこに「アジア的生産様式」を発見しようとするところに無理があった。マヂャールやヴァルガは、このことをわかっていたはずである。にもかかわらず食言したのは、ソ連が官僚国家の形成を完了したからなのである。この間、ソ連共産党内においては、二七年一二月のジノヴィエフ、トロツキーの共産党中央委員会からの除名、農業集団化の決定、二八年一一月の第一次五カ年計画へと動いた。これは既成のマルクス主義の公理によれば、社会主義の基盤の強化であり、国有計画経済という土台が社会主義の前進という上部構造を生みだすとするものである。しかし、「アジア的生産様式」の本来の発想よりすれば、ここに東洋的専制としての官人国家の確立を見なければならない。そしてそれを認めるためには、いささか先走った言い方をすれば、官僚制は上部構造ではなく下部構造（土台）であり、「アジア的生産様式」は下部構造ではなく上部構造であるという正しい認識に立ち、生産様式を土台とみなすマルクス主義の公理を転倒させなければならない（本書一七六、二七一ページ参照）。しかし、このことを認める可能性は一九二〇年代後半のコミンテルンにおいてはゼロに近かった。まして純然たる東洋的専制官僚と化したスターリン派中央のもとでそれを認めることは絶体的に不可能であった。そして反対派もまた、事態がここまで深刻になっていることを判ってはいなかったのである。

論争以後のウィットフォーゲル

このコミンテルンの論争にウィットフォーゲルは介入しなかった。すでに見たように、一九二六年、二七年と彼は中国革命のジャーナリストとして大活躍するのであるが、風向きが変わった二八年には「孫逸仙の遺産」および「中国はわれわれにどんな関わりを持つか」という論文を書いているにすぎない。ほかに「フォードとレーニンの中国」という論文があるだけである。おそらく彼はこの間に、翌二九年に提出することとなる中国経済についての学位請求論文を書いていたものと思われる。二八年の後半にはモスクワに行き、多くの友人と会い、新しい友人をつくっている。友人の一人、リアザーノフは一九二五年以来の旧知である。モスクワで再会するまでリアザーノフはウィットフォーゲルを劇作に熱中しているようなディレッタントと見て、あまり評価をしていなかったのであるが、この時以来、ウィットフォーゲルの真価を認めるようになった。リアザーノフのマルクス・エンゲルス研究所とウィットフォーゲルが所属するフランクフルト研究所は深い関係があった。この二つの研究所はMEGAすなわち『マルクス・エンゲルス年代順批判的全集』を共同編集していたのである。

一九二九年八月、ウィットフォーゲルはフランクフルトからベルリンに居を移し、さまざまな活動に奔走する。反帝同盟での活動もその一つであるが、彼の美学についての研究が発表されるのも三〇年のことである。三〇年から三二年にかけては労働者運動、文芸批評、美学、中国問題、文化事業、書評、時論を手がけ、ジャーナリストとして大活躍する。中国の経済と社会についての学術的研究を怠っていたわけではない。発表した論文の数は少ないが、書くことよりも問題の底辺にある人間と自然との関係、その相互作用の研究に沈潜していた。彼がコミンテルンの「アジア的生産様式」をめぐる論争に参加しなかったのも、この問題を突きつめて、より根本的なレヴェルまで探究していたためである。もっとも、仮にこの論争に介入していたとしても（例えば、この論争に官人の階級化と「官僚国家」の契機を組み入れようとしたとしても）、それはすぐさまソ連共産党自身に跳ね返ってくる問題だけに、コミンテルン内での論議は不可能であったはずである。

彼の研究の一端は一九二九年、雑誌『マルクス主義の旗の下に』（第三巻、一・四・五号）に連載された論文「地政学、地理的唯物論、マルクス主義」において披露されているが、この雑誌のロシア語版にみられる注では、「編集者はウィットフォーゲルの主張のあるものには同意できない」

と書かれている。また、三二年に、この論文の続編として構想された第二の論文「経済史の自然的基礎」が同じく『マルクス主義の旗の下に』に持ち込まれたが、掲載自体を断わられている。「それは、一九三一年のアジア的生産様式に関するレニングラード討論まであいまいにされていた理論的・政治的理由からであった」(42)。結局、この論文は三一年、同じく三回に分けられ、ドイツの『社会科学・社会政策アルヒーフ』第六七巻四―六号に発表された。このような諸概念の検討をふまえて、その間の三一年に、彼の前期における中国研究の総決算とも言える大著『中国の経済と社会』第一巻が公刊されたわけである。

自然、それを具体的に言えば、地理的条件ということになるが、これと経済と社会との関係、その相互作用についての問題は、唯物論であるはずのマルクス主義の最もデリケートなところである(43)。この問題にうっかり手をつけると、それを「地理的決定論」として罵倒する勢力からタップリといじめられ、一人がタクトを振ると、知ったかぶりの大衆はこれに唱和しようと待ちかまえている。したがって、処世術にたけた学者はこれに手を出さない(近年流行している環境問題は多数の学者を嬉々としてこの問題にアプローチさせているのだが)。しかし、この問題にふれないかぎり、具体的な歴史像は浮かびあがりようもない。それ故、知的に誠実であろうとするウィットフォーゲルはあえてこれと取り組んだのである。彼は『マルクス主義の旗の下に』と『社会科学・社会政策アルヒーフ』に掲載された先の二論文を『ドイツ・イデオロギー』(一八四五―四六年)のフォイエルバッハの章から出発する。ウルメンによれば、ウィットフォーゲルによるマルクスの唯物史観への理解は次の如くとなる。人間は「自然の一部」であるが故に、人間と自然とのあいだには何ら矛盾は存在しない。人間の労働は物質の自然的要素を破壊することはないが、その形態を実際に変化させる。人間と自然との関係は、したがって積極的な関係であり、人間の決定的活動としての労働は、人間の発展のうえで中心的な役割を演じる。経済および社会は、人間と自然との関係における労働の「媒介的」役割と生産の必要条件から生じる。この生産の必要条件は「人間を取り巻く自然的背景」に対して第一の重要性を与える。一方に人間とその労働、他方に自然とその素材がある。それらは、合わせて「人間生活の永遠の自然的条件」をなすのである。[44]

この二論文において、ウィットフォーゲルは自然・経済・社会・歴史のあいだの関係を検討した。ウルメンはこの二論文こそ「自然と社会の関係についてのマルクスの見解に関する最も精緻で包括的な論述となっており、史的唯物論についての最も透徹した解説」[45]としている。

ウィットフォーゲルが自然の役割を強調したところは、それまで誰もやっていなかったマルクス主義理解である。彼にとって、弁証法的であり唯物論的でもある史的唯物論は歴史における自然的要因を解明するための鍵であり、また逆に、自然的要因は史的唯物論を正しく理解するための鍵であったのである。彼はこの問題に関する他の研究者の見解を検討した。例えば、第一次世界大戦後に現れたドイツのリヒトホーヘン、チェーレン、ラッツェル、ハウスホーファー、それにアメリカのエレン・センプルやイギリスのホラビンといった「地政学」の有力者に対する内在的批判がそれである。彼にとってそれらの見解は、気候、土壌といったさまざまな自然の諸条件を、それらの相関関係をきちんと解明しないままに、ごたまぜに取り扱っているものであり、また、歴史的発展における変化のパターンの多様性を無視し、重要な媒介的要因を省略しているものであり、人間はますます自然の征服者になるであろうとみなす思想であった。

彼が先学のなかで尊敬したのは、モンテスキューとヘーゲルである。モンテスキューは、ある地域の住民の政治的状況はその住民が住む地域の地理とその住民が発展させた経済的＝社会的形態とによって決定されるとした。一方のヘーゲルは、さまざまな生活形態が地理的環境に依存していることを洞察し、これを生産の基盤と労働過程に関連づけて、統一的な社会現象を示そうとする本格的な議論を展開した。例えば、ヘーゲルは大河川の流域における「強力な国家」の発達をすでに指摘している。リッターと同様にヘーゲルは、中国社会の特異性とその物質的基礎としての灌漑施設の圧倒的重要性に気付いていたのである。これに対して、スミスやリカードといったイギリスの古典派経済学者は、労働が自然によって制約されていることは認めていた。しかし、それとの関連で歴史的発展の包括的な分析は行わなかった。それは労働の客観的諸条件とそれらの自然的基盤を充分に考察していなかったからであり、根本的には「人間と自然との一般的関係」が認識できていなかったからであるとウィットフォーゲルは述べるのである。

ウィットフォーゲルによれば、これら先学とマルクスとの違いは、マルクスが生産過程における、もっと厳密に言えば「生産様式」における「内的な秩序」を指摘できた点であるという。また、ウィットフォーゲルは、社会と歴史における秩序（それは論理と言い換えてもよいと思う）を重要視するが、それは社会科学的探究の一つの目標でもあるから、マルクスの史的唯物論をより豊かにすることでもあると述べる。とはいえ、ウィットフォーゲルはマルクスの片言隻句に盲従したわけではない。それはマルクスにおける「生産様式」と「生産関係」との関係であるが、マルクスはこの関係についてあいまいなものを残していた。すなわち、『経済学批判要綱』(グルントリッセ)におけるように、「所有」ないし「所有関係」などを強調するところがあった。しかし、ウィットフォーゲルは一つの「生産様式」がいくつもの所有の形態をともないうるとみなしていた。例えば、アジア的社会においては、同じ「生産様式」のもとで、いくつもの所有ないし所有関係がありうるとしたのである。

若干のブレがみられるにしても、マルクスの社会科学研究の核心にあるのは、まず社会的に労働する人間と自然との関係を取り扱い、ついで社会的に労働する人間とその仲間たちとの関係を取り扱い、これらの関係の全体が社会を構成するというものである。「生産様式」の概念はこの人間と自然との関係のみならず、人間と人間との関係をも取り扱う。したがって、人間の諸関係のすべてを含み込んだ「生産様式」が人間社会の歴史的諸局面の特徴を示しているのである。言い換えれば、アジア的、古典古代的、封建的、資本主義的といった段階分けは(あえてここに議論の先取りをして、〝社会主義的〟という段階を付け加えると興味ぶかいが)、決して所有関係=財産関係によってはなされないということであり、通俗マルクス主義者のように、アジア的社会を総体的奴隷制とか、古典古代社会を奴隷制とか、封建制社会を農奴制とか、資本主義社会を賃労働的とか言うように倭小化してはいけないということである。それらは人間と自然との関係を基本関係とする「生産様式」概念の一要素にすぎない。このことを確認することによって、ウィットフォーゲルは、ウルメンの言い方によれば「史的唯物論を『完成』させ」たのである。つまり、「第一にマルクスの主要な思想の体系的『概念化』と、第二にそれらの体系的、発展的『調整』と、第三に世界史に対するそれらの体系的『適用』」を行ったのである。(46)

「生産様式」と「生産関係」

生産関係も「生産様式」の一要素であるが、それ以上にウィットフォーゲルが――マルクスに従って――重要視した要素は「生産手段」である。彼は、「生産様式」は「生産手段」によって決定される面が多いことを強調した。(47) 生産手段のなかには(1)自然に発生するもの、自然的に条件づけられたもの、(2)人工的なもの、社会的に条件づけられたもの、とがある。彼によれば、生産様式とは、この二つのタイプの「生産手段」のそれぞれの性格と、両者が関係しあう仕方なのである。このうち、すべての自然的生産力は、社会的な性格を持ち、ただ特殊な歴史的条件のもとでのみ現実化する。一方、社会的生産力は、生産過程において効果を生みだす自然的生産力によって条件づけられている。このように客体的要素(自然的生産力)と主体的要素(社会的生産力)は生産過程において活性化される。前者の例は、水や土地や鉱石であり、後者の例は、知識、技術、組織である。アダム・スミスは生産の主体的要素(分業や協業)にアクセントを置いたが、マルクスは（アジア的生産様式に視野を拡げながらも）客体的要素（道具、機械、組織）にアクセントを置き、研究対象として西ヨーロッパと近代資本主義を選んで、工業を取り上げた。これに対して、ウィットフォーゲルはアジアと「アジア的生産様式」を選んで、農業を取り上げた。こうしてマルクスは工業から農業へ向かい、ウィットフォーゲルは農業から工業に向かった。[48] この視線の動きの違いから、大地はマルクスにとって「労働手段の始源的武器庫」であったのに対し、ウィットフォーゲルにとっては一定の気象条件とともに立地と交通に向かうものだったのである。

マルクスは『資本論』に現れているように、自然を静的な相における舞台とし、そのなかで生産力として動く道具や組織などの活動を見た。これに対し、ウィットフォーゲルは、生産力としての自然の動力学として「変換」と「現実化」を見出した。労働する人間は具合の悪くなった環境を、それ自体を変えることなく自らを変えることで「変換」する（同じ土地も狩猟＝採取→牧畜→農耕→居住地→工場の場へと）。また自然のなかに新しい要素を見つけ、それを新たな方法で利用することによって生産力として「現実化」する（薪→炭→石炭→石油→ウランへと）。この自然の動力学的な見方から、同じ「生産様式」のもとでもいくつもの類型が見えてくる。灌漑社会の例では、彼は、大規模な水力施設と支配的官僚機構を持つ「エジプト型」と、小規模な灌漑と天水と支配的戦士階級を持つ「日本型」、そして第一の型と第二の型の中間にある、両者の混交としての「インド型」というように三つに分ける。

第二論文「経済史の自然的基礎」においては、これらの類型分析をより広げるために、「横の発展」と「縦の発展」という二つの概念を提出した。それは、さまざまな生産様式によって特徴づけられる社会が、それぞれの生産の水準における可能性を現実のものとするために、ある時点で成熟し、飽和するとき、それらの社会あるいは生産様式の前には二つの道が現れる、というものである。その一つは、新しい次元を開くことなく、ただ地域的に拡がる道であり、この場合はその社会の構造と隣接する社会の生産構造によって具体的様相が決まるという「横の発展」となる。もう一つは、新しい次元を開くことによって、新しい生産様式に発展する道であり、この場合はその社会の構造と地域内の自然的生産力によって具体的様相が決まるという「縦の発展」となる。これらは、一つの社会が成熟して、そのままフクロ小路に入り込んで衰退することもあるし、西ヨーロッパ社会のように「大航海時代」に「横の発展」をとげ、地球の果てまで支配することもあるし、その世界を支配した社会が「産業革命」によって工業社会へと「縦の発展」をすることもある[49]。

「生産様式」の類型

「横の発展」と「縦の発展」をしてきたこの一万年の人類史を一般的に段階づけるとすれば、〈原始社会・原始農耕社会・古典古代社会・アジア的社会・封建制社会・資本主義社会〉の六つということになる。これはウィットフォーゲルが『市民社会史』でスケッチしたものであるが、その時の研究の結果から得られた多くの資料にもとづいて、これを「横の発展」と「縦の発展」の枠組で分類すると、最初の四つの生産の水準は「横の発展」の結果であり、あとの二つが「縦の発展」

の結果ということになる。(50)

第一の原始社会は、農業以前の狩猟＝採取の時代であるが、そこでは道具という社会的生産力が人類の種的特徴として存在はするが、その発展は自然的生産力によっておおむね決定される社会である。それはオーストラリア原住民のようにさまざまな自然的生産力から必要なものを抽出する社会である。南北アメリカでは原始社会から農業社会への「縦の発展」が見られ、それには農業システムに二つの生産タイプがあった。それは粗放的生産と集約的生産であるが、前者のものは南北アメリカ各地で数多くみられた。また後者のものはアメリカ合衆国の南西部、メキシコ、アンデス地域でいくつか見られた。南北アメリカとユーラシア大陸の農業の相違は、前者には使役動物がいなかったところにあった。灌漑農業は南北アメリカともに存在した。マヤやメキシコの諸地域には水の統制があり、アンデスのインカ社会には中国のパターンに似た大規模な灌漑と経済政治制度があった。

人類学的に南北アメリカの諸族は決して無視して良いものではない。ユーラシアの人類を分析する際にも、アメリカのデータは貴重な比較のための資料となるのである。しかし、現代史という視座よりすれば、やはりユーラシアが分析の中心におかれなければならないであろう。南北アメリカが現代の舞台に入ってきたのは西ヨーロッパの「横の発展」の結果であるからである。したがって、ウィットフォーゲルが「地理的立地の弁証法」の対象としているのは、古典古代社会、アジア的社会、封建制社会の三つの農業階級社会である。そして彼は、生産力の自然的要因が支配的な役割を果たしたのは、古典古代的もしくは封建制的生産様式においてよりも、アジア的生産様式においてであるとする。古典古代と封建制の生産様式の形成においては、本質的に類似した自然的＝経済的基盤を持っていた。

古典古代社会　古典古代の発展は、地域的に多様であった。それぞれの特殊的自然条件によって全く違う方向へ発展したのである。ギリシアやイタリア半島においては、奴隷労働がその地域の粗放農業に適していたので、封建制に向かっては展開しなかった。

これに対して、東ローマの集約的灌漑農業地帯では、アジアと同様に奴隷制が欠如していたため、西ローマのように行き詰まることもなく、停滞しながら、大きな持続力を持った。

アジア的社会　アジアにおいても、ヨーロッパのように、資本主義に先立って工業と適合する条件はあった。しかし、アジアにおける手工業的資本主義の端緒は、海洋と比較すればオアシスのようなものにすぎず、「アジア的生産様式」に圧倒されたのである。工業発展の諸条件はあったが、大規模灌漑の必要が諸力の自由な発展を妨げた。その一つの象徴が、アジアには自治都市が成立しなかったということである。

封建制社会　西ヨーロッパは粗放農業にふさわしい地理的条件を持っていたが、他の農業社会との違いは、農業のなかに牧畜が組み入れられたことである。農耕にも牛馬が役畜として使用され、生産力を高めた。さらにローマ帝国の版図のなかで奴隷制に圧倒されなかったところでは、分権的な封建制が成立し、自治都市、そのブルジョアジーを生みだした。この「地理的立地の弁証法」が「世界経済の転換点」を準備した。

このウィットフォーゲルの「地理的立地の弁証法」は決して地理的決定論などではなかったのである。歴史においては、蓋然性や可能性を語ることはできる。ウェーバーが親和性と呼んだものである。人間や社会の動きには無数の条件がからんでいる。人間や集団の動きについて傾向を語ることはできるが、必ずそうなると断言することはできない。極論を言えば、一瞬のうちに隕石が落ちてきて、人類が滅亡することだってありうる。道路を歩いていて、走っているトラックの車輪がはずれて、人の背に激突して人が死ぬことなど、いつ起こっても不思議ではない。逆にまた、そうなる傾向が必然とは言わないまでも、ユーラシア大陸の「アジア的生産様式」における自然的生産力の諸要因のように、ほどほどに推論できるものもある。しかし東ローマの歴史については、それほどでもない。古典古代や西ヨーロッパ封建制については蓋然性を見ることができるだろう。工業社会においては、化学が産業に直接に影響を及ぼすまでは、農業社会と同じように経済史における自然的要因は少なからずあり、それ以後は比較的僅かになったと一般的に思われている。しかし、ウィットフォーゲルは、工業時代においても自然的条件は決して無視できないとして次のように言うのである。

イギリスが「産業革命」の先頭を切ることができたのは、鉄鉱石と石炭が近くに豊富にあったことがあげられる。

フランスがイギリスに対して劣位に立ったのは、石炭が不足していたことが最大の理由である。水の交通の利用などによってしのげるものではあったが。

ドイツが一九世紀の中葉まで資本主義の発展で遅れをとったのは、大西洋という世界通商の大動脈からはずれていたためである。しかし、この条件は蒸気機関と鉄道の出現によって一掃され、ドイツはイギリスよりも進むこととなった。ただしこれには、イギリス社会が抱えていた伝統的生産関係がブレーキとなったことも忘れてはならない。ここでは労働力の形成、その量と質において歴史の自然的要因と社会的要因がからんでくる。

イタリアと**スイス**は、前者は石炭の不足、後者は「水力の弁証法」（水の影響のプラスとマイナス）がからんでくる。

オランダの初期資本主義においては、その生産様式の基礎は産業にあるよりも、流通にあった（ウルメンによれば、ウィットフォーゲルは資本主義的産業の発展にとって、貿易が本質的なものであることをマルクスと同様に認めていた）。

スペインは始めはローマ帝国の一部で、民族移動で西ゴート族の国となったが、八世紀初めにアラブ人に征服され、後期ウマイヤ朝以降のイスラーム諸王朝のもとで大規模な灌漑が行われ、そこでの社会、政治は東洋的専制主義の制度となった。しかし、キリスト教徒によるレコンキスタ（失地奪回）によって、このムーア人による集約的灌漑農業が破壊され、メスタ（台地状の高原地帯）による羊の飼育と羊毛の収穫に頼る経済へと転換し、人口の密集した農村を人口稀薄な牧草地に変えてしまった。このスペインの内的・外的条件のなかで独特な絶対主義が成立した（スペインはウィットフォーゲルが後に「制度的分界」と呼んだ国である）。

以上の全世界の状況の見取図のうえに、ウィットフォーゲルは現代中国の研究の総決算を行ったのである。(51)

『中国の経済と社会』

一九三一年に出版された『中国の経済と社会』はウィットフォーゲルの前期の業績の到達点であった。その編別構成は次の通りである。

序言　課題、方法、計画

第一編　歴史的に考察した中国の生産諸力の体系

第1章　中国の経済過程における、自然によって条件づけられた生産諸力

一　人類学的諸基礎

二　外的な自然的諸条件

第2章　中国の労働過程の社会的に条件づけられた生産諸力
第二編　中国の経済過程の諸基本特徴
第1章　農業的生産過程
一　農業生産の物的＝技術的方面
二　従来の中国農業秩序における直接的農業生産者の土地に対する関係
第2章　中国における農業生産の関与機関としての国家
一　治水事業・水利工事
二　天文学
第3章　広義の農業
一　牧畜
二　養魚
三　植林
第4章　前資本主義中国の牛産過程の工業的方面
一　中国の農業社会における工業上の欲求
二　中国の工業（その歴史的考察）
三　中国における手工業およびマニュファクチュア
四　社会の内部における分業と工業的経営の内部における分業

この書ははじめ上下二巻で企画されたもののうちの第一巻に当たる[52]（邦訳は『支那の経済と社会』と題し、これをさらに上下二巻に分けている[53]）。ここではマルクスが社会の「下部構造」（土台）と呼んだもの、すなわち「生産様式」および狭い意味での「生産関係」を取り扱うつもりであった。また、予定された第二巻では、広い意味での「生産関係」、すなわち「階級関係」とその「上部構造」としての国家およびイデオロギーを取り扱うつもりであった（この分け方、概念構成、カテゴリー編成そのものに当時からウィットフォーゲルは疑念を持っていたと思われ、結局『オリエンタル・デスポティズム』が書かれなければならなくなるのである）。ただ、彼自身が同時進行させていた理論の体系的整備を行うため、いくつかの点で改訂増補をする必要があったであろうと思われる。また、「官僚階級国家論」などウィットフォーゲル理論のうち最も共産党主流派が忌避したいところには触れなかったので、禁書にまでは行かなかった（日本では平野義太郎がこの書を監訳し、ウィットフォーゲルを親愛なる同志としてかつぐことができた）。かくて、今日の眼よりすると、もの足りないものがあるが、当時の条件のなかではウィットフォーゲルの学問をぎりぎりまで表現するものであったと思われる。

『中国の経済と社会』の冒頭では、まずその書名に関して、『経済と社会』というウェーバーの著作名に対して敬意を表した。しかし、ウィットフォーゲルの目くばりは、ウェーバーが『儒教と道教』で記述したものを一段と深く掘りさげたという自負があったであろう。さらに彼には、マルクスが書きながしたものを体系化し、これをアジアにおける『資本論』として、あえて言えば、それを包摂するものとして提出しようとの野心もあったであろう。彼は繰り返し、その方法がマルクスとエンゲルスの方法であることを言明している。それは史的唯物論的であるが、そのなかの肝心なところが多くのマルクス主義者によって無視されてきたので、彼はそれを復元、いや、それ以上のことをしようとしたのである。彼は『中国の経済と社会』の序言の最初の部分において次の如く述べている。（引用は邦訳による）

「支那の経済、および社会に対する、吾人の分析は、つねに、歴史的分析であるし、且つ、比較方法を用ひる分析たらざるをえなかった。本来、支那の〈アジア的社会〉は、決して固定不動の結晶物ではなかった。その運動法則を、現実的に闡明《せんめい》しようとするならば、——遡って、その歴史的な端緒・諸形態・諸根元をも明らかにすることが、実にしばしば不可欠である。それと同時に、また、考察は、比較方法によって進められなければならぬ。古代支那の農業共同体および封建制度は、多く、インド、つぎに、古代奴隷諸国家、および、近代ヨーロッパが曾て有した、それぞれに適応する歴史諸形態に類似している。ところで、『驚くべく類似している諸現象が、相異る歴史的諸条件の下において、根本的に相異る諸結果に達する』ことは、まことに、一つの事実であるが、『われわれは、これ等諸発展の各々を、個別的に、それぞれ、それ自体として、探究し、しかる後、両者を、相互に比較することによって、非常に見事に、謎を解くことができるのである(54)』」。

実に広大な視野である。この広大な世界認識の故に、ウィットフォーゲルは仲間であったコルシュやルカーチの哲学に違和感を持っていたのである。それは一つには、彼らの哲学が現実という背景を捨象しているからである。つまり、ヘーゲル哲学の最も単純なカテゴリー、〈存在〉から出発して〈絶対精神〉にたどりつくという図式が彼にとってははがゆかった。ルカーチが自然を「社会的カテゴリー」で把握しようとしていることに彼は反対であった。たしかに、マルクスは商品から出発して、貨幣に転形し、資本で最高のカテゴリーに到達している。しかし、マルクスにおいては『資本論』の背後に史的唯物論があった。これを理解しないルカーチは史的唯物論を厳密に「資本主義の自己認識」としたのである。

ウィットフォーゲルに率直に言わせるならば、『資本論』の商品・貸幣・資本でさえ、西ヨーロッパという歴史的＝地理的規定を受けているのである。このことを知っていた彼は、自著『中国の経済と社会』の第一編の見出しを「歴史的に考察した中国の生産諸力の体系」とし、それを二つに分ける。まずその第1章「中国の経済過程における、自然によって条件づけられた生産諸力」では（1）「人類学的諸基礎」、（2）「外的な自然的諸条件」が説明される。そのうえで第2章「中国の労働過程の社会的に条件づけられた生産諸力」が来るという堂々たる幕開きを行うのである。

幕が上がって、第二編「中国の経済過程の諸基本特徴」がくる。これも二つに分けられる。まず第1章「農業的生産過程」の第一節は「農業生産の物的＝技術的方面」である。ここで水が出てくる。分析は六つの項にわたる。（1）水が多すぎたり少なすぎたりすることが中国農業の死活問題となることについて、（2）中国の治水組織ができるプロセスについて、（3）中国の農業生産過程を集約化するその他の諸契機について、（4）中国の農民がいかに長く、いかに集約的に労働しているかについて、（5）「園芸的になされる農耕」について、（6）最良の経営の規模と現実の経営の規程について。そのうえで第二節「従来の中国農業秩序における直接農業生産者の土地に対する関係」に移り、ようやく土地所有、土地占有の問題がでてくるのである。そしてこの二つの必要前提条件が整えられて、第2章ではいよいよ主役である国家が出てくる（第2章「中国における農業生産の関与機関としての国家」）。ただし、ここでは簡単な歴史が叙述されているだけであるから、いわば国家論の序説に当たる部分と言える。こうして、第3章では「広義の農業」（牧畜、養魚、植林）を、第4章では「前資本主義的中国の生産過程の工業的方面」を、第5章では「『アジア的な』中国における運輸＝商業＝および、利付資本の経済的機能」をと、ウェーバーのカズイスティーク（概念のカタログ）のように広い目くばりを見せながら、最後の「附録」はケネーの『経済表』（一七五八年）に倣った「『アジア的』中国の経済的総行程の概観（第一次的把握）——中国の経済表」によって締めくくられる。いわば本書の全体は、本来はこの『経済表』でまとめられる範囲内のことが叙述されたのである。

第4章　ウィットフォーゲルの学問の展開（Ⅱ）

——『オリエンタル・デスポティズム』まで

1　共産党の拘束衣のなかで

「アジア的生産様式」をめぐる考え方の流れはモスクワでは一九二八年夏に風向きを変えるが、コミンテルンや共産党による公式の変更はなかった。しかし、三一年の「レニングラード討論」においても、この概念の使用をはばかる空気が生まれ、討論の総括において明確に批判された。この頃ウィットフォーゲルは論文「経済史の自然的基礎」をようやくドイツで三二年に発表したぐらいで、特に反撃する機会はなかった。いや、三一年からはナチスとの闘争というもっと大きな課題が迫っていた。彼はこれとの闘いに全力を尽くしていた。そしてナチスの権力獲得により、強制収容所に送られるのである。解放後、亡命をよぎなくされ、再び論文を発表しはじめるのは三五年からであるが、亡命生活で安定した研究ポストを手に入れるのはむつかしかった。三七年、これまたニューヨークに亡命してきた「社会研究所」に止まり木を見出したが、正式の教授ポストを得られるのは四七年のことである。

この間、ウィットフォーゲルに吹きつけた風はきびしいものであった。一九三八年にはスターリンによって正式に「アジア的生産様式」概念は否定された。三九年には独ソ不可侵条約が成立、ウィットフォーゲルはソ連のポーランド侵略を契機に共産党を脱党した。「進歩的」文化人の反共主義者に対する差別、迫害には強烈なものがあった。四〇年頃には、仲間だった「社会研究所」にも捨てられる。戦争が終わっても、フランクフルトに帰った「社会研究所」との断絶はさらに深まり、知識人仲間の彼に対する嫌悪は五一年のマッカラン委員会（後述）での証言以後、敵意にまで深まったのである。

ソ連の社会的変質？

共産党員、とまで行かずとも自称「進歩主義者」の心の拠りどころは、やはり「最初の社会主義国家＝ソ連」の存在であった。ソ連が「階級的倫理」をいかように冒瀆し、自らの破綻を暴露しようとも、「進歩的」知識人たちは一九九一年のソ連の野垂れ死にまで心の底ではこの国にしがみついていたのである（例証はいくらでもある）。ソ連がぼろを出すごとに党員、同伴者を振り落しながら、それ以上の同調者を獲得してゆくそのメカニズムは二〇世紀の思想史の重要なテーマであって、「革命的」社会思想の精神分析の重要な切り口であろう（野垂れ死にから一五年以上たった今日でも、なお惰性は感じられる）。ウィットフォーゲルはこの革新思想の動力学の渦中に生きなければならなかったのである。

ソ連の変質はレーニンが中風（脳梗塞）になるや直ちに始まっている。アメリカのジャーナリスト、マックス・イーストマンの『レーニン死後』(1)（一九二五年）が最初のソ連共産党党内闘争の暴露である。これはレーニンが廃人になってから、その時まで伏せられていた党のあり方をめぐる政治局内での論争を初めて世界に知らせたものである。激闘はスターリンが勝利をおさめる過程でさらに深まり、ついに反対派の追放、そして最終的にシベリア流刑地での処刑にまで導いてゆくのである。この党内闘争における反対派の中心はトロツキーであり、スターリンの抹殺の標的であったが、彼は一九二四年に「小ブルジョア的」というラベルを貼られ、二五年には政治局から排除、二七年には党除名、二八年にはシベリアへの流刑、二九年には国外追放に処せられている。それは党の官僚制化＝スターリンの独裁者化の過程である。この過程の決定的な第一歩は二四年のレーニンの死の直後のボルシェヴィキ党（ソ連共産党）第一三回協議会であった。ここで決められたことは、いわゆる「レーニン・アピール」、すなわち〈レーニン逝去記念党員大募集〉、ボルシェヴィキ党の党員証のバーゲン・セールである。(2)

レーニンは一応は党の官僚制を憂えた。しかし、彼は〈現場の労働者〉を党内に迎え入れれば、ボルシェヴィキ党をプロレタリア化できると考えていた。もちろん、彼が安易な〈労働者〉神話にずぶずぶに乗っていたわけではない。したがって、彼の主張は労働者の入党条件を他の社会層よりも緩やかにする程度のものにすぎなかったわけだが、それでも党内では大いに議論された。その討論の結論、二三年一二月五日の政治局決議は、「党と非党員大衆との連動装置を構成すべきアクティヴな労働者立身の共産党員は、ほとんど全部が行政機構と管理機構に吸収されてしまっている」のが現状であるので、「問題の分野での基本的任務は、現場の労働者のあいだからの新党員の徴募である。〔中略〕次の数カ月においては、党のプロレタリア的中核を増大させる活動は、党組織の主要な活動の一つである」(3)、というものとなった。

この大キャンペーンは大成功した。一般の労働者は率直である。しかも上昇志向は誰でも持っている。それを満足させる独裁的政権党の党員になれる!「今は『来たれ。牢獄、絞首台!』の時代でない」。それが大バーゲン・ヤールされる。大衆は飛びつかないはずはない。一九二五年には第二回「レーニン・キャンペーン」が行われ、これも大成功をおさめた。一九二四、二五年の両年に、それまで三〇万であった党員候補数は倍増した。また、党内における労働者階級出身者の比率は、二四年の四四%から二五年の五六・七%に増大した。党員数自体も二四年に一八・八%、二五年に四一%と増大、さらに一九二六、七年の両年には二五万を加えて、ついにロシア共産党は一三〇万の党員を擁する巨大な〈組織〉へと成長したのである(4)。

この水膨れは党員の資質の劣化をもたらさないわけにはいかない。一九二四年五月の段階で、党員の五七パーセントが非識字者であったというのが現実である。その対策として、肉体的労働者の知的水準を引き上げるために、党員の六%を全日制の教育課程に送りこんだのであるが、これが現場労働者にホワイト・カラーへの〈出世〉を期待させる確実な名目となった。また、党員の失業率は二五年一月で一%、二七年一月で四%にとどまっていただけに、党員となることは現場労働者にとっては権力の一端のみならず、安定した職に近づく道でもあったのである。

忘れられてならないのは、この党の俗物化とならんで、一九二一年以前より粛清がより狂暴に行われていたことである。党の堕落と闘った「労働者反対派」、「労働者グループ」、「労働者の真実」といった、会議で発言する党員グループはすでに除名されていたが、「レーニン・アピール」以後、二四年には一万六〇〇〇人、二五年には二万人、二六年には二万五〇〇〇人が追放されていた。特に二五、二六年の両年に除名された者のうち六〇〇〇人が政府機関と高等教育機関の党細胞の「除名の犠牲者」だったことは留意する必要がある。(5) この除名は同時に、被除名者の失業、とりわけ国家機関にポストを持っていた者たちの解職、そして空席になったポストの新党員に対する提供を意味したのである。(6)

こうしたメンバーの入れ換えは一般党員にだけ行われていたわけではない。「第一三回党大会(一九二四年)において決められた中央委員会は四〇名プラス候補一七名だったが、これにより五三名プラス候補三四名に、同じく中央統制委員会は五〇名より一躍三倍の一五〇名に拡大された」(7)。このポストの増大はスターリンが論功行賞として多数の下級機関に〈党の指導的地位〉をばらまくための原資となって、ボルシェヴィキたちの〈生きがい〉を俗臭ぷんぷんたる出世欲にすり替えることを押し進めるものであった。

レーニンを神格化し、共産党をそのもとで教会的なものとするために、スターリンと官僚たちは必死にがんばった。レーニンの死体をファラオのようにミイラにして国民の前にさらして尊崇する礼拝形式を、未亡人クルプスカヤの反対を押しきって敢行したのは彼らである。この礼拝形式はスターリン主義共産党の独特の文化で、そのため毛沢東も金日成も死体をミイラにされて祭り上げられたのである。共産党を〈宗教〉とすることへの反対はあろうが、このカリスマの日常化の結果として成立した官僚制は、ヒエロクラシー（教権制）の要件についてのウェーバーの記述にぴったりと当てはまる。(8)

（1）給与、昇進、職務的義務、特殊な（職業外的）生活様式の諸点についての規律を受けた、かつ〈世俗〉から分離された、特殊な祭司身分が成立していること。

（2）教権制が〈普遍主義的〉支配権の要求を掲げること。換言すれば、それが少なくとも、家、ジッペ［氏族］、部族への拘束を克服していること。完全な意味で普遍主義的といえるのは、人種的・国民的な限界も崩れ去った時、すなわち、完全な宗教的平準化が達成された場合においてはじめてである。

（3）教義や礼拝が合理化され、聖典に書き記され、註釈を加えられ、体系的な仕方で——単に技術的な熟練を養成するという仕方ではなく——教授の対象となっていること。

（4）これらすべてのことが、アンシュタルト［公共施設］的な共同体の形を取っていること。

共産党の新聖典とされたのが、一九二四年にスターリンが書いた『レーニン主義の基礎』である。

二五年には「世界革命論」が「一国社会主義」と改訂され、これが三八年の『ソ連共産党（ボルシェヴィキ）史教程』、その結論である『史的唯物論と弁証法的唯物論』によって正典化《カノン》されたのである。この〈教義〉の完成は、スターリンの独裁者としての確定であった。まず一九二五年、トロツキーの陸海軍人民委員の罷免によって「赤軍」の創設者を権力の中枢から排除し（軍隊が独裁党の心臓である）、なお残っている競争者ジノヴィエフ（「共産主義インターナショナル」議長）が同年に『レーニン主義』を出版したのに対し、二六年、彼を党政治局から排除した。そして二七年、トロツキー、ジノヴィエフの党除名、二八年、トロツキーのアルマ・アタ流刑、同年、スターリンとブハーリンの分裂開始、二九年、ブハーリン派の屈服（政治局からの追放）と続く。それから「農業集団化」、「五カ年計画」（ソ連の工業化）を荒っぽい、犠牲を恐れぬやり方で行ってゆくのであるが、その仕上げとして、三五年、ジノヴィエフ、カーメネフの裁判、三六年、ジノヴィエフ、カーメネフ死刑、三七年、ピャタコフ、セレブリアコフ死刑、三八年、ブハーリン、ルイコフ死刑という具合にレーニン時代のボルシェヴィキ党指導部はスターリンを除き全員殺され、四〇年には国外追放とされていたトロツキーもメキシコで刺客に暗殺されるのである(9)（日本のジャーナリズムは刺客という言葉を濫用しているが、ソ連の政治闘争においては、トロツキーは刺客にピッケルで頭蓋を打ち込まれた）。

このソ連共産党による専制官僚国家化は、そのごく初期から同時代人によって認識されていたことである。一九二八年六月、すでにシベリアの流刑地からラコフスキーはトロツキーに宛てて次のように書いている。

「党の独裁の諸条件のもとでは、巨大な権力、歴史上いかなる政治組織も経験したことのないほどの権力が、指導部の手中に集中している。〔中略〕指導部は次第にブルジョアジーの擬似民主主義に対するプロレタリア独裁の否定的態度を、その支えなくしては労働者階級と党を指導することができない意識的民主主義の初歩的保証の否定にまで拡大してしまった。レーニンの生前には、党機構はそれが今日持っている権力の十分の一も持っていなかった。したがって今は、レーニンの危惧していたことが十倍も危険になっているのだ[10]」。

さらに同年八月の書簡では、彼はより一般的な形で、次のように党と国家機構の堕落の原因を分析している。

「ある階級が権力を奪取する時、この階級の一部が権力それ自体の代理人となる。こうして官僚制が発生する。プロレタリア国家では、資本家的蓄積が支配党の党員に許されていないので、この分化は最初は機能的なものであるが、やがて社会的なものとなる。自動車を所有し、住みよいアパートと定期的な休暇を所有し、企業の最高賃率を得る共産党員の社会的地位は、炭鉱で働き、月に五、六〇ルーブルを稼ぐ共産党員と同じ地位にあるとはいえない、と私は思う――私は労働者とホワイト・カラーを問題にしているのだが、それは一八等級に分かれているのを諸君は知っているだろう――。その第二の結果は、以前は党全体あるいは階級全体が自ら処理していた機能のあるものが、党や階級から、いまや権力者、すなわち一定の人びとの手に移っていることである。かくて革命的階級闘争の当然の結果である統一と連帯は、いまや階級と党のさまざまな集団のあいだの均衡維持、共通な目標への従属化に向かう一切の行動を通じてのみ維持されることとなる(11)」。

ラコフスキーのこれらの発言は彼やトロツキーらのシベリア流刑中に書かれ、『反対派通報』に掲載されたものである。反対派が処罰されたのは、彼らがドイツの革命的情勢の終焉以後、最初の血を沸かせ肉を躍らせたチャンスである第二次中国革命（一九二五―二七年）中に国民党を分析し（この党がいずれ正体を現してクーデターの可能性が切迫していることを指摘）、中国共産党に対抗（自衛）的措置をとるよう要求したことに対するスターリン、ブハーリンの回答であった。

レニングラード討論（一九三一年）

ソ連内の「アジア的生産様式」に関する公式もまた、第二次中国革命の敗北（一九二七年、国共合作の失敗）の責任の陰蔽という共通の根から生じたものである。つまり、中国革命をめぐるソ連内での論争は、革命の段階は民主主義的か社会主義的か、その主体はブルジョアジーかプロレタリアートか、という空虚な公式をめぐって行われていたのである。その間に論争を複雑にする概念として想起され、論争をややこしくしたのが「アジア的生産様式」であった。この言葉は公式の定義もはっきりしないまま飛びかっていたので、議論を官僚的に禁圧していた主流派にとっても気味の悪い〈魔語〉であった。そのため、これを処理するために、ソ連では最後の意味ある学術討論が各地（バクー、モスクワ、チブリスその他）で組織された。それらの討論の総括として一九三一年二月に開かれたのがレニングラード討論である。

出席者は、M・S・ゴーデス、S・コヴァレフ、E・ヨールク、A・ポリアコフ、V・V・ストルーヴェ、I・プロトニコフ、M・コキン、G・パパヤンその他であって、ウィットフォーゲル、ヴァルガ、マヂャールは招待されなかった。しかし、彼らは実はこの会議の影の出席者であった。なぜなら、この会議で議論され、批判されたのは彼らだったからである。ウルメンによれば、論争は次のような文脈で行われた[12]。

議論のきっかけはもちろん一九二五年に始まる第二次中国革命である。二五年に発表されたヴァルガの論文「中国革命の経済問題」や二六年に発表されたカントロヴィチの「中国前資本主義時代における社会関係の制度」はいずれもマルクスやエンゲルスの著作ではなく、ウェーバーら他の西洋の著作の影響を受けており、工朝中国と近代中国の社会関係の相違を強調したものではなかった。これをM・ヴォーリンが批判したのである。彼はこの相違に気づくことで、中国には私的土地所有が存在しており、したがって中国革命は「封建遺制」に向けられているものだと主張した。

ヴォーリンのこの立場はコミンテルンやスターリンによって承認されたものであったが、ただし、スターリンがその独裁権力を教義的に固めるまでのあいだは、これと違った見解を発表することも可能であった。まず、主流派による公式方針は一九二七年のG・ヤコブソンによる論文「中国における封建遺制の問題について」をベースにして定められた。彼は、村落農民は特殊な形態の封建的関係や特殊な型の地主制に直面しているとした。一方、これと対立する二つの見解が、同年四月の上海クーデター（蒋介石による反共軍事クーデター）をきっかけとして、一層政略的な形で表面に現れた。その一つは、「アジア的生産様式」の概念や役割を完全に否定し、封建制は近代以前の中国においては優勢であったが、今日の中国の闘争はもはや封建遺制に対してではなく、「商業資本」に対してなされつつあるというものである。これは中国人学生が数多く留学していた孫逸仙大学の学長、カール・ラデックによる主張であった（第3章の注13参照）。もう一つは、ヤコブソンの見解にもラデックの見解にも反対し、二八年まで優勢であったヴァルガらの「アジア的」理論を復活させるもので、これは、より豊富にマルクス、エンゲルスの原典を引用する一派、マヂャールらによって代表された。彼らは、西ヨーロッパ人の侵入とその優勢とにより「アジア的生産様式」は支配的ではなくなったものの、なお郷紳は存在し続けているとした。マヂャールらによる支配階級の描写は、ヴォーリンの中国封建制理論の弱点を暴露した。しかし、この派は、中国に「アジア的生産様式」の概念を適用することの適切さを支持しながらも、同時に、不正確にも、中国史において私有財産制は存在しなかったと主張した。これは公式主義的であって、マルクスの片言隻句にまどわかされた結果である。

レニングラード討論を主導し、スターリンの立場を押しつけたのは、M・S・ゴーデスである。この討論の記録はロシア語のほか、ドイツ語、英語、日本語に翻訳され、世界的に周知された。日本では一九三三年、早川二郎訳『「アジア的生産様式」に就いて』として、伏せ字だらけだが、白揚社より出版され、中国の生産様式をめぐる討論を活性化させた。中国でも二七年以後、三七年まで「社会史論戦」が行われたが、いずれにおいても、この討論の結果、固有の生産様式としての「アジア的生産様式」は共産党のテキストから抹殺されることになるのである。

ゴーデスの主張の特徴は、この論争を政治がらみのものであることを強調し、「アジア的社会」の概念は「トロツキー主義の理論的基礎」であるとした点である（トロツキー主義という言葉は、一九九〇年まで共産党にとっては裏切者、冒険主義者、帝国主義の手先、CIAのスパイといったあらゆる否定的な意味を持つものであった）。ゴーデスは述べている。

「東洋は極めて独自的な道によってではあったが、ヨーロッパと同じような社会的発展の諸段階を経過した。もし多くの同志たちが今まで東洋において封建主義の存在を承認しえないとすれば、これは彼らの眼がトロツキー的な霧によってくらんでいるか、あるいは封建主義の本質の単なる無理解の結果である(13)」。

ただし、この討論の主調は、「トロツキスト」反対でまとめられてはいるものの、「アジア的生産様式」を封建制のアジア的形態であるというゴーデスらの考えで一致していたわけではない。ヨールクは、それは前資本主義的社会構成、すなわち、奴隷制的古代と農奴制的封建制の双方に通じるアジア的変形であると解釈していた(14)。また、『古代中国の農業制度』(一九三〇年、序文はマヂャール)の著者、コキンとパパヤンは、中国における水利灌漑と専制主義との関係を強調していた。ゴーデスらが論的として眼を付けていたのは、同じ反「トロツキスト」的立場にある彼らでもあったのではなかろうか。この討論の結びの言葉としてゴーデスは言った。

「われわれはここで真理の問題に関する小さな撃ち合いの観戦者であった。同志ヨールクは、われわれは真理そのものを問題にするのではなく、われわれの革命闘争のために、この真理から起こってくるところの諸結論を問題にするのだという意味のことを述べた。同志およびパパヤンは真理のために憤慨した。彼らは、だれも、徹底的に革命的な階級としてのわれわれにとっては真理はつねに革命の利害と一致するし、われわれは有利な理論と不利な理論とを選びわけようとはしない、ということを看過した(15)」。

何と血も凍るような官僚的シニシズムではなかろうか。

この討論の時、ウィットフォーゲルの『中国の経済と社会』はドイツではまだ出版されていなかったが、ロシア語訳の草稿はすでに作成され、読むことはできたので、批判の対象とされた。ヨークは述べている。

「同志ウィットフォーゲルは〈アジア的〉生産様式を基礎づけるためには、何よりもまず生産諸力ならびに生産様式の本質そのもの、性質そのものを究明しなければならぬという。だが彼は生産の本質をいかに理解しているのであろうか。七五〇頁以上にわたってわれわれは気候、土壌の化学的構成、人間の気質等の最も詳細、最も慎重な分析を持つ。しかし同志諸君、諸君はこの尨大な書物のどこにも階級という語は一言も見出さないであろう。何故なら今のは第一巻であり、彼は次の第二巻で、そこで改めて支那の社会の階級的諸関係の分析をすると約束するのだからである。[行かえ] かように、あらゆる生産様式の本質—生産諸関係と階級的構造の本質そのものの分析を除外して、支那における〈生産諸力〉と〈生産様式〉の分析を七六七頁にわたって行いうると考えているマルクス主義者がいるのである。生産諸力は技術的範疇に、自然的および技術的要因に還元される(16)」。

ウィットフォーゲルはマヂャールやヴァルガと同然に、「完全に偽りの階級形成の理論」や「その地理的要因への追従」を理由に批判された。「自然に条件づけられた生産力」を彼が強調したことはきびしく攻撃された。そして彼とマヂャールの理論はともに、生産力の発展は地理的位置によって規定されるというプレハーノフの「機械論的観点」に影響されたものとみなされた。しかしながら、ウィットフォーゲルが生産力の自然的要因（水）を強調したのは、新たな階級理論をともなったうえでのことだったのである。[17]

これらの論争は一九三一年一〇月のスターリンの手紙によって中止されることになる。つまり、ソ連ではこのレニングラード討論で実質的に「アジア的生産様式」概念は消されてしまうのである。ただしこの概念の否定は、スターリンの『ソ連共産党小史』（一九三八年）までは公式化されなかったため、戦前の日本においてはウィットフォーゲルの著作のほとんどが翻訳、出版されていたこともあって（『中国の経済と社会』の平野義太郎訳は四一年まで増刷されていた）、特に特筆されるようなことはなかった。むしろ日本における「アジア的生産様式」に関する研究は、二九年から日中戦争が勃発する三七年まで続けられた。

この戦前の研究史は前期と後期に分かれる。三三年までの前期においては、野呂栄太郎、伊東蔵平、伊豆公夫らが著名な発言者であった。彼らの主張はおおむね三つに分けられる。一つは、「アジア的生産様式」は独自の生産様式であるとした人たち、二つは、それは封建制であるとした人たち、三つは、それは原始共同体のことであるとした人たちである。[18]

一九三三年以後の後期において活躍したのは、森谷克巳、渡部義通、早川二郎、相川春喜、秋沢修二、佐野袈裟美、赤松啓介である。この段階においては、「アジア的生産様式」をそれ自体で自立した生産様式であるとする議論も、また、奴隷制であるとか、封建制であるとか、あるいはその両方を含む特殊アジア的形態であるとかする議論も消えている。ある人は、これを共同体所有から私的所有への移行期の一段階、階級のない社会から階級のある社会への移行期の一段階、しかもアジアだけでなく、世界史的な一段階であるとした。ある人は、これを奴隷制社会に先行する段階からの遺物で、共同体的関係が継続しているものとした。ある人は、始めはアジア的封建制の一形態としていたが、後には貢納制であるとし、種族社会の解体の始まりではあるが決して過度的な構成体ではなく、共同体と家内奴隷制を起源としながらも、固有の本質を持っているとした。またある人は、始めはアジア的封建制としていたが、後には古典奴隷制に先立つ家内奴隷制の一タイプから派生した形態であるとした。まさに百鬼夜行の観があるが、大勢としては、原始共同社会から古代社会への過渡期であると考えていたようだ[19]。いずれにせよ、そこには歴史の一要因としての自然＝地理をとらえようとするウィットフォーゲルの視点はないし（それは「アジア的」という一形容詞が形づくるものではない）、専制王義への関心もない。スターリンの心中をおうかがいしようとして汲々としている。

この「アジア的生産様式」に対する関心は、世界における日本の位置——東アジアの辺境——によることが多いし、またマルクス主義研究の深さにもよるであろう（MEGA（マルクス＝エンゲルス全集）モスクワ版の予約者数は一九三〇年初め、ロシアに次いで二番目であったという）。終戦直後の四八年には、マルクスの遺稿『資本制生産に先行する諸形態』がロシア語訳から重訳されたことで、「アジア的生産様式」の概念は息をふきかえし、さまざまな論議が行われた。しかし、議論の当初はウィットフォーゲルの所説に対してさまざまな言及がなされたものの、上述（本書第1章）の平野義太郎の中傷誹謗によって、ウィットフォーゲルの問題提起は一切無視、『資本制生産に先行する諸形態』の解釈論議のなかに閉じこめられ、それを前提とした史実への当てはめに終始し、『中国の経済と社会』に内在する生産様式概念のアジア的構造など考え及ぶところではなく、したがって、アジアにおける官僚を階級として捉えなおすことは問題にもならなかったのである。

欧米においても、『資本制生産に先行する諸形態』を収録した『経済学批判要綱』のドイツ語原文は一九三九年（第一冊）と四一年（第二冊）にモスクワで出版されていたものの、戦時中のロシアであったため、普及したのはようやく五三年に東ドイツで一巻本のディーツ版として出版されてからであろう（『諸形態』のみの出版はその前年に同じ東ドイツで、六三年にはフランス語訳でなされている）、さらに七三年に『ニュー＝レフト＝レヴュー』誌との共同でペンギン＝ブックスから英語版で出されてからであろう。また、その反響として最初のものは、五六年のフルシチョフのスターリン批判における一時的雪解け以後、フランスのシュレ＝カナールが自らのアフリカ研究で「アジア的生産様式」の概念に関説してからであろう。そして大規模な討論が始まったのは、六二年にパリの共産党付属の「マルクス主義研究調査センター」（CERM＝Centre d'Etudes et de Recherches Marxistes）による議論からであろう。しかし、これらの議論のなかでもウィットフォーゲルの業績は完全に無視され、言及されるのは中傷するためにのみであった。彼が提起した官僚＝階級の概念などもってのほかであり、彼が提起した文明史理解のための新しいパラダイムなどにはとうてい考え及ぶものではなかった。ウィットフォーゲルも、彼らを全く当てにせず、自らの道を歩んでいた。

2　ファシズムとの闘い

認識と実践

マルクスの哲学の根本義は、〈認識〉と〈実践〉とは不可分であるという命題にある。この命題は、言ったこと、書いたことをそのまま行動するといった軽薄なものではなく、また、思索と行動といったのんびりした二元論でもない。この〈認識〉と〈実践〉の二契機ははりつめた緊張のなかで統一されているのである。それはウェーバーにおけるエートスと禁欲との関係とするのが最もふさわしい説明であろう。言うなれば、ウィットフォーゲルの生涯はまさに〈認識〉と〈実践〉が不可分であることを身をもって示した実例であり、某党常任の生活における党の方針、党活動との関係のようなだらけた安住ではなかった。

ウィットフォーゲルの人生は闘いの連続であった。一九一九年のドイツ共産党入党とともに、彼は誕生したばかりの党の創造に奮起した。中国問題への傾倒時代は早くから始まり、最初は二五年から二八年までであるが、「アジア的生産様式」論争のような見世物的空中戦を演ずるひまがあったら、『中国の経済と社会』を一ページでも書き進めるというのが彼の実践の仕方であった。そして三二年、ナチス（民族社会主義ドイツ労働者党）が国会で第一党になるや、ナチスとの闘争に全力を投入するのである。研究者、文筆者、ジャーナリストとして、彼はこの年、二〇篇を超える論説、解説を書いている。ドイツ問題の深刻さを最初に気づかせたのは、その前年、三〇年九月一四日に行われた国会選挙である。このとき共産党にとっての勝者は六五〇万票を獲得して一躍第二党に躍りでたナチスではなく、五〇〇万票で第三党に甘んじた自党なのであった。スターリン一派は何故にこのような勝利判断をコミンテルン全体に押しつけたのであろうか。それは、革命の主敵はナチスではなく、労働者のあいだで第一党を維持している社会民主党だったからである。つまりナチスはむしろ社会民主党を倒すための共闘仲間として位置づけられたのである。ウィットフォーゲルも共産党員として、まだ、あえてこれに反対の声をあげなかった。

この段階においては、彼は社会科学者としてナチズム現象を歴史的、概念的に掘り下げようとしていた。一九三〇年にはまだマルクス主義美学に力をそそいでおり、三一年にはイタリアのムッソリーニの運動と関連づけてナチズム問題の論考をいくつか発表している。三二年の初夏には彼自身、農業問題の専門家としてイタリアに行き、ファシスト党の図書館に入館の便宜を得て、この党の機関紙『ポポロ・デ・イタリア』の初期の号を閲覧し、最初のファシスト党の綱領が掲載された号をさがした。しかし、綱領の部分は切り取られていたので、この号以降に掲載された綱領に関する論説や討論からその大要を再構成し、ドイツに帰って、ヒトラーのナチズム分析に役立てている。この認識の徹底性がウィットフォーゲルの研究のスタイルであり、その猛烈な活動を支えたのである。

「社会ファシズム」論との闘い

ナチスとの闘いに専心してゆくにしたがって彼が発見したのは、コミンテルンとその各国支部が反ナチ闘争の最大の妨害者であることであった。それは彼らの「社会ファシズム」論のせいであり、一九二三年のドイツにおける革命的危機の流失に対するコミンテルン第五回大会（一九二四年）の自己批判抜きの総括の結果である。たしかに、第一次世界大戦以後の一九年のスパルタクス団（ドイツ共産党となる中核組織）の蜂起から二三年のザクセン＝テューリンゲンでの挫折（社共政府の成立と崩壊）まで、共産主義者の争いの前に立ちふさがっていたのはドイツ社会民主党であった。しかし、ヴェルサイユ条約（一九一九年）がドイツ国民に多大の賠償金を押しつけ（二一年のロンドン条約で一三二〇億金マルクと決定）、その領土が各所で切り刻まれた（フランスにアルザス・ロレーンを取りもどさせたばかりか、チェコスロヴァキアにズデーテン地方、ポーランドにダンチヒおよびこの国が海に出るための回廊、リトアニアにメーメル地方を奪われた）ことに対するドイツ国民の恨み、しかも海空陸軍とも縮小を強制されたことに対する国民の怒りを、ひとり組織しえたのはナチス党（二〇年、網領採択）のみであった事実を共産主義者たちは見ようとしなかった。

一九二四年、スターリンは社会民主主義を「ファシズムの穏和な一翼」と定義した。二三年のドイツでの幻想的高揚期において彼は次のように言っていたのである。

「ファシズムは社会民主主義の積極的な支持に立脚するブルジョアジーの戦闘組織である。社会民主主義は客観的にはファシズムの穏和な一翼である。ブルジョアジーの戦闘組織が、社会民主主義の積極的支持がなくても、戦闘や国家支配で決定的な成功をおさめることができると推測しうる根拠はない。それと同じく、社会民主主義はブルジョアジーの戦闘組織の積極的支持がなくても、戦闘や国家支配で決定的な成功をおさめることができると考える根拠もまたないのである。これらの組織は否定しあうのではなく、補足しあっている。それは正反対のものではなく、双生児なのである[20]」。

この考え方は、スターリン＝ブハーリン派が「英露委員会」（一九二六年五月、イギリスの労働者によるゼネストの支援・連帯のために結ばれた組織）を支持し、中国国民党を援助している段階においては伏せられており、表面から片づけられていた。しかしながら、この考えがなくなっていたわけではない。それが正面に押し出され、「社会ファシズム」との闘いが共産党の重要任務となったのは、コミンテルン第六回大会（一九二八年）で「第三期」理論が提出されてからである。この大会の理論的主導者のブハーリンの考え方によれば、一九一七年から革命の「第一期」が始まる。この時期は革命的突撃の時代である。二四年から「第二期」に入り、「相対的安定」の時代となる。そして二八年から「第三期」入り、世界資本主義の最後の時代が始まるとするのである。それは、共産党の権力奪取の時代であり、権力への道の最大の障害が社会民主主義であるとされた時代である。その局面の再来の合図となったのが、二九年七月のコミンテルン執行委員会第一〇回総会でマヌイルスキーが公式に社会民主党を「社会ファシズム」として批判した発言である。

この頃、公然とは語られなかったが、共産党員のあいだで一般的にささやかれていたのは、ヒトラーを政権につかせることであった。つまり、ヒトラーが政権につけば、必ず行きづまるから、当然われわれの掌に権力がころげこんでくるとか、あるいはヒトラーはコーロッパを相手に戦争を始めるから、それがもたらす社会的混乱はわれわれの革命に勝利のチャンスを与えるという考え方である。[21] 事実、共産党はナチスと統一戦術を組むことがあった。例えば、一九三一年夏、ナチスがプロイセン国会を解散させる国民投票を提案した時、共産党は同調して、ともにピケット・ラインを張ったのであるが、これは社会民主党の牙城を崩壊させるためであった。

Ch・イシャウッドの『さらばベルリン』（そのミュージカル化がライザ・ミネリ主演の映画『キャバレー』になる）で見られるように、ナチス党員による社会民主党、共産党の事務所への襲撃や党員に対する暴行は日常的に行われていた。これに対して、もともと「社会ファシズム」論には反対のトロツキーは、この状況のなかで社会民主党と共産党との反ナチス統一戦線を亡命先から力説していた。[22] それ故、社共統一戦線のスローガンはトロツキーとトロツキストの反革命性の証明であるとされていたのであり、共産党員はこのスローガンを口にすることができなかった。それでもスターリンの政策に反対する共産党知識人は存在した。一九三〇年代、コミンテルンのプロパガンディストとして大活躍した才人、ウィリー・ミュンツェンベルクやハインツ・ノイマン、ヘルマン・レンメレなどという人とともに、ウィットフォーゲルもその一人であった。[23] 彼は演説に論説に東奔西走の活動をしていた。その内容は、社会民主党に対する批判とともに、「社会主義の母国」（ソ連）と「ソヴィエト中国」の防衛、そしてナチスの正体の暴露であった。演説では、毎回その終盤には課題の優先順位が聴衆にも自ずと理解できるよう語ったのである。[24] 彼は知識人のみでなく、左翼大衆、いやナチス支持者に対しても語りかけた。

反ナチ闘争

彼の活動はすさまじいものであった。一九三二年に出版され普及された『中国の経済と社会』第一巻（底本とロシア語訳は三一年にでていた）は好評だったので、フランクフルト研究所は、この書の第二巻を執筆するために、しばらく中国に滞在することを彼にすすめた。それは彼が一九二〇年代初めから希望していたことでもあった。経費は第一巻を出版したヒルシュフェルトからの前渡金と研究所からの月給によってまかなうことが決まっていた。しかし、ウィットフォーゲルはこの大事な時にドイツを離れることはできないと思い、もっぱらドイツの政治危機に関する著作活動に専念させてほしいと頼み、研究所もこれを了承した。ウルメンは特筆している。「彼がヒトラーと戦うためにその学問研究をなげうった唯一の研究所員であったことは興味深い。そして、公然と政治にかかり合った点から判断するならば、ヒトラーが権力を握る前までは、ドイツにおける反ユダヤ主義の問題に関するウィットフォーゲルの強い関心は、研究所の他のメンバーによって共有されなかったようであることもまた興味深いことである[25]」。

ウィットフォーゲルはヒトラーとの闘いのために各種の雑誌に多くの論説を書いている。しかし、フランクフルト研究所の『ツァイトシュリフト・フュア・ゾチアルフォルシュンク』(研究所の研究紀要)には、一九三二年から三三年にかけて、どのページにも反ユダヤ主義どころか、ヒトラーやナチズムに関する論文さえ見出すことができないという。研究所がこの問題にようやく関心を示すのは三八年になってからだという。もちろん、ウィットフォーゲルは演説や論説といったジャーナリストとしての活動のみに明け暮れていたわけではない。すでにふれた諸論文や『中国の経済と社会』のほかにも、ファシズムに関する学術的分析を前述のようにイタリアまで資料をあさりに行って、三二年秋までには七〇〇ページにわたるタイプ原稿『国家社会主義』を仕上げてもいた。彼はこれを党の出版部から出すことを避け、マリク書店に約束をとりつけた。三二年八月のモスクワ滞在中にはこの原稿がロシア語訳として出版されることにも同意している。今さらながら、ウィットフォーゲルの精力的な活躍には驚嘆せざるをえない(26)。

一部の心ある人の闘いにもかかわらず、一九三二年七月の選挙でナチス党は三八%を獲得して第一党となり、その暴力行為はますます烈しくなった。三二年一一月には三五%に落ちたが、ナチスの攻勢はやまなかった。三三年一月二二日、一五万人のナチスの突撃隊員がベルリンの労働者階級の居住地区をデモ行進し、威圧した。これに対するドイツ共産党の方針は「挑発に乗るな」ということであった。この姿勢は労働者大衆を士気阻喪させ、ついに三三年三月の選挙ではまたもナチスに三四%を獲得させ、議会主義的方法で政権を手に入れることを許した。一月二二日のナチスのデモとこれに関する共産党の煽動宣伝部長の間の抜けた言葉を聞き、ウィットフォーゲルは噴慨して、その日の午後、ルカーチと会った。ルカーチは同感したが、党そして運動から追放されるかもしれないウィッドフォーゲルの態度に当惑して、ルカーチ一代の名言を吐いた。「僕は運動から引き離されるよりは、むしろ汚物をくらう方がましだ」。ルカーチは自由に考える知識人であるよりは、共産党が投げるパン屑を食べる犬になる方がましだと言っているのである。「[その後]彼らは友達として別れた。しかし、再び出会うことはなかった」(27)とウルメンは述べている。

ウィットフォーゲルは闘いを続けた。一九三三年一月二九日、彼はスイスのバーゼルに向かい、スイス共産党員の友人宅に泊まった。翌朝、新聞でヒトラーが首相になったことを知った友人が、大喜びして「ヒトラーの後には革命が起こり、そしてわれわれの番だ」とはしゃいでいるのを見て不快になった。翌三一日より二日間、彼はグスタードでフランクフルト研究所の前所長ポロックに会い、研究所の将来について話しあっている。ポロックは彼にドイツに帰らないほうがよいと助言した。二月三日、講演のために赴いたチューリヒでは、すでにベルリンを捨てていた心理学者ヒルシュフェルトに会ったが、彼も帰らないでくれと言い、劇作家トラーからの同じ旨の伝言を伝えている。しかし、二月五日、ウィットフォーゲルはドイツに帰った。そして、まだいろいろな会合が公然、非公然に開かれていたので、これに出席する日々を送った。二月二〇日、彼やミュンツェンベルクやベッヒャーが出席したある会合では、トーマス・マンが起草した宣言が読み上げられた。このとき警官が介入し、集会は解散させられた。その他の会合でも私服警官が多数潜入していたが、ついに二月二四日、ナチスはカール・リープクネヒト＝ハウス（共産党本部）を侵撃した。三月初め、ウィットフォーゲルはアパートを出てベルリンを脱出したが、すでに二月二七日夜の国会放火事件で、情勢は決定的に変わっていた。国境は閉鎖された。そして三月一〇日、ウィットフォーゲルはジンゲンで逮捕されることになる。[28]しかしコミンテルンは四月一日の決議で、なお次のような呑気な決議をしていたのである。

「大衆の間におけるあらゆる民主的幻想を打ち壊し、社会民主主義の支配から彼らを解放する完全な独裁が打ち立てられたことは、ドイツをすみやかにプロレタリア革命への道に駆り立てる。ヒトラー体制はこの国を災厄に導くものだということを、大衆に明らかに示すことが共産主義者の任務となるべきだ。これまで以上に重大な決意を以て、我々は、大衆にこれ以上大変な惨事と破局を避ける唯一の道が、即ちプロレタリア革命とプロレタリア独裁であることを悟らせねばならない[29]」。

収容所から亡命地へ

ウィットフォーゲルはジンゲンの収容所からラドルフスツェルの刑務所に移された。五月にはシュワルツワルトのアンケンブックの強制収容所（コンツラーガー）に移された。七月にはフライブルク＝イン＝ブライスガウの刑務所に、さらにつぎつぎと各地の刑務所に移送された。夫人は夫の釈放のためにさまざまな努力を行っていた。国際的なキャンペーンがはられた。フランスのロマン・ロラン、アンドレ・ジッド、アンリ・バルビュース、イギリスのランスロット・ホグベン、ローレンス・ハウスマン、アメリカのジョン・ドス＝パソス、グランヴィル・ヒックスら多くの著作家たちによって署名された請願書には、ナチスによって投獄されたドイツ知識人、オシエッキー、ルドヴィヒ・レン、カントロヴィチなど二一名の「知的労働者」の一人としてウィットフォーゲルの名もあげられていた。

しかし、国際的支援にもかかわらず、彼は釈放されなかった。九月にはパーペンブルクの強制収容所、さらに一一月にはリヒテンブルク＝バイ＝トルガウの強制収容所に移された。しかし、釈放を求める努力は続けられ、イギリスのシドニー・ウェッブやハロルド・ラスキ、R・H・トーニーも協力してくれた。ウィットフォーゲルの学問的業績を知っているアメリカの学者も努力してくれた。その甲斐あって、一九三三年の年末に彼は釈放された。そして数週後、旅券が発給され、三四年一月二日、ウィットフォーゲルは亡命者としてロンドンに落ち着いた。この時、同時に亡命したコルシュは彼と同じロンドンを、ルカーチはソ連を選んだ。(30) この九カ月間における収容所生活で彼が身をもって体験したこと、それは全面的権力の素顔であった。この体験は彼の研究対象である東洋的専制主義とともに、全面的権力というものの実像を深く理解＝恫察することを助けた。

ロンドンでは、「ロンドン社会学研究所」によって研究の便宜を与えられた。彼は中国と日本に関する文献をこの研究所のおかげでドイツ国外に持ちだすことができた。大英博物館の図書室への出入りを許された彼は、収容所の生活の体験を社会学的にまとめた。彼は強制収容所という制度の創設期に身をもって立ちあったわけだが、それが官僚制化してゆくのを観察した（この時期、収容所に入れられた人のほとんどは共産党員であったが、少数だが社会民主党員もまじっていたという。また、監視者たちのうちアンケンブック収容所を管理するのはＳＡ（ナチ突撃隊）と呼ばれ、その大多数は階級意識のないブルジョア分子、またパーペンブルク収容所を管理するのはＳＳ（ナチ親衛隊）と呼ばれ、本質的に階級意識を持ったプロレタリアと若干のルンペン・プロレタリアであったという）。ウィットフォーゲル夫妻はロンドンで五週間を送ったのち、短期間、パリに赴いた。ロンドンに亡命していた「社会研究所」をたずねたほか、ミュンツェンベルクにも会った。彼は暖かく迎えてくれた。再びロンドンにもどると、ウィットフォーゲルは強制収容所の経験を小説にまとめはじめた。それはパーペンブルク収容所をモデルに収容所長、ナチスの役人、ＳＳ、仲間の被収容者を登場人物としたものであるが、ウルメンによればこの作品は最初期のコンツラーガー小説であるという。

一九三四年、ウィットフォーゲル夫妻は船でニューヨークに向かった。到着した日、グンペルツと会った。そして今ではニューヨークに亡命して「国際社会研究所」（ＩＩＳＲ）と名を変えている「社会研究所」に行った。コロンビア大学にあるこの研究所の尽力で大学内のロー記念図書館の一室を利用できることになり、執筆中の小説もそこで完成させ、ロンドンに移転していたマリク出版社から三六年に出版している。さらに彼は、グンペルツに同行して「太平洋問題調査会」（ＩＰ

R）の国際事務局とアメリカ評議会をたずね、アメリカの中国政策を中国共産党寄りにしようとしていた一団の人々と会い、五〇年まで接触を続けることとなる。[31] 一方で彼は、ニューヨークでドイツ共産党と接触することはほとんどなかった。この頃の彼は、共産党の「反ファシズム」は神話ではないかとすでに疑いはじめていた。しかしまだこれに確信を持っていたわけではない。

ヒトラーに中断させられたウィットフォーゲルの学問研究はこうして再開した。一九三四年から三五年にかけて書いた「中国経済史の基礎と段階」は三五年秋にパリで『ツァイトシュリフト・フュア・ゾチアルフォルシュンク』[32]（第四巻一号）に発表された。これは『中国の経済と社会』で展開した諸概念の要約ではなく、当時のアメリカの中国学において実り多かった考古学や先史時代研究の成果を取り入れたものであった。この論文の序論で、彼は漢語で「封建」と呼ばれたものの制度的発展を明らかにし、紀元前七二二年から前四七九年までの編年史『春秋左氏伝』を丹念に分析することで、このいわゆる「封建」制の崩壊によって官僚制が固まってくることを証明した。その年代割りは必ずしも『中国の経済と社会』と一致するものではなかったが、中国の「封建」制は紀元前四世紀にはすでに解体過程に入り、前二世紀にはこの過程が完了したことを明らかにしたのである。

この論文の新しい論点は、「王朝循環論」と「読書人官僚論」を提起したことである。前者の論点で彼は王朝の経済的基礎として「大運河」（人工のナイル河）の役割を発見した。すなわち、この「大運河」は、経済の公私の部門を強化するとともに商業化し、貨幣経済を成長させた。そして商品生産において単純なものと複雑なものとが併存し、労働地代から現物地代へ、さらに大土地所有の出現へと向かい、かくて「新しいタイプの私的富の蓄積、官人・郷紳・豪商の手中への私的土地所有の集積、地租の減少、国家の弱体化、農業危機、国内危機、国外危機、国家の危機」といった経済的＝政治的悪循環が生まれたとするのである。もう一つ、後者の論点では、彼はそれまでの「支配的官僚階級」の概念を「儒者（読書人）の支配階級」としてより具体化させた。すなわち、儒教は中国のいわゆる「封建」制（単純なアジア社会）が複雑なアジア社会に変貌するなかで王朝時代のイデオロギーとして洗練されたものであって、この儒教を科目とする試験制度（科挙）によって選抜された官人が、官僚制的に編成されて超中央集権国家を形成したとするのである。なお、この論文では、日本についても言及している。この国は中国と対照的に産業資本主義を発展させたものの、灌漑農業というアジア的特性はそなえているとし、しかしそれは小規模で、科挙による官人はなく、西ヨーロッパの封建制とよく似た制度を持っていたと述べている。

中国滞在

一九三五年春、ウィットフォーゲル夫妻は中国に旅立った。それは青年時代からの夢であった。ハワイを経て、日本に三週間滞在した。この国は彼の著作を翻訳し、その理論を学んでいる人たちがいた。その一人に尾崎秀実がいたが、彼は「ゾルゲ・スパイ事件」のメンバーの一人となった共産主義者である。事件で逮捕された時の尋問のなかで、学生時代、ウイットフォーゲルの『目覚めゆく中国』に影響を受けたと答えている。獄中での手記のなかでは、中国の外面は「東洋的専制主義」であるが、その核心は封建制であると書いた。やはり、彼は忠実な共産党員（スターリン主義者）であったのである。(34)

一九三五年七月、夫妻は北平《ベーピン》（北京）に着いた。そこでアメリカ人宣教師の経営する中国語学校で研究を開始した。当時この国でウィットフォーゲルを知る者はほとんどおらず、著作も翻訳されていなかった。ただ彼の著作の日本語訳を読んでいる少数の知識人はいた。その一人が北京大学の学生、王毓銓である。王はウィットフォーゲルに学ぶことを希望し、その指導のもとに資料を蒐集してウィットフォーゲルの最初の中国人協同研究者となった。その論文は太平洋問題調査会（ＩＰＲ）の機関誌『太平洋問題 Pacific Affairs』に二篇発表されている。この頃、この国にマルクス主義の研究者がいなかったわけではない。第二次中国革命（一九二五—二七年）後、その敗北の総括をめぐって世界的に討論が起こり、アメリカではハロルド・アイザックスの『中国革命の悲劇』(35)（一九三〇年）、インドではＭ・Ｎ・ロイの『中国の革命と反革命』(36)（一九三〇年）といった著作が発表されていたが、中国でも「中国社会史論争」が三〇年から始まっていた。『新思潮』、『ボルシェヴィキ』、『動力』、『読書雑誌』、『新生命』、『思想』といったさまざまな系統の論客が論争をかわしていた。中国社会についてある者は「半封建的」と言い、ある者は「半植民地的」と言い、多様をきわめていた。もっとも、ウィットフォーゲルがやってきた三五年には論戦は終わっていたし、この論争にかかわっていた人との接触は陶希聖以外ほとんどいなかったようである。アメリカの農業経済学者ロッシング・バックの協力者であった社会学者の陳翰笙とは日本で会っていたが、その後彼とは一九四〇年代を通じてアメリカでしばしば会うことになる。

一九三七年まで続く彼の中国滞在においての活動は、人的にも、研究的にも、組織的にも、アメリカと結びついたものがほとんどであった。人的には、オーウェン・ラティモアとの接触である。彼は『太平洋問題』の編集者であったが、彼と初めて会うのは三五年八月の終わりに汾州の山中で行われた調査活動においてである。ラティモアは内陸アジア研究者であるが、ウルメンによれば、「ラティモアの強みはその観察の才にあったが、理論的骨組を欠いていた」[37]。つまり、ラティモアはウィットフォーゲルの知らない地域について豊富な知識を持っていたので、これを彼に提供できた一方、欠けている理論的枠組については逆に彼から多くを得ることができたのである。かくて二人は親密な協力関係を結ぶのであるが、戦中戦後、ウィットフォーゲルがソ連と共産党に対して批判を強めるにつれて友情はさめ、ウィットフォーゲルのマッカラン委員会での証言以後は敵対関係となり（後述）、ラティモアにおいては終生その攻撃の苛烈さを弱めることはなかったのである。

研究・組織の面では、ウィットフォーゲルはさまざまな研究計画を組織し、かつ利用した。例えば「中国の家族研究計画」は、中国社会の構成の重要な要素の一つとして家族をとらえたものである。もう一つの「中国官僚制研究計画」は、中国の伝統的な試験制度として科挙をとらえたものである。この官僚制研究は必然的に「中国王朝史研究計画」に発展する。中国には二四史という正史が『史記』から『明史』まである。これをテーマ別に分析し、英語に翻訳しようという計画である。

資料研究ばかりでなく、王毓銓を伴い各地へ旅行もした。その他、『易経』のドイツ語訳者リヒャルト・ウィルヘルムの息子であり学生時代からの友人でもあったヘルムート・ウィルヘルムとは中国滞在中ずっと交友を続けたし、ジェームズ・バートラムとは中国の中部、南部を一緒に旅行した。しかし、中でも重要なのはエドガー・スノーとの邂逅である。スノーは一九三六年に延安に入り、毛沢東以下中国共産党の首脳にインターヴューをして、三七年『中国の赤い星』を書いた人である。ウィットフォーゲルは、彼とは彼が延安から帰った時に会っている。この『中国の赤い星』にはウィットフォーゲルが引用され、その見解は版を重ねるにつれて薄められてはいるが、かなり反映されている。また彼のスターリン批判ムードはウィットフォーゲルの影響であるという[38]。

なお、中国滞在以前にニューヨークで執筆され、滞在中に発表されたウィットフォーゲルの学問的業績として特筆されなければならない論文は「家族権威の発展の経済史的諸基礎」である。これは、北部中国で多くの患者を受け入れているアメリカ人設立の近代的病院の協力を得て、この病院が保管する患者の個人記録を経済学的、社会学的に価値ある資料とし、これを補強するためにアンケートやインターヴューによって得られた情報を追加してまとめた論文で、一九三六年に国際社会研究所が出版した『家族と権威の研究』の一部に収められている。この書は、ホルクハイマーを総括者として、精神分析学者フロム、教育学者レーヴェンタール、哲学者マルクーゼ、経済史家ウィットフォーゲルがそれぞれ分担執筆してまとめられた総合研究書である[39]。そのなかでウィットフォーゲルは、家族的権威の発生の経済史的＝歴史的諸基礎を明らかにし、家族の構造の内部および外部における権威の主要な社会的段階と類型とを強調した。彼によれば、家族の経済はそれ単独で考察されるべきものではなく、国家の全体的経済の一部として分析されるべきものである。したがって、社会の経済的基礎の変化によって家族の経済は変化する。この視点に立ち、彼は原始社会、アジアの農業社会、ヨーロッパの農業的および工業的社会におけるそれぞれの家族権威を取り扱ったのである。

社会発展の初期の段階すなわち原始社会では、家族がどのような仕事についているかによって家族内の権威は決定づけられていた。しかし、農業が始まると新しい生産諸力が生まれた。農業生産のためになされた大量の人員の投入は母権社会から父権社会へと移行させ、家父長的権威を生みだした。それは集団的に利用していた生産手段（土地と家畜）を小単位の労働と所有に分裂させるものとなった。この財産の均分化の後に私有財産が発生して社会的分化が起こり、最後に階層形成と政治的国家制度が具体化し、根本的に新しい社会現象を起こす出発点となったというのがウィットフォーゲルの論旨である。この社会現象にはさまざまなタイプが存在するが、彼はまず、氏族の重要性を強調しながら、中国の家族が大家族であるという先入観を否定する。そのうえで、中国の家族は家父長制的家族権威の首尾一貫した例であるとし、それを可能としたのは（1）老人の生産における経験と技量、（2）男性に宗教的・法律的役割を委ね、その個人的権威の増大によって形成された政府の官僚制的構造、にあるとした。同時にこの中央集権的官僚制支配は、国家の地理的・軍事的必要から、農民大衆にも受け入れられたとした。

一方、日本やヨーロッパについてはこう述べる。日本にも小規模ながら灌漑農業は存在したが、それは中央集権的官僚的管理を必要としなかったので、アジア的色彩を残しつつも、灌漑の地域性から「アジア的性格を欠いている封建制国家」を発生させ、水利的農業のゆえに老人の家父長的権威を成立させた。それを可能としたのは、高度に規律の行きとどいた軍事的＝封建制的規模の大きさである。また、このように中国とは全く違った構造を持ちながら、日本の権威は中国の権威と同様、集約的農業に拠っていた。これに対して、ヨーロッパの権威は圧倒的に粗放的農業に拠っていた。ここでは農民家族の長である家父が年老いて働く能力を失ったのちもその権威は保持しえた。それは経済外的要因があったからである。具体的にはキリスト教会とルネサンスの影響であるが、これはイデオロギー的なものであるが故に、中世、ピューリタン、リベラル、プロレタリアと変貌し、家族権威もその変化とともに変わらざるをえなかった。ウィットフォーゲルは以上のように述べたうえで、現代におけるヨーロッパの家族権威はブルジョア社会の危機を反映せざるをえないとした。そして、一九三四年の段階では、ソ連における家族の危機は生産の集団化によって解消に向かうと考えていた。このことは、ウィットフォーゲルがスターリンに批判的でありながら、なお「社会主義」に幻想を持っていたことを示すものである。

3　アメリカに定住

一九三七年一〇月、ウィットフォーゲル夫妻はニューヨークに帰ってきた。この頃、アメリカにはヨーロッパから多くの知識人がファシズムを逃れて移住してきていたが、ウィットフォーゲル夫妻もこのなかの一組であった。彼らは多くの知識人と同様、ヨーロッパとアメリカの環境の違いに悩まされなければならなかった。また、この国ではマルクスやウェーバーがまだ本格的に学ばれていなかったため、ウィットフォーゲルの仕事についても一般的にはほとんど知られていなかった。したがって、特にその政治的立場は、正確な理解を妨げやすくした。

ウィットフォーゲルはひとまず国際社会研究所（IISR）が提供する研究室で研究を続けた。研究所にはホルクハイマーを長として、グロスマン、ポロック、レーヴェンタール、アドルノ、マルクーゼ、フロム、ノイマン、ラザースフェルトらが集まっていた。ウィットフォーゲルはその研究会で、「ソ連に関しては、その官僚制の構造はもはや透明なものではなく、『人民』はもはや権力の中枢をコントロールしていないことを主張した」[40]。グロスマンが、ならばロシアでは第二革命が必要であるのかと質問すると、彼は、「そのとおり！」と答えたほどである。ウィットフォーゲルにおいては、ソ連論でじわじわと煮つまってゆくのと平行して、「アジア的」なものについての考察も進行していた。一九三八年に発表された論文「東洋的社会の理論」はマルクス主義者としての彼の理論の最終結論であり、『オリエンタル・デスポティズム』への飛躍の跳躍台となるものであった[40]。

「**東洋的社会の理論**」

ウィットフォーゲルはこの「東洋的社会の理論」において、社会を理解するためには西洋も東洋もともに視野におさめなければならないとを主張した。両者は相違している。この相違を対照することによって人類全体が見えてくるのである。相違は、人類は水なくして存在しえないというところからくる。人類は地球の至るところで生活しているが、与えられる水の量は場所によって違っている。過少のところと過大のところがあり、しかもそれは連続しているとはかぎらず、モザイク状に交錯してさえいる。この多様な条件に適応したものが、遊牧であり、牧畜であり、天水農法であり、灌漑農法である。その上に、これらの条件にどう適応し、社会的にどう管理するかといった問題がかぶさってくる。自由な農民、村落にしばられた農民、君主や官僚制（＝書記、僧侶、官吏、武官）によって管理された農民、さらにそれぞれにおける商品貨幣経済の展開の程度、こうした多様を極めた組み合わせが文明史をつくるとするのである。

このような各種のケースのカタログを頭に入れて、ウィットフォーゲルは「東洋的社会」をいくつかのタイプに分類した。この分類によって彼の「東洋的社会」論はより理解しやすくなったように思われる。

単純な東洋的社会(41)――例えば、ペルーのインカ社会。氏族が存在し、農業は共同体的に統制されている。余剰生産物は労働を管理する国家に専有されており、これらは宮廷用と行政官吏・神官・軍隊の維持のために使われる。言い換えれば、王とその官僚制は土地と生産物を支配し、余剰生産物は国家によって組織された支配階級のものとなる。

この単純な社会は生産力の増大によって複雑な社会に発展する。農地は私的に所有されるようになり、多くの場合、村落共同体は衰退する。新しく生まれた地主とともに大小の商人が生まれる。かくして成立した商業資本主義は、村落を変化させる場合もあるし、変化させない場合もある。国家の官僚制が握っている権力のかたわらに農業労働や生産物を所有する新たな権力が生まれ、それが個々の官僚や神官、商人といった私人に握られることもある。

複雑な東洋的社会(42)――インド、バビロニア、エジプト、中国などがそれである。ウィットフォーゲルが分析したのは、これらの形態である。単純な形態は明瞭であるが、これら複雑な形態は個々に具体的に解明されなければならない。

この複雑な社会における上層階級の形態の変化は、必ずしもその経済的基礎を反映するものではない。支配的官僚制におけるその構成要素の差異は経済的役割による差異ではなく、彼らの身分に付随する役割による差異であり、彼らの身分の経済的基礎は階級の経済的基礎と同じように社会の経済的基礎の根本的転形によって変化する。そして社会の経済的基礎は、国外からの軍事的攻撃以外では、国内の農業的基礎が揺がされる時に揺がされる。この農業的危機は水の過少や過大といった自然的原因、あるいは疫病に感染した地域からの人口流出による破局といった社会的原因などさまざまあり、時には水利・治水施設の維持を怠ったといった人為的原因が激烈な破壊をもたらすこともある。これらは生産の問題であるが、所有の争いが生まれると、危機のメカニズムの現れ方が複雑になってゆく。それが〈王朝循環〉として、先述の如く「新しいタイプの私的富の蓄積、官人・郷紳・豪商の手中への私的土地所有の集積、地租の減少、国家の弱体化、農業危機、国内危機、国外危機、国家の危機」となる。

以上を総括すれば、ウィットフォーゲルによる東洋的社会の危機のメカニズムの公式は、マルクスによるブルジョア社会の危機のメカニズムの公式とは次の二つの点で異なっている[43]。

(1) アジア的生産様式においては、危機のメカニズムは、厳密にいって資本主義生産様式におけるような社会の下部構造の経済的法則ではなく、東洋的社会の下部構造も上部構造も共に含む経済的政治的法則である。というのも、東洋的国家は経済制度における本質的要因をなすからである。

(2) 東洋的社会における農業的、政治的危機は「悪しき環境」を描くのに対して、ブルジョア社会においてはそれらは「螺旋的上昇」を描く。東洋では「社会・経済的制度は、それ自体を発展させるかわりに、それ自体の再生産を行う」。

このウィットフォーゲルの論文「東洋的社会の理論」が提起した命題は、東洋的社会には産業資本主義の自立的、自律的な発展は成立しない、というものである。この命題は重要である。今日まで、ウィットフォーゲルを有罪とする人たちが取り上げる彼の罪状の一つは、彼は〈東洋社会停滞論〉者であるとするところにある。中傷者の多くは第二次世界大戦後に現れた植民地諸国の独立以降の状況を現証としてあげるのであるが、ウィットフォーゲル理論に寄りそってこれに反論するには、二つの側面を区分しなければならない。

その第一は、欧米のインパクトにもかかわらず、清朝を中心とする東アジアの東洋的社会はこれに対抗する措置を取りえなかった、あるいはその試みはあったにしても、中国もヴェトナムも朝鮮も効果的に反応することができなかった、という史実の指摘である。すなわち、阿片戦争（一八四〇―四二年）のあと、これらの国は何ら手を打てなかった。ただウィットフォーゲルが東洋的社会ではないとする日本だけが、一八六八年の「明治維新」によって政体を改革し、自力で制度の近代化と経済の産業化を推進しえた。中国と朝鮮は「中華朝貢冊封体制」の温室を捨てる決断をなしえなかったために、南方からのイギリスによる半植民地化に加えて、北方からのロシアの露骨な植民地化にも抵抗しえなかった。にもかかわらず、東アジアの端の日本が自国の防衛、発展のための権力的措置をとったため、今日に至るまで〈恨の構造〉（亜周辺（＝文明欠如の野蛮国日本）に植民地化されたことへの屈辱感）を生みだしているのである。

第二は、第二次世界大戦後の発展のあり方における指摘である。韓国はアメリカの占領、防衛によって自由陣営に所属し、日韓の外交の金銭的解決を資本として今日の興隆を実現した。中国は共産主義のもと毛沢東の幻想によって引きずりまわされたあげく、鄧小平による社会主義的「市場経済」のもと今日の急速な経済成長を実現した。これら東アジアについては、儒教による教育重視と上昇志向のエートスが現代の発展の基盤にあり、この点、他の「第三世界」と違った条件にある。また両国の経済発展には、外国からの多大な援助と尨大な投資があったことも忘れることはできない。

これらを考えあわせる時、そして北朝鮮の現状を視野に入れる時、第二次世界大戦以前のウィットフォーゲルの命題を否定してよいことにはならない。特に共産党の専制独裁の中国を長期的にみる時、停滞の命題は単に否定してすむものではあるまい。

新しい課題・古代中国史

「東洋的社会の理論」における総括にもかかわらず、なおウィットフォーゲルは中国研究を意欲的に続けた。すでに一九三八年の初め、彼は中国で着手した研究を続けるために、「中国史プロジェクト」の組織化を企画し、研究協力者である王毓銓のアメリカ渡航の手筈を整えていた。かくて、三九年の夏、ロックフェラー財団の資金を受け、国際社会研究所（IISR）と太平洋問題調査会（IPR）の共同後援のもとに「中国史プロジェクト」は正式に発足し、コロンビア大学のロー記念図書館に拠点を置くこととなった。ウィットフォーゲル個人も「プロジェクト」が実現する前から『古代中国の社会・経済史』（未刊）という著作に取りかかっていた。そのため念願の『中国の経済と社会』第二巻を執筆する計画をとりやめた。そしてこの新しい企画の第一歩として、論文「先史時代の中国社会」(44)がIISRの『ツァイトシュリフト・フュア・ゾチアルフォルシュンク』に発表された（一九三九年）。この論文は、北京原人をはじめ多くの発見をもたらした周口店の洞窟の発掘の成果を生かして、彼の研究ベースである階層化された農業社会以前の中国における経済生活の自然的・社会的環境を再構築しようとしたものである。この論文において彼は考古学や人類学、とりわけアメリカ人類学を豊富に利用した。このことは、彼がアメリカの学問にますます精通してきたことを示すものであった。方法論的に興味ぶかいのは、それまで彼が準拠していたマルクスの著作を一切引用しなかったことである。その意味するところはともかくとして、それまで彼の用語であった「経済と社会」を、新しく構想された著作の表題では「社会と経済」と順序を改めていることは、マルクス主義のシステム（経済は土台、社会は上部構造）を批判している意図とみて間違いないだろう。

彼は早くから殷代の甲骨文に興味を持ってきたが、『古代中国の社会・経済史』に取りかかるにあたって、本格的にこれと取り組んだ。その最初の成果は一九三九年四月のボルティモアで開かれたアメリカ東洋学会で披露された。それが好評だったので、より広汎に資料を蒐集し、中国古文書学の泰斗、R・S・ブリットンの助言を得て注意深く分析し、四〇年の『地理学評論』（ジェオグラフィカル・レヴュー）に「商〔殷〕代の卜辞からの気象学的記録[45]」として発表した。天文気象は古代中国の帝王や国家にとって最高の必要知識であった。天文への関心は占星術を生みだし、これを使って時の権力は帝王・国家・個人の運命、吉凶、とりわけ収穫の状況を読みとろうとした。また、気象はまさに降雨状況への関心であって、モンスーン地域の末端である黄河流域では収穫を決定的に左右した。実に古代の王は雨乞い師であり、祈願する降雨がない時は、伝承では王が、また甲骨文では巫女が焚殺されることすらあったのである。ウィットフォーゲルは甲骨文を分析して、暦をあぶりだし、そのなかに違った意味を持つ雨を発見した。すなわち、卜辞にある雨の記述には、穀物生産にとって望ましい降雨と、軍事作戦にとって望ましくない降雨の二種類があること、そしてこの二つの降雨、つまり農業的降雨と軍事的降雨には密接な相関関係があることを見出したのである。

4　共産党との決別と研究の進展

ソ連の惨状

亡命をよぎなくされてた一九三四年以来、ウィットフォーゲルは個人的にもよるべなき漂泊者として不安な日々を送っていたのであるが、周囲の環境もまた迷走を続けていた。ウィットフォーゲルが青春時代からその発展のために努力してきたドイツ共産党（世界で最も強力なプロレタリアートの鉄壁であるはずの聖域）は映画のセットのように瓦解し、もはやウィットフォーゲルらの心の拠りどころはなくなっていた。

一方、「社会主義の母国」ソ連はスターリン独裁によって今や自由も人権も民主主義もそのかけらすらないヤクザ国家に堕落し、知性ある人にとっては眼も当てられぬ惨状を呈していた。やることなすこと、トンチンカンのハッタリの連続であった。ヤクザの縄張り争いレヴェルの「社会ファシズム」論ではにっちもさっちも行かなくなり、一九三五年には作り笑いのニコポン戦術（「人民戦線」戦術）に気恥かしくもなく転換し、三九年にはまたも反転して独ソ不可侵条約を結んで、スターリンはポーランドをヒトラーと折半して食いちぎっている。他方、国内では革命の指導者らが楽隊付きの見世物小屋で死刑を宣告され、豚のように屠殺された三次にわたる「モスクワ裁判」（一九三六年、三七年、三八年）やトゥハチェフスキーら八人の将軍の銃殺（三七年）を山場として、三〇年代には無数の大粛清が続き、シベリアの強制収容所ではトロツキストをはじめとする反対派が妻子とともに次々と殺されていた。

親分の命令のもとで黒を白と甘んじて言いくるめることに我慢できない、プライドの高い党員は、世界各地でスターリニズムと決別した。ドイツ・ファシズム犠牲者救援、帝国主義戦争反対、文化防衛などのキャンペーンの天才的組織者の役をこなしていたミュンツェンベルク(46)も脱党した（そして暗殺される）。一方、ウィットフォーゲルはすでに折々に言及したように、〈スターリンのソ連〉に対する批判的言辞を隠さなかったが、まだ党費を払っていた。亡命者党員の狭いサークルでの交友関係というしがらみもあったし、ミクロの人情にはそう簡単に破りようもないものがあった。しかし、一九三九年になされたナチス＝ソヴィエトの不可侵条約の締結（兄弟盃）は、もはや我慢の限界を超えさせた。それは交友関係を大きく変えたが、何よりもウィットフォーゲルの妻オルガとの心の隔りはいかんともしがたく、ついにこの年、離婚するに至るのである。そして、たまたまパーティーで知りあった人類学者で、三五年に夫と死別していたエスター・S・ゴールドフランクと四九年に再婚するのであるが、これが悪意あるゴシップとして世界中に流布されたことは、すでに見た通りである(本書第1章)。

中国史プロジェクト

この間、ウィットフォーゲルの研究は着々と進行していた。とはいえ、いろいろ方向性で悩みが多かったと思われる「中国史プロジェクト」に精力を集中するため、第一章をすでに発表した『古代中国の社会・経済史』の執筆は棚上げして、新しい「東洋的社会」に関する著作を構想しはじめている。これが最終的には『オリエンタル・デスポティズム』として結実するのである。この、『中国の経済と社会』第二巻の計画から『古代中国の社会・経済史』への転進、さらに再転進して新しい方向に向かうという仕事の内容の考え直しの過程は、同時に研究方法の再整備をともなうのは当然であった。とりあえず、彼はそれまでのマルクス主義との行き掛かりをいったん捨てて、アメリカで学んだ人類学的知見をふまえて、心がまえでは新たな方法を組み立てなおそうと決意したのである。数年後にこのプロジェクトの最初のものとなる『中国社会史・遼(九〇七—一一二五)』(後述)の「総序」および「第一部への序論」において彼は言う。

「中国史を中国『社会』の歴史として書くに当って、我々は政治面をもとり入れたが、しかしそれを我々の研究の主要な題目とはしなかった。『社会』という言葉は、この書で使用される意味では、ジョン・ロックの『政治的ないし市民的社会』を越えたもので、それはまたアダム・スミスの経済学的含意や、最後にすべての共同体に存在している規範の組織……即ち諸制度をも含むものである」。

「経済的・政治的諸制度は、すべての他の制度と同様に、定まった地理的基盤の上に発展する。それらは、たとえその境界がどんなにかりそめのものであっても、特定の領土の枠組みの範囲内で機能する。それらは、社会の歴史的水準、構造、及び傾向によって決定される影響を持つところの、物理的環境の範囲内で、成長し変化する[47]」。

この方法的認識をふまえて、中国の制度史にアプローチするのであるが、そのための資料として決定的に重要なものが「王朝史」(『史記』を始めとして継起する各王朝の断代史、具体的には二四史)であることを彼は確認した。しかも、これは東洋社会の記録というよりも、社会そのものの構成を形づくるための重要な一部であるとさえした。彼は、「中央集権的帝国的官僚制を伴った新しいタイプの国家(即ちアジア的国家)の成立は、新たなタイプの歴史編纂への道を開いた[48]」と述べている。かつて、旧王朝の歴史を紀伝体で編纂することは、新王朝の正統性の保証でもあったのである。

彼がこの「王朝史」を活用する時にとった方法は、「部門分けされた選択」であった。「正史」それ自体が複数の部門から成り立っている。すなわち、君主の伝記の形をとった一代の記録である〈本紀〉、その王朝の各時代に活躍した著名な人物たちの伝記である〈列伝〉、その王朝における経済、法制、社会その他の部門の資料的概説である〈志〉、王侯や諸事件のデータを文章ではなく年表や系譜としてまとめた〈表〉がそれである。さらに〈列伝〉には、単に人物の伝記のみならず、王朝が関係、関心を持つ外国の記録も含まれている。彼はすでにこのような体系的に整理されている「正史」を資料として、その内容を現代的見地（社会、経済、文化、行政、軍事的視点）から分類し、翻訳し、分析したのである。

『中国社会史・遼（九〇七―一一二五）』

この方法を駆使して一九四九年にようやく出版されたのが、ウィットフォーゲル自らが編集し、馮家昇《フウカシヨウ》（フェン・チャ＝シェン）と共同執筆した『中国社会史・遼（九〇七―一一二五）』[49]である。多くの王朝が継起した中国史のなかで遼代（一〇―一二世紀）が特に選ばれたのは、決して偶然ではなく、意味がある。

一つは、遼（部族名は契丹）は北方で狩猟遊牧を営んでいた集団であったことである。中国それ自体が北方の狩猟遊牧民と南方の耕作民との邂逅により、ともに交易場をつくって、これを城壁でかこみ「鎮《チン》」（後世、おおむね人口五万以上の町を指す）としたことから始まる。これが漢族の成立であるが、その要素である北族はやがて匈奴として歴史に現れ、後にトルコ系と思われる鮮卑、拓跋といった部族と交代し、彼らは中原に侵入し、国家をつくった。そして三国南北朝時代（五―六世紀）に入ると、彼らは漢族への同化政策をとり、隋、唐の帝室はともに鮮卑出身者でありながら、漢族として振舞い、漢の後継王朝となり、律令や科挙を創始して、中国文明の制度を完成させた。しかし、唐末に出現した遼は、同化の道を選ばず、自らの部族民の統治と占領した地域の漢族統治とを別個のものとして共存させた。この方法が後続の女眞族の金、モンゴール族の元、そして満洲族の後金と清に継承され、いわゆる「征服王朝」を形づくるのであるが、その最初のものである遼＝契丹は、北方アジアに盛名をとどろかせ、ついには〈キタイ〉（契丹）という部族名をして中国を指すロシア語にまでなったのである。ちょうど〈唐〉が南方で中国を指す言葉となったように。

遼代が選ばれたもう一つの理由は、この時代、それまでは一般的に農民社会として理解されてきた「東洋的社会」のなかに、乾燥地帯の人々、遊牧民が入ってきたことである。水力農耕民と狩猟遊牧民はその環境的、生態的に正反対に位置する。しかし、遊牧民は水力社会で誕生した政治技術を最も忠実に受け入れ、後代には東洋的社会の核心に位置することになるのである。この二つの違った生態的・経済的生活を営む集団が一つの国家のもとにあることは、新しい文明を生みださないわけにはいかなかった。例えば文字の面においても、最初の「征服王朝」遼は独自の契丹文字を作成した（それはまだ完全には解読されていないが、その作字原理はともかくとして、字形は漢字になっている)。以後に続く「征服王朝」を見てみよう。金の女眞文字もまだ解読されてはいないが、独自の文字である。元のモンゴール文字は歴史的にアラム文字系のソグド文字に由来し、漢字との関連は全くない。モンゴール語のみならず、その支配する帝国で使用される漢語・ティベット語・ウイグル語をすべて記録できるパスパ文字は、ティベット文字を土台としてつくられたものである。清の満洲文字は満洲語を記録するに便利なようにモンゴール文字に改良を加えたものであり、公文書では清朝の最後まで漢語と並行して満洲文字による満洲語が使用された。

このように「東洋的社会」を漢族的世界にとじこめず、その外部にも引きだしたのが『中国社会史・遼』なのである。

『中国社会史・遼』が明らかにし、新しく開いた領域は、こうした異質の社会との共生に関する事柄とともに、部族の武力の根幹である馬という道具の今さらながらの発見であった。馬は遊牧民にすさまじい移動可能性を与えた。特に馬具、中でも鐙《アブミ》が伝えられた時、乗り手の戦闘力は飛躍的に高まって、ついにユーラシア大陸の内陸部(乾燥地帯)を東から西まで横断して征服することを可能とした。この軍事力が統一的な政治力と結びついた時、遼、金、モンゴール、清の王朝の樹立を可能にした。同時に彼らは、水が決定的な役割を果たす地域の征服は困難ないし不可能であることを明らかにした。

もちろんウィットフォーゲルは、同様の問題意識から、ユーラシア大陸にのみ視線を向けていたわけではない。例えば、一九四二年にはメキシコに行った。そこでユカタン半島をまわったが、病気になったので引き返している。また、四三年には「プエブロ・インディアンの神話と社会の若干の側面」をエスター・S・ゴールドフランクとの共著でアメリカの民族学の雑誌に発表した。これは灌漑と社会構造との関係について民族学分野の刊行物が取り上げた最初のものであるという。(50)

5　ロシアとスターリニズム

アジア的とは何か

共産党との決別とソ連批判が極限まで達した時、どうしても生まれてくる問題は、自ら研究を深めている東洋的社会とロシアとの関係をどのように理解したらよいかということであった。ウィットフォーゲルはそれまで、あえて両者を結びつけて論ずることはしなかった。しばしばロシアをアジア的、反アジア的という形容詞で叙述するマルクス主義者の文献――マルクスから始まり、プレハーノフ、レーニン、トロツキー――を引用することはあったけれども、それらは叙述のためのレトリックであると彼は理解していた。このことはマルクス主義者一般にとっても見られることで、あのスターリンですら若き日にこの表現を使っていた。しかし、彼らはロシアを東洋的社会そのものとは決して位置づけなかった。その一例として、トロツキーの『ロシア革命史』の次の一文を見てみよう（なお、ウィットフォーゲルはトロツキーの考えにきわめて批判的であった）。

「ロシアは地理的にばかりでなく、社会的にも歴史的にもヨーロッパとアジアの中間に立っていた。ロシアはヨーロッパ的西方からも、アジア的東方からも、はっきり区別されていて、さまざまな時代に、いろいろな特徴によって、ある時は前者に、またある時は後者に接近した。東方はロシアにタタール人の羈絆《きはん》を与えた。そしてこの羈絆は、重要な要素としてロシア国家の機構の中に滲透した。西方は一層おそるべき敵であったが、同時にまた教師でもあった。ロシアは東方的形態に落ちついてしまうことはできなかった。何故なら、この国は西方の軍事的・経済的圧迫にたえず順応してゆかなければならなかったからである。従来の歴史家たちは、ロシアにおける封建的関係の存在を否定したが、これ［ロシアの封建制度］は、その後の研究によって無条件に確立されたと考えてよかろう。それればかりでなく、ロシア的封建制度の根本的要素は、西方のそれと同一であった。しかしながら、封建時代の存在が、長い間の科学的論議によって確立されなければならなかったという事実そのものが、すでにロシア的封建制度の不完全さ、その無定形さ、ならびにその文化的遺物の貧困さを、充分に証明しているのである」(51)。

もう一つ引用を重ねよう。

「十六世紀におけるロシアの商業の、すくなくとも空間的意味での広大な規模［中略］は、ほかならぬロシア経済の極端な原始性によって説明されるのである。西欧諸都市は、クラフト＝ギルド的、商業同盟的都市であった。ところで、われわれの都市は、行政的、軍事的、従って、生産的ではなく、消費中心であった。西ヨーロッパのクラフト＝ギルド的文化は、経済的発展の比較的高度の水準において形成され、製造工業の一切の根本的発展が農業と区別され、独立的な職業となり、それ自身の組織、それ自身の焦点――都市――そして最初は限定的（ローカルな）、しかし、にもかかわらず、安定した市場を創造していた。それ故、中世ヨーロッパの都市の土台には、比較的高度の分業が存在し、都市的中心とその農業的周辺との間には規則的な相互関係が生みだされていた。一方、われわれの経済的立ちおくれは、手工業がまだ農業から分離しないで、家内工業の形態を保存していたという事実にあらわれていた。この点、われわれは、ちょうどわが中世都市が、ヨーロッパ型よりもアジア型に近く、ヨーロッパ的絶対主義とアジア的専制主義の中間に立つわが独裁政治が、多くの点で後者に近かったように、ヨーロッパよりもむしろインドに一層近かったのである(52)」。

この歴史認識からスターリンの下で官僚主義化したソ連の性格を論議する場合、「アジア的」という形容詞を味付けとして使うことはありうるとしても、その本質に「東洋的社会」を洞察することは困難であろう。まして、この現実を正面から見据えることは共産党員にとっては不可能であったろう。現象的には若干承認しても、本質から逃げている状況のなかで、これを社会科学的に分析することはマルクス主義者にとって至難のわざであったはずである。たとえこの現実にアプローチしようという誠実と勇気があったとしても、マルクス主義に立脚した場合、それを分析する道具すらまだ整っていなかったのであるから、分析者自らが分析道具をつくらなければならなかったはずである。したがって、いくつかの考え方が生まれるのは当然であって、その間に論争が起きるのは不可避であった。(53)

ソ連の支配階級は？

まず、ソ連共産党主流派＝ソ連国家の公式見解に従えば、ソ連の本質はプロレタリア独裁であって、労働者と農民の国家である。このソ連の防衛は社会主義の祖国の防衛である。

これに対して、トロツキー派によれば、ソ連はいちじるしく変質＝頽廃しているが、しかし本質は労働者国家である。疎外されていようともプロレタリア独裁であって、その保証は国有計画経済がなお維持されているところにあるとされる。彼らによれば、その疎外から労働者を解放するには「政治革命」が必要であり、世界の帝国主義の攻撃からソ連を防衛することは社会主義者の階級的な義務なのである。このトロツキー派の見解にも状況の変化によって変遷がある。当初は、ソ連の労働者国家としての変質を正すためには党内闘争とそれを保証する党内民主主義が必要とされた。しかし一九三三年の「ドイツの崩壊」以後は「警察的手段」が必要とされ、三五年のトロツキーの「今日のソ連——労働者国家とテルミドールおよびボナパルティズム」においては、フランス革命とのアナロジーによって、ソ連はテルミドール的反革命（反動）を経験したとされ、またその支配者はボナパルティストであるとされ、これと闘うために「武装反乱」が語られるに至るのである。[54]

この変化にともなってソ連官僚の規定も変わったが、トロツキーは彼らを決して官僚階級とは呼ばず、「特権カースト」とみなすのである。彼は言う、「階級は、それが経済の社会的組織の中に占める地位、主として生産手段に対する関係によって特徴づけられるのである。文明社会にあっては、財産関係は法律によって確認される[55]」。この定義を承認するかぎり、また「国有計画経済」を維持するかぎり、ソ連を「労働者国家」とせざるをえないわけである。実際には、これを管理する官僚層は大衆より分離し、異常肥大している。しかし、トロツキーは主張するのである。「官僚は、まだ特殊な型の財産形態において、自己の支配のための社会的支柱を作りだしていない。官僚は自己の権力と所得の源泉として国有財産を擁護せざるをえない。その活動をこうした面から見るとき、官僚はまだ依然としてプロレタリア独裁の武器なのである。ソヴィエト官僚を〈国家資本家〉階級として説明しようとする試みは、明らかに批判にたえないであろう。官僚は、株式も公債も持っていない。彼らは彼ら自身の個人的財産とは無関係に、行政上の職階制にしたがって徴募され、補充され、または更新されている。個々の官僚は、国家機関を私的に利用する権利を子孫に伝えられるわけにはいかない[56]」。念のため付け加えるならば、彼はこの国の国有財産がそのまま社会主義的性格を持っているとはしていない[57]。ただ、それは社会主義へ移行する物質的基盤をなすとしているのである。

国家資本主義か?

今日の眼よりすれば、空々しいかぎりの文章であるが、トロツキストたちは渾身の力をこめてこの命題を守っていたのである。ただ、初期にこの革命に失望した人たちは案外あっさりとこの国が「国家資本主義」であると主張していた。オランダのパンネケックは一九二一年に、ロシア革命はブルジョア革命であったとし、西ヨーロッパの資本家同様に剰余価値を搾取しているとした。また二七年の「合同反対派」(トロツキー、ジノヴィエフら)の敗北後に生まれたサプロノフやスミルノフらの「民主主義的中央集権派」は、ロシアの革命をブルジョア革命ではなく、プロレタリア革命が変質=反革命化したものとした。国際的には三〇年前後、ドイツのウルバーンズやフランスのリュシアン・ローラが「国家資本主義」説をとり、四〇年前後にもトロツキーの弟子たちの一部が再度この説を取り上げている。例えばラーヤ・ドゥナエフスカヤは、ソ連の国家所有がプロレタリア革命の結果生まれたものだとしても、トロツキーがこの事実に執着し続けるかぎり、これを「国有財産フェティシズム」と批判する。生産関係と所有関係は同一のものを違った角度で見たものだとするソ連の考え方に反対し、彼女は、次元の違うこの二つがソ連においてはズレて、本来、価値法則を排除すべきはずの国有財産が価値法則に従って運用されているため(例えば、賃金決定)、ソ連は「ただ一つの資本家会社」になっているとしたのである。(58)

第二次世界大戦後はイギリスのトニー・クリフがソ連=「官僚制国家資本主義」を唱えている。彼の場合は、単に価値法則の存在にその社会の資本主義性を見るだけで満足しているドゥナエフスカヤのような立場を批判する。それは「価値法則フェティシズム」というわけである。本質的に価値法則は自由競争のもとで無政府的な仕方で自己を貫徹するものであるから、国家による計画経済はそもそも価値法則の作用を否定するはずである。にもかかわらず、この国を国家資本主義と呼ばなければならないのは、国家による計画経済そのものが価値法則に支配されているからである。それは、「あらゆる商品の価格がその価値を正確にあらわすこと［中略］はないにしても、社会的総生産物の各階級への割当ては、その蓄積と消費への割当てもまた同様に、価値法則に依存している[59]」状態を表わしている。しかも、それが官僚によって行われているだけに、厳密には「官僚制国家資本主義」とされなければならないとクリフは言うのである。

これらはトロツキスト系の異端の学説であるが、第二インターナショナル系（メンシェヴィキ）でも、ソ連の性格づけにおいて、テオドール・ダンやオットー・バウアーの「労働者国家」説とフリッツ・アドラーやソロモン・シュワーツの「国家資本主義」説とがあった[60]。一九四〇年、マルクス主義経済学史のなかで画期的な『金融資本論』（一九一〇年）を書いたヒルファーディングが、三〇年代後半の暗黒時代を背景に「全体主義的国家経済」を説いたのは興味ぶかい。彼がソ連の「労働者国家」的性格を否定したのはもちろんであるが、その「国家資本主義」という把握の仕方に対しても異議を唱えた。何故なら、資本主義経済は市場の法則によって支配されており、この自律的な作用こそが資本主義の特質をなしているからである。しかしソ連では、「国家経済はまさに経済法則のこのような自律的作用を排除しているのである。ここでは、何を、どれだけ生産するかを決定するのは、価格ではなくて、国家計画委員会である。形式的には価格や賃金はなお存在しているがその機能はもはや同じものではない。生産過程は価格や賃金によって規定されるのではなく、これらのものを決定する中央権力の手で統制される(61)」。

ヒルファーディングの生涯は資本主義の新しい現象をマルクス主義の概念を極限まで使って分析することに費やされた。それでもつかみきれないものを、独占段階に達した産業資本と、同じく独占段階に達した銀行資本との融合として説明し、それを「金融資本」と命名して新しい資本主義の現実を叙述しようとした。それは当時のマルクス主義経済学界ではマルクス主義の創造的発展として賞讃され、市民権を得ていた。しかし、一九三〇年代のソ連経済に出会って、経済学がまるで役に立たない現実を発見したヒルファーディングは、ついにその最晩年においてマルクス主義の破綻を告白せざるをえなくなる。それは老学究の自らの学問が裏切られた絶望的な心情の叫びであった(ナチに捕らえられ四一年、獄死する)。

「信心深い人が、決定的な力を持っているのは天国と地獄だけであると信じ込んでいるように、マルクス主義の信者は、資本主義と社会主義しか、また階級、つまりブルジョアジーとプロレタリアートしか信じようとしない。独立性を獲得するに至っている今日の国家権力が、それ自身の法則に従って巨大な力をくりひろげ、社会の諸勢力を従属させつつ、それらを強制して、それ自身の長期的あるいは短期的な目的に奉仕させつつあるということを、彼らは考えてみることもできないのである」(62)。

新しいカテゴリーか?

このマルクス主義の無力感はトロツキストのなかにも生まれていた。それがマックス・シャクトマンである。彼は長いあいだトロツキーの「ソ連論」の追従者であったが、一九四〇年、これと決裂して、翌四一年、ソ連国家を「官僚制集産主義 Bureaucratic Collectivism」と規定するに至った。これも従来からのマルクス主義の理論体系から全く逸脱してソ連の現状をとらえようとしたものであるが、なお資本主義に反対する立場は維持しつつ、一方ではトロツキーの「帝国主義打倒! 労働者国家擁護」のスローガンを取り下げて、反帝国主義であると同時に反ソ連の、いわゆる「第三陣営運動」の立場を第二次世界大戦中に示したものである。また、これとほぼ同じような思想傾向ではあるが、反資本主義の立場を取り除いたのがジェームズ・バーナムである。彼はトロツキストのなかでシャクトマンの仲間であるが、ニューディールの資本主義のみならず、ナチスのドイツでもスターリンのソ連でも、いずれも管理職が体制の指導部を握ったとして、世界的な「経営者革命 Managerial Revolution」を提言し、経営学に大きな影響を及ぼした人である。

興味ぶかいことは、このバーナムとシャクトマンの思想の背後には、イタリアの元トロツキスト、ブルーノ・リッチが一九三九年に出した『世界の官僚制化』があったということである。「官僚制集産主義」の用語そのものがリッチの用語であった。これをシャクトマンは「労働者国家」でも

「国家資本主義」でもない第三のカテゴリーとし、リッチの用語を借用したのである。リッチが主張したことは、現代資本主義の危機はブルジョア社会に思いもよらない解決をもたらしたということである。すなわち、こうである。階級闘争の高揚と退潮の繰り返しのなかで国家の機能の拡大が追求されるにつれ、ついに異常に肥大化した国家の機能は政治的、行政的、経済的機能のあらゆる分野を引き受けるようになった。その発展は不均等であるが、その過程は世界的である。ロシアにおいても、ファシスト国家においても、民主主義国家においても、ブルジョアジーの所有と搾取に代わって、経済を管理し、価格と賃金を定め、利潤を収奪するところの官僚階級の集団的所有と搾取が現れたのである。それはロシアにおいて最も完成した形態をとった。官僚は国有の生産手段の使用を独占し、一切の強制力を掌握しているが故に、一方的に労働者の賃金を決定し、彼らを企業に拘束し、あるいは遠方の工場にとばすことができるのである。

「官僚階級は労働者階級の労働力と血を握っている。一切は相対的であるから、彼らは労働者階級に古代の奴隷よりも高い《水準》の生活を保証している。しかし、ロシアの労働者階級はもはやプロレタリアートではなく、奴隷でしかない。それは経済的本質においても、社会的形態においても奴隷である(63)」。

このリッチの考えにシャクトマンは主として二つの修正を加えて自らの概念とした。その第一は、リッチがこの社会を世界に普遍的に見られる（単線的）発展段階論の　段階の現象として見たのに対して、シャクトマンはこの社会を「状況の独特ななりゆきの過程のなかで歴史的に出現したところの民族的に限定された現象[64]」として見たことである。これについてはなお理論的に明確でないところもあったが、しかしソ連社会の理解において、普遍的な発展段階論から逸脱せざるをえなかった点は興味ぶかい。第二は、この両者の概念がそれぞれ規定するところの社会の評価である。リッチによれば、この社会は解体しつつある資本主義の矛盾を克服したのであるから、ブルジョア社会よりも進歩的な性格を持っている。したがってそれは、もはや資本主義では不可能となった生産力拡大の道を開くことになるだろうとみなした。これに対してシャクトマンは、この社会は社会主義はもとより資本主義と比しても反動的なものとみなした。「資本主義は自らの矛盾を解決する能力がなく崩壊しなければならないこと、そして人類が直面している二者択一は資本主義か社会主義かではなく、むしろ社会主義かバーバリズムかであること、これらはマルクス、エンゲルスに始まる偉大な社会主義科学者すべてによって発言された預言の残酷な実現である。スターリニズムはこの新しいバーバリズムである[65]」。

6　ロシアへのアプローチ

ウィットフォーゲルの周辺

第二次世界大戦勃発前後、ソ連とスターリニズムに対する議論が左翼知識人のあいだで沸騰した。ソ連の現実と、共産党の小役人的常任によるビラの棒読み風の空疎な説明とのあまりの懸隔、そして他の小党派に対する暴力的破壊行為（共産党のいう「トロツキスト」反革命分子に対する人民による集会阻止）が彼らの情念を爆発させたのである。そのソ連論は百鬼夜行的に多様なものであったが、議論の構造は一般的にすこぶる単純であった。その多くはマルクス主義の用語システムのなかで駒をいろいろと動かす類いのもので、そこでの官僚の位置づけはせいぜい「ダラ幹」、気取ってもトロツキーのいう「官僚カースト」であった。時に階級という用語が使われたとしても、生産様式のなかでそれを定義するだけの余裕は持ちあわせていなかった。ウィットフォーゲルがソ連論に正面から取り組むこととなったのは、こうした雰囲気のなかであった。

彼の身近な交友関係においても、ヒステリーを起こして絶交に至るものが少なくなかった（前妻オルガとの離婚もその一つであると思われる）。絶交のもう一つの例がベルトルト・ブレヒトとのそれである。これにはコルシュがからんでいる。ウィットフォーゲルとコルシュは一九二〇年代半ば以来、疎遠になっていたが、ヒトラーとスターリンの同盟は二人を再接近させ、一九四三年、ニューヨークで再会した。それからしばらくしてコルシュがウィットフォーゲルのアパートに連れてきたのがブレヒトであった。ブレヒトは四一年にアメリカにやってきて、ハリウッドで生活していたが、そこでは孤独であったようである。ニューヨークでの会合で彼らはしばしば会ったが、ソ連を新しいタイプの搾取社会とみなすウィットフォーゲルの主張によってできた溝はついに埋められることはなかった。それはブレヒトの社会的ロマンティシズムとウィットフォーゲルの考えていた社会科学との拠りどころの違いを表わすものであった。また、そこから生まれるウィットフォーゲルの政治的決断の強さは、他の亡命知識人とのあいだにも壁をつくりやすくするものであった。(66)

ウィットフォーゲルを取りかこむ環境はいくつかの同心円をなしていたように思われる。最も近いサークルには、(1) 彼と同じように外国、とりわけドイツから亡命してきた左翼知識人(フランクフルト研究所＝国際社会研究所の仲間たち)がいる。このなかには、明確な共産党支持者と、左翼ではあるが反スターリニズムを宣言している人たちを両極として、その中間にさまざまなニュアンスを持つ人たちがいる。難しいのは、このニュアンスが決して安定したものではなく、状況によって変わることである。その外側には、(2) イギリス人や中国人、それにアメリカ生まれの知識人からなる層がある。このなかには明確な政治的心情を持っている人とともに、人間をその人格と業績によって評価するリベラルな人がいる。そして、これまた難しいのは、政治的にナイーヴなポーズをとって、見せかけの中立的な立場を強調する人たちもいることである。したがって、(1) については、かつてウィットフォーゲルが最も熱烈な共産党活動家であっただけに、彼が反

共産党的になるにつれ、多少の差はあれ、彼に対して冷い眼を向ける人たちがほとんどであったと

いうことである。（2）については、ウィットフォーゲルの政治的履歴を知っているが故に、彼に

対して政治的にナイーヴなポーズ（市民主義者の仮面）をとる人たちのなかには熱烈な共産党支持

者も隠れていたということである（その最も重要な例がオーウェン・ラティモアである）。

このような人間関係のなかで、ウィットフォーゲルは初期においては主にドイツ時代の縁故、とりわけフランクフルト研究所の仲間と仕事をしていたのであるが、だんだんとアメリカ人の知人とも仕事をするようになっていく。このことが研究者にとって決して小さなものではなかったことは、後にウィットフォーゲルの最も強烈な敵となるラティモアが次のように言っていることからもうかがうことができる。ラティモアは自分の言葉ではなく、妻の言葉として引用して、ウィットフォーゲルの人格を侮辱している。「ねえ、用心なさいよ！　あの人はアメリカで世に出るためにあなたにお世辞を使っているけれど、ああいう人は、いつも決まって、人のブーツを舐めるか、人の頭を自分のブーツで踏み付けるかする質の人間なのですからね。いつあなたを攻撃する側になるか分かりませんよ」[67]。ラティモアは自分を何様と思っていたのであろう。

ラティモアは〈役職〉や政界の大物とのコネが大好きであった。一九三八年よりジョン・ホプキンズ大学国際関係学部長。四一—四二年、ルーズヴェルト大統領の指名を受け、蔣介石の私的顧問として重慶へ。四二—四五年、戦時情報局サンフランシスコ所長。また四四年には、副大統領ウォレスの訪ソ使節団に同行［このときソ連で悪名高いマガダン金鉱の強制収容所を視察している。もし西側の

学者がヒトラーの強制収容所を視察したら、いっぱつで学者としての生命を失ってしまうだろう」。四五年、ポーレー調査団〔日本から賠償を取りたてるための基礎データを蒐集するのが任務〕に参加。六三―七〇年、リーズ大学中国学部長。以上はラティモアの著作の「著者略歴」から引いたものであるが、これだけで彼が〈長〉が大好きであったこと、偉い権力者と強いコネクションを持っていたことが判る。著作も政策提言的なものが多い。一方のウィットフォーゲルは、機構の長となったことも学会の会長となったこともない。学界の中心にはいなかったが、その周辺でこつこつと研究する人生で満足していたのである。

　ウィットフォーゲルは戦時中に政治学者カール・フリードリヒからハーバード大学での講義を依頼されている。また戦後は一九四〇年代の終わりまで同じハーバードでフェアバンクの依頼を受け中国学の講義を行っている。フェアバンクは自著『合衆国と中国』（一九五八年）のなかで一章を割き、ウィットフォーゲルの「東洋的社会論」を紹介した人である。一九四七年、ウィットフォーゲルはワシントン大学（シアトル）の中国史の正教授に任命され、定年まで在職し、そこで多大な業績をあげるのであるが、それはジョージ・テイラーの推薦であった。彼とウィットフォーゲルは三五年、北平《ペーピン》（北京）で初めて会い、四一年、ニューヨークで再会し、しばしば会った。四七年、テイラーはワシントン大学で「極東・ロシア研究所」を開設し、その所長となる。ここでは多くの有能な研究者を集めており、そのなかの一人がウィットフォーゲルであった。ウィットフォーゲルはテイラーの配慮で研究上の便宜を与えられ、コロンビア大学に拠点のあった「中国史プロジェクト」を指導するためニューヨークに出張する余裕もあった(68)。

ここまでは個人の年表的レヴェルの事項であるが、これらは社会状況＝風向きのなかで進行したのであり、そうした背景抜きでは、関係諸個人の人情をも含め、その意味を充分に理解することはできまい。〈風向き〉もいくつかのレヴェルがあった。一九三〇年代、ニューディールのもとでは、風は一般的に左から吹いていた。ところが一九三九年の独ソ不可侵条約とともに、この風は突然ストップし、むしろ逆風が起こる。しかし、それも四一年の第二次世界大戦の勃発によって停滞し、四三年（スターリングラードでドイツ軍がソ連軍に降伏）には再び風はソ連から吹いてくる。戦争の終結にもかかわらず、ソ連の勝利によって風はなお左から吹き続けたが、冷戦の開始は、中国共産党の勝利にもかかわらず、左からの風を強めない。一般大衆レヴェルでは西側陣営からの国際自由労連の結成（一九四九年）のように右からの風が主流となる。しかし、五〇年代を通じて、なお知識人レヴェルでは左からの風が残り、この一般大衆の風と知識人の風とのギャップが渦巻をもたらし、マッカーシズム（反共、赤狩り）はその魔力を表現するのである。

マルクス主義におけるロシア

この社会的風向きの目まぐるしく変わる一〇年のなかで、ウィットフォーゲルの後期の研究が始まるのである。彼は一九四五年頃からロシア史の重要性に目覚め、ロシア語を勉強し、資料をあさって著作の草稿を書きはじめる。四六年にはワシントン大学でソ連について論じているが、この時にはまだ彼が長らく研究してきた東洋的社会論とソ連問題とを結びつけてはいない。しかし、四七年にバートラム・ウルフから『革命をなし遂げた三人』（一九四八年）の草稿を見せられ、衝撃を受ける。彼はウルフとは二九年からの旧知であったが、ウルフはアメリカ共産党のラヴストン派（国際的にはブハーリン派）だったので、特に深い関係にあったことはなかった。しかし、草稿のなかのプレハーノフの「アジア的復古」の言葉はロシア史の新しい見方にウィットフォーゲルの眼を開かせ、新しい方向性を持った研究へと加速させる。ウィットフォーゲルは問題を歴史的原点にまで掘りさげて、徹底的に資料を蒐集し、厳密な概念化を行うという学風の持ち主であったが、それがやがて『オリエンタル・デスポティズム』の構想をより豊かにすることになったのである。

ウィットフォーゲルは一九三九年のナチス＝ソヴィエト条約を契機に共産党と決別したのちも、ソ連についてはなお社会主義の堕落した形態であるというトロツキスト的立場に立っていた（ただし彼はトロツキーの理論を支持したことはなかった）。しかし、今やソ連の歴史は「アジア的復古」であることが明らかになった。ウィットフォーゲルは一九二〇年代から共産主義運動に加わっていたが、それは資本主義よりもタチの悪い抑圧を支持するためであったわけではない。共産党との決別は、彼が共産主義を裏切ったからではなく、ソ連共産党とそのもとにあるコミンテルンが彼を裏切ったからである。もちろんそれは、彼個人を裏切ったわけではなく、人類の解放を求める世界中の大衆、社会主義のために闘う世界中の人々を裏切ったのである。この結論に到達するために、彼はロシア社会民主労働党の一九〇六年のストックホルム大会と三一年のレニングラード討論の議事録を翻訳してもらって精査した。彼はプレハーノフを読み、レーニンを読んだ。マルクス（とエンゲルス）を新しい見方で再読した。ウルメンは言う。「『社会主義の母国』の堅く守られた秘密を解きあかしたときに、彼はマルクスの危険な真実を発見した」(69)。

人類社会におけるロシアの地位は複雑なものがある。イギリスをはじめとする西ヨーロッパは一六世紀から七つの海を通じて世界を支配したが、ロシアは同じ時代からユーラシア大陸をウラルを越えて一八世紀にはベーリング海峡まで征服、領土とした。西ヨーロッパは第二次世界大戦後に植民地のほとんどを解放したが、ロシアは一度食いちぎった領土を今日に至るまで絶対に手ばなそうとはしていない。東ヨーロッパの場合は反乱によって自力で完全独立をかちとらなければならなかった。奇怪なことに、反帝国主義を自称する人たちも、この現実と正面から向き合おうとはしなかった。むしろ一九九一年までは各国の容共的文化人はソ連の「第五列」（敵のなかに紛れこんで、味方の軍事行動を助ける人）の役割を果たしていたのである（今なお日本の学者の多くは、ロシアがアムール州、沿海州を清朝から強奪した史実すらテーマとしていないでいる！）。このロシアの人類のなかにおける悪性腫瘍性は西ヨーロッパにとっての脅威であり、マルクスも『十八世紀の秘密外交史』（邦訳一九七九年）を書いてロシアの国際的役割を論じているが、この著作はソ連国家によって隠蔽され、マルクス＝エンゲルス全集においても完全に抹殺されてきた。この文書を発掘した石堂清倫は次のように解説している。

「マルクスによると、ロシア現代史が九世紀いらい一貫性をもっており、現ロマノフ朝の政策は、リューリク朝とその後継者の政策の継続であるという通説はまちがっている。リューリク時代（八八〇―一一六九年）は近代とは断絶の関係にあり、アジアから侵入したモンゴルの奴隷制、いわゆるタタールの軛《くびき》（一二三七―一四六二年）は、旧来の伝統を無視し、アジア的専制の強行はロシア人の生活と精神にふかい影響をのこした。それが専制に適応させられたギリシア正教の精神や家父長制と結びついて、どのような上部構造をつくりだしたかということは、ツァーリズム批判のうえで重要な要因であろう。しかもロシア人がタタール支配から脱却した仕方が、その後の歴史的発展にふかい痕跡を残したのである[70]」。

このマルクスの著作はソ連時代、一九三一年以前、リアザーノフによって研究されたが、決して充分なものでなく、しかもリアザーノフ自身が粛清された。

ロシアとウェーバー

さすがにウェーバーは一九〇五年、第一次ロシア革命が勃発した時、その重要な意義を理解し、そのニュースに接するや、ただちにロシア語を学習し、資料の原物に接して、それの分析につとめた。その成果が一九〇六年の「ロシアにおけるブルジョア民主主義の状況」（第一論文）と「ロシアにおける似而非立憲制への移行」（第二論文）であり、また、それから一〇年後のまとめとして書かれた一七年の「ロシアの似而民主主義への移行」である。彼は、ロシアの革命が実現したと言われているものは表面的なものであり、その本質は全く変わっていないと考えた。第一論文は、革命の進行途上に書かれたもので、ここではロシアの三つの制度を「教会」と「農村共同体」と「タタール人の支配の時代から由来するツァーリの絶対権力」と考えた。そして進行中の官僚制化と中央集権化の流れに対抗するリベラリズムの勢力には期待をかけなかった。第二論文は、革命の失敗直後に書かれたもので、ここではきわめて絶望的である。「西洋において所有者層の強い経済的利害を市民的自由を求める運動に奉仕させたようなあの発展諸段階が、〔ロシアには〕全く欠けている。産業プロレタリアートはわずかな比率しか占めていないので、さし当たりわずかな発言力しか持っておらず、農民の理想が前面に出ているが、それは何としても非現実な世界のものである(71)」。プレハーノフが直観していた無気味なものを彼も感じていたのである。

ウェーバーがロシアに対して関心を持ったのは、単なる学問的興味によるものではない。ロシアの運命はドイツの将来に対して密接な関係を持っていると考えていたのである。つまり、ウェーバーはドイツを自由な西ヨーロッパ社会の砦と考えており、専制主義ロシアはそれに対する脅威であると考えていた。ウルメンは、ウィットフォーゲルはこのウェーバーのロシアとの関係と同じ関心でソ連を考えていたとする。すなわちウィットフォーゲルは、アメリカは自由な欧米社会の砦であり、専制主義ソ連はそれに対する脅威と受けとっていたのである。この実際的動機が、それまで彼の専門分野でなかったロシア＝ソ連に対する関心を燃えあがらせ、ロシアの制度史について一二〇〇ページもの研究論文を書かせたのである。この論文には一九四八年から五〇年までは『ロシアのアジア的復古』という題名と『ロシアの過去と現在の制度的発展の解釈における事実と神話』という副題がつけられていた。そして最終的に『ロシア——社会史的評価』という題名となったが、ついに出版されることはなかった。ウルメンによれば、それは次の長短五つの部分からなっていた。(72)

（1）「アジア——ロシア社会の過去と現在を理解するための鍵」
（2）「ソヴィエト以前のロシアの制度的発展におけるアジア的要素」
（3）「ソヴィエト社会の超アジア的性格」
（4）「社会戦略のソヴィエト的概念・技能的（管理的）国家と官僚制的権力」
（5）「何がなされるべきか？」

ソ連をめぐる社会の動揺・冷戦開始

このようにウィットフォーゲルがロシア研究の課題を個条書きにし、具体的資料を集め、草稿を書きはじめ、ふと思いに沈んだ時、頭にひらめいたことは、大変な仕事に手をつけてしまったという直感であったろう。彼の日常を占めていたものは、前期の中国学者としての仕事の後始末である。一九四〇年の「商〔殷〕代の卜辞からの気象学的記録」以後、戦争中に彼は年に一、二本の書評と短文を書いているが、それは中国関係書のアメリカ人類学関係への寄稿である。前妻オルガ・ラングの著書『中国の家族と社会』（一九四六年）の序文も書いている。最終的な総決算はかなり前にできていたはずの『中国社会史・遼』は四九年の刊行であるが、その前年から彼が『ニューリーダー』に執筆しはじめていたことは重要である。

この新聞はノーマン・トーマスのアメリカ社会党の機関紙である。アメリカ社会党は一九三〇年代に左派を共産党とトロツキストに引き裂かれ、当時はメンシェヴィキ派の残党や反共産主義左翼を包容するこじんまりとした社会民主主義政党であり、第二次世界大戦中の連合国の一員として神妙にしていたソ連や世界の共産党に冷たくあしらわれていたが、大戦後ギリシアまで征服の手を延ばしたソ連や、進歩党（一九四八年、トルーマン大統領と対立した元農務長官ヘンリー・ウォレスが結党）の秘密中核組織として大統領選に乗りだしたアメリカ共産党と対峙しうる唯一のアメリカの左派政党であった。

この『ニューリーダー』に寄稿したウィットフォーゲルの最初の原稿がルート・フィッシャー著『スターリンとドイツ共産主義・国家党の起源の研究』（一九四八年）への書評である。ルート・フィッシャー(73)は一九二一年以来、ドイツ共産党のブラントラー＝タールハイマー指導部に敵対する左翼的反対派であり、二四年以後に指導権を奪ったフィッシャー＝マスロフ・グループの指導者であった。コミンテルンではジノヴィエフ派であった彼女であるが、二六年にはドイツ共産党から捨てられ、「共産主義の旗」派を結成、やがて脱退し、ジノヴィエフのスターリンへの屈服以後に復党、ベルリンの労働者地区で教師やボランティア活動をしていた。三三年にヒトラー政権ができあがると内縁の夫マスロフとともにオートバイでチェコスロヴァキアのプラハに亡命し、その後パリに行き、しばらくサン・ドニで社会奉仕を続けながら当時フランスにいたトロツキーの口利きでフランスのトロツキスト運動に加入しようとしたが、拒否された。しかしトロツキー個人との友人関係は維持され、「グルッペ・インテルナティオナーレ」という小グループを結成して活動した。四〇年にはパリを脱出し、アメリカへの入国を試みる。ところがフィッシャーには入国ビザがおりたが、マスロフにはおりなかったので、結局、二人はスペイン国境経由（ワイマール時代のユダヤ系ドイツ人の評論家、ポストモダン時代に大いに再評価されたベニヤミンが試みて、失敗し、自殺したルート）でリスボンへ行き、フィッシャーはニューヨークに入国できた。マスロフはとりあえずキューバに行き、いずれ彼女と落ちあうことになっていた。しかし四一年ようやく彼女がマスロフのビザを入手し、このことを彼のいるハバナに電話した時、前夜に彼は死亡したと知らされ虚脱状態に陥る。そして四一年、たまたまウィットフォーゲル夫妻のアパートを訪れ、しばらくそこで静養したのである。

一九二〇年代のドイツ共産党時代、ウィットフォーゲルとフィッシャーは友人ではなかった。ウィットフォーゲルは彼女と敵対するブラントラー派に親近感を持っていたので、両者はともに不信の念で相手に見ていた。しかし、四一年の再会はよるべなき亡命者同士という状況もあって、夫妻と彼女は親愛感を持ち、それは何年も続いた。それにしても彼女は根っからの政治好きであった。四四年、ベルリン時代からの庇護者、協力者であったアドルフ・ワインガルテンとともに『ネットワーク・スターリン主義組織と組織形態に関する情報誌』を創刊して、その一二月号で「ヨーロッパ社会は一つの全体主義制度、ナチズムから、今一つのそれ、スターリニズムへと突き進んでいる」と書き、翌年から雑誌名を『ネットワーク・ヨーロッパのスターリニズムに関する情報誌』と変えた。戦争が終わると新しい雑誌『ロシアの国家党・現代共産主義に関するニューズレター』を発刊し、さらにドイツ共産党に関する経験を記録する本を書くことを求められ、『スターリンとドイツ共産主義・国家党の起源の研究』をまとめることとなったのである。これをウィットフォーゲルが書評したわけである。

この著作以後のフィッシャーについて一言すると、彼女が反スターリン的態度をとり続けるかぎり両者の関係は友好的であったが、一九四八年のチトーのコミンフォルム除名後、彼女は再び共産主義運動に希望を見出したようである。五五年にインドネシアのバンドン会議に出席し、五六年のフルシチョフ報告(スターリン批判)以後は、〃共産党はソヴィエト流の民主主義に復帰する〃という主張の著作を発表することもあった。そして最後にはスターリニズムを「トロツキストのつくった概念」と呼び、「反ボルシェヴィスト」の「冷戦」思考を慨嘆するまでになった。彼女の共産主義に対する感じ方には、あまりに個人的感情にすぎるものがあったようである。

ウィットフォーゲルの『ニューリーダー』への寄稿は一九四八年から六〇年までほぼ毎年一回続くのであるが、それは彼自身、自分の政治的位置を政治の座標軸のなかで明らかにしたかったからに他ならない。当時、アメリカにも左派政党はいくつかあった。階級闘争に参加するという意味では、キャノンの社会主義労働者党やシャクトマンの労働者党があった。彼らは小グループながら工場に若干の拠点も持っていた。しかし正統もしくは異端のトロツキスト派だったので、ウィットフォーゲルの政治的立場からは近づきがたかった。これに対して、アメリカ社会党は明確にスターリン主義とは一線を画していたし、雰囲気もファナティックではなく、いわば左派ジェントルマンの集団だった。ウィットフォーゲルはこの機関紙に寄稿を続けたのである。たぶん、多くの左翼亡命者たちが共産党と反共産党とのあいだを行きつ戻りつしているのに彼は嫌気がさしていたものと思われる。

このような心境にあったと思われるウィットフォーゲルであるが、周囲の情勢の方は急激に変化していた。「冷戦」は深刻化し、一九四八年にはソ連はベルリンを封鎖、四九年にはドイツは明確に東西に分離し、五〇年には朝鮮戦争が勃発する。この間、ルーズベルト時代に政府機関に潜入した共産党員や容共分子に対して、トルーマンの民主党政府も神経質になっていった。特に四八年、アルジャー・ヒス事件が起こると世論はヒステリー状態となった。アルジャー・ヒスは富裕な商人の息子で、秀才として出世コースを歩んできた人である。三六年、国務省に入り、新外交官僚として頭角を現した。四四年、国連憲章を起草したサンフランシスコ会議の事務総長に任命され、翌年にはロンドンで開かれた第一回国連総会のアメリカ代表団の首席顧問となった。そしてその年、四二歳の若さで年俸二万ドルの「カーネギー世界平和財団」の総裁に就任した。その彼が四八年、『タイム』誌の編集幹部、ホイッティカー・チェンバーズによって、「彼は一九三四年から一九三七年まで国務省の重要な機密書類をソ連に引き渡した」と証拠付きで告発されたのである。ヒスは偽証罪で五年の禁固、罰金一万ドルに処された。リベラル派のガルブレイスですらこの事件について次のようにコメントしている。

「ヒス事件がこれまで衝撃力を持ってきたのは、彼が告発された行動を非難し、それをやっていないと否認したことにあった。四〇年代後半までリベラル派のなかで共産主義者だった者は多くはなかったし、秘密のない状況下では、ソ連向けの有効な情報源たりえたであろう共産主義者はほとんどいなかった。しかし、たいていのリベラル派は何らかの点で脛に傷もつ身――友人関係、後ろ暗い組織、スペイン王党派［反フランコ将軍派］への支持、ソ連の実験に対する好意ないしロシアとの戦時同盟に対する強い賛意とその継続を願ったこと――であった[74]」。

たしかに、第二次世界大戦末期、知識人や芸能人の一部がはしゃいだことは事実である[75]。日本の戦後の新劇人も同様であった。特に人気商売であるハリウッドで親ソ的であることはトレンディであり、親ソ映画が多数つくられた。『モスコーへの使命』、『ロシアの歌』、『北の星』などがそれである。それ故、早くから揺り返しが来て、一九四七年には非米活動委員会で取り上げられた。このとき証言を拒否した一〇名（ジョン・ハワード・ローソン、アルバ・ベッシー、ドルトン・トランボ、レスター・コール、アルバート・マルツ、サミュエル・オルニッツ、リング・ラードナー・

ジュニア、ハーバート・ビーバーマン、エイドリアン・スコット、エドワード・ドミトリク）は左派に英雄視されたが、証言したエリア・カザン（『波止場』、『革命児サパタ』、『エデンの東』の監督）は裏切者として一時期アカデミー賞から乾された。その『群衆の中の一つの顔』（一九五七年）は、マスコミと群衆と民主主義のいい加減さに対する痛烈な批判である。

一九四九年、中国を共産党が支配したことはアメリカ政府にとって驚愕の事件であったが、知識人も右往左往させられた。一方では、親ソ容共派はニューヨーク一の豪華ホテル、ウォードーフ＝アストリアで大規模な集会を開いたが、これに反発する人たちによって「自由文化会議」が組織された。その初期のメンバーは『ニューリーダー』の編集者のソル・レヴィタス、『コメンタリー』の編集者のエリオット・コーヘン、ユージン・ライオンズ、ライオネル・トリリング、ロバート・マッキーヴァー、シドニー・フック、バートラム・ウルフ、ジョセフ・ガットマンなどであり、ウィットフォーゲルもこれに参加した。ウィットフォーゲルはまた、ドイツ人社会民主党員や共産党離党者の一グループ「ドイツ人労働者の友」とも関係を持った。このグループはユダヤ人労働者委員会とユダヤ人が組合員の多数を占める「国際衣料労働者組合」（ＩＬＧＷＧ）から支持された「労働者サークル」で、たびたび集会を開いていた。彼はこのグループで四八年と四九年にいく度か講演を行った。その一つの論題は「マルクスのロシア論とアジア的復古」であった。これに出席したドイツ、オーストリアの社会民主党員やメンシェヴィキ派のうち、かなり多くが驚愕の念を持ったが、その一人ボリス・ニコラエフスキーは、やがてウィットフォーゲルのソ連解釈が正しいと認めた。

チェコ共産党の中央委員として中央機関紙の編集長を務めたジョセフ・ガットマンの場合はどうか。彼は一九三一年から三三年にかけてコミンテルンの常任委員会の事務局員であったが、当時コミンテルンのドイツ政策（「社会ファシズム」論）に反対して除名され、三八年までプラハにとどまっていたが、ポーランド、ノルウェー、スウェーデン経由で四一年、ニューヨークに着いた。そしてウィットフォーゲルの家で開かれた集会で「ソ連は新たな階級社会か？」という論文を読みあげ、その答えを確信していたので、「ソ連・新たな階級社会」[76]と題して『ポリティクス』誌上に発表した。

ウィットフォーゲルは政治的対立がなくなったコルシュとも再会した。コルシュもウィットフォーゲルのソ連解釈に同意したが、五一年のマッカラン委員会（後述）以後、再会することはなかった。

ラティモアとの決別

一方、ラティモアとの決裂は中国の共産主義化の危機とともに決定的なものになっていった。一九四九年の『中国白書』（米国務省）は八月五日に出されたが、その見解は、明らかに中国における共産党の勝利は避けられないという印象を与えるものだった。一〇月一日に中華人民共和国が成立するや、米国務省はアメリカの中国政策に対する会議を開き、外交政策の徹底的な再検討を行った。この会議で三一人の人物が意見を求められ、ウィットフォーゲルも覚書きを提出したが、彼の意見はかえりみられることも、会議に招集されることもなかった。彼は「近代中国のスターリン主義的解釈」は「官界や多くの調査センターや大学やジャーナリズムにおいてアメリカ人の思考を混乱させることに特に成功をおさめた」と主張した。つまり、ソ連の学者たちは中国社会を「封建制」として特徴づけることによって、官僚制的アジア社会の真の性格をわからなくしたと言うのである。「彼らはソビエト社会の科学的理解への道をふさぎ……［そして］中国で勝利をおさめた共産主義革命の肝要な問題から注意をそらさせる──その問題とは即ち、新たな支配階級の形成とソ連ではびこっているものと非常によく似た新たなタイプの既得権益［格差］の出現である(77)」。

会議の主調をなしたのはラティモアの考え方であった。会議の出した結論は「アジアにおける共産主義者の征服はアジアでの革命的昂揚の自然な避け難い帰結であり、その共産主義的性格は付随的なものであるとの認識(78)」であった。

一九三九年、ラティモアは自著『中国の内陸アジア辺境』の序文でウィットフォーゲルに謝意を表していた（その痕跡がバラーシュ編の選集(78')（一九六二年）に残されている）。しかし、戦争が激化する四二年から二人の関係は緊張をおびはじめる。それ以後の二人の手紙のやり取りは、もはや友情にもとづくものではなく、人間関係の駆け引きを露骨に現したものであった。ラティモアはあくまでも（死ぬまで）政治についてナイーヴな（ノンポリ的な）ポーズを取り続けた。これは市民社会でのキャリアを追求しながら、共産党の政策に逆らわない二〇世紀の「進歩的」知識人の典型的な行動様式である。シンパから党員の深みに嵌まった知識人については、共産党の組織原則では中央委員会の直属の細胞に所属し、日常活動では市民社会の水で薄めたさまざまなサークル、キャンペーン組織でだけ活動するという形をとることになっていたと言われている。例えば、そのフロント組織として代表的なものが「××委員会」（平和とか反核とか半基地とか、××のために闘うことを目的としてつくられた大衆組織）などである。もちろん一般人にも雰囲気的にはこのことが全く解らないわけではなかった。とはいえ、一般人も共産党には睨まれたくない。その好意と言わず、せめてどうでもいい人間として見ていてもらいたいので、なれあい的に友人的な態度はくずしはしなかった。

中野利子が紹介しているファーンズによれば、こうである。

「三〇年代にケンブリッジでソ連のスパイ勧誘の対象になったのは、コミュニストの中でも、将来イギリス官僚組織の中枢部分に入っていけるエリート、すなわち、パブリック・スクール出身者だった。［中略］本物のスパイは、みなカモフラージュのために隠れ蓑の転職をしている。キム・フィルビーは、コミュニストから親フランコ側の従軍記者になり、ガイ・バージェスも友人たちにはとても信じられないような半《セミ》ファシストになった。アンソニー・ブラントは政治活動から全く足を洗い、美術史、美術評論に活動の分野を移した[79]」。

カモフラージュのためのこの二つのパターンがハーバート・ノーマン（後述）には見られないから、彼はスパイではなかったと言っている文章である。これは上層エリートについてであるが、一般人が共産党から敵と見なされた時には、共産党は彼らに対して「反動、ファシスト、帝国主義のスパイ」といった言葉をお手軽に連発していたので、これらの言葉は単なる罵倒語の域として軽く使われていたともみえる。しかし、戦後の二〇年間、この問題はかつて左翼に関わった知識人にとって、心の澱となっていた。一九五〇年に始まったマッカーシズムは、この世間感覚をスターリン的＝ヒトラー的に利用して旋風をひき起こしたものだが、ラティモアの事件もノーマンの事件も、この雰囲気のもとで起こったことである。

一九四四年の時点までラティモアは、ウィットフォーゲルの学問的解釈を支持し、「封建的遺物」という用語は中国社会を論じる時の「共産主義者の至上のテーゼ」であるとして、中国に対するこの用語の強調を批判していた(80)。しかし、四八年には逆に、彼が指導したトルキスタン調査において、この地の典型的な水力的条件に対して「封建制」という用語のみを適用した。四九年の自著『アジアの情勢』でも同様であった。彼がウィットフォーゲルの「アジア的」解釈を捨てた時期と、ウィットフォーゲルとの絶交の時期は一致している。「封建的」か「アジア的」かというアジア研究者にとっては死活の問題（しかもその政治的帰結があまりにも巨大な領域に属する問題）も、ラティモアにとってはテーブルを前にしての商談の取引き物件のようなものでしかなく、これ以上ウィットフォーゲルの相手をする必要はないと彼は考えたのである。もうアジアにおける勝負はついた。中国では共産党が勝った。アジア政策では日本ではなく、共産中国を相手にすべきである。米軍は韓国から撤退せよ。ソ連とは安定した関係を保つべきである。これが四九年のラティモアの姿勢で、意気揚々たるものであった。このことは、共産党との闘いをナチスとの戦いと同様に全体主義との戦いと考えるようになっていたウィットフォーゲルにとっては、トボケて、言を左右し、ごまかしていたラティモアが、いよいよ正体を現したということであった。

風向きは眼まぐるしく変わった。が、公私の関係が錯綜した一九四〇年代の分界線に決着がつけられる時が来た。一九五〇年二月九日、米上院議員ジョー・マッカーシーはウェストヴァージニア州での演説で、国務省内の数多くの共産党員や共産党シンパに関する情報を握っていると発表した。そしてこの発表の結果として、上院外交委員会の小委員会（タイディングス委員会）が設けられ、その秘密会（上院行政審議会）で、マッカーシーは当時ジョンズ・ホプキンズ大学国際関係学部の学部長をしていたオーウェン・ラティモアを名ざしし、ロシアのスパイの頭目であると告発したのである。しかしラティモアはこれを乗りきった。この年の暮れ、彼は『中傷の試練』という本を出版し、マッカーシーの告発に反論したばかりか、彼を逆告発しさえした。「マッカーシーが加担した魔女狩りは、元共産主義者やファシスト支持者やアメリカ第一主義者や反ユダヤ主義者やコフリン［南部の州知事。アメリカ的なファシストとされる］主義者や、同様な政治的暗黒世界の少数狂信者を雇いいれている」(81)。いよいよ戦闘の開始である。「自由文化会議」（主要参加者はケストラー、オーウェル、アロン、マルロー、デューイ……）はほとんど全員がマッカーシーのやり方に批判的であった。これに対して、ワイマール共和国の崩壊から毛沢東の勝利までの時代を見てきたウィットフォーゲルは次のように考えていたとウルメンは言う。

「一九五〇年代のアメリカにおいて、ウィットフォーゲルは左翼でもなければ右翼でもなかったし、自由主義者でもなければ保守主義者でもなく、民主党員でもなければ共和党員でもなかった。〔中略〕彼はワイマール共和国の知識人達が自国に対して示した心的傾向と、左翼アメリカ知識人の反アメリカ的症候の強化の間には類似があるのに気づいた。共産主義ロシアと中国の明らかに非民主的な体制に大きな長所を見いだす一方で、彼らは自国の明らかに民主的な政府の欠点と失敗に対しては猛烈に批判していたからである」[82]。

マッカラン委員会での証言

この状況のなかでウィットフォーゲルは議会の公聴会に召喚されるのである。それはマッカーシーの告発によって設けられたタイディングス委員会の結果であった。ウィットフォーゲルが召喚された公聴会とは、マッカーシーの主張に従って上院の命により組織されたマッカラン委員会を指す。この委員会は主に、共産主義運動と積極的に関わる「太平洋問題調査会」（ＩＰＲ）について調査していた。彼は公聴会への出頭を好まなかったが、さまざまな配慮ののち、一九五一年八月七日、出頭することにした。質問はラティモアや彼の共産主義との関係に集中された。冒頭でウィットフォーゲルは、市民的・学問的責任に関する自らの根本方針についてのみ陳述することを求め、証言には乗気でないことをはっきりさせようと欲したが、拒否されたので、証言に入った(83)。

証言は三点にわたった。第一は、彼自身の政治的経歴、第二は、IPRやその会員との人間関係、第三は、「封建制」という用語に関するスターリン主義者の政治目的についての彼の見解である。このうち第二の証言が問題となった。「彼［ラティモア］がかつてれっきとした共産党員であったかどうか、あなたは知っていますか」というスミスの質問に対して、ウィットフォーゲルは「いいえ、知りません」と答えている。にもかかわらず、このやりとりについて新聞は、彼の真意については一言もふれることなく、「彼はラティモア教授が共産党員であると積極的に言えなかったものの、教授が秘密共産党員の手法を用いていると述べた」(『ニューヨーク・タイムズ』一九五一年八月八日号)と報じたのである。これがウィットフォーゲルに対する誹謗・中傷の合図となった(84)。

この証言問題は、六年後にもう一度、火を噴く。ハーバート・ノーマンが一九五七年四月四日の朝、駐エジプト・カナダ大使として投身自殺をしたのである。ノーマンは五一年の公聴会でウィットフォーゲルが証言を求められた人物のうちの一人である。ノーマンの自殺は、多くの人によって、ウィットフォーゲルのこの時の証言に責任があるとされた。歴史学的に見る時、ノーマンが内心において共産主義者であったのは間違いないことである。とはいえ、ウルメンが力説しているように、「［マルクス主義の研究グループの主宰者モーゼス・フィンケルスタインと同様に］彼［ノーマン］が共産党員であったこともはっきりしていましたね？」（フィンケルスタインに関する質問者による同様の問いにはウィットフォーゲルは「はい」と答えている）という公聴会での質問にウィットフォーゲルが「はい」と答えているのは、質問者による法律学的な間違った論理に気づかず、うっかり口をついた返事であったことだろう。[85] 質問者はこの質問の前に、フィンケルスタイン主宰の共産主義研究グループの一員としてノーマンが参加していたかどうか質問しているが、これに対してウィットフォーゲルは「一般にはっきりしていたと思います」と確かに答えている。しかし、ノーマンがこの研究グループに属していたからといって、彼が共産党員であったことが「明白」になるわけではない。ところが質問者は、ウィットフォーゲルから拙速に「イエス」の答えを引きだしたいために、くだんの誘導的質問を行ったのである。今日よりすれば、それは法律学的にはまずいことであるが、回答するウィットフォーゲルとしても、雰囲気に流されてホンネがもれた結果とみてよかろう。

しかし、この時点では大ごとに至ることはなかったが、さらに六年後の五七年、ハーバード大学の客員教授として入国していた都留重人が議会での小委員会でこの件についての証言を求められ、自分は過去に何人かの共産党員と近付きになったと証言したことがノーマンを窮地に陥れた。都留はこの時、四二年の日本送還にあたって米当局に押収されていた書類（在米中に自ら所持していた書類、しかも当時ノーマンが事前にそのいくつかを保管しようと目論んでいた書類）の現物を目の前に突きつけられ、ノーマンの関与を認めざるをえなくなったのである。[86] アメリカ当局は六年間じっくりと網にかかるのを待っていたわけである。そしてノーマンはこの都留の証言によって暴露された古傷に追いつめられ、死なざるをえなかった。
ウィットフォーゲルにとっても、この事件によるダメージは大きかった。すでにマッカラン委員会での証言の翌日から、それまで親しかった友人までもが、そ知ぬ顔をした。明らさまに敵意を示す者もいた。学部クラブの食堂で同じテーブルにつく者は誰もいなかった。ハーバード大学に講師で招かれることもなくなった。こうして会議への出席依頼は激減し、アジア問題専門家としての彼は抹殺された。ウルメンは言う。

「ウィットフォーゲルは、今やアメリカの極東研究者の間で支配的地位をしめる少数者によって締め出しをくわされていた。マッカーシーとその手管――即ち『右翼マッカーシズム』――を手厳しく非難することに余念のなかった人々は、今やウィットフォーゲルを滅ぼすべくマッカーシーの手管――即ち『左翼マッカーシズム』――を発揮していた。たしかに、ウィットフォーゲルは一時期において支持したことのあるスターリンを支持したことでは許されもしたろう、しかし支持した覚えがないのに支持したとされたマッカーシーを支持したことに対しては許されなかった。このような政治的分裂病はアメリカの大学社会の大方の特徴であったし、今なおそうである(87)」。

7　激浪のなかでの理論的確立

『オリエンタル・デスポティズム』前史

激浪のなかを行くことになるのは覚悟のうえであったろう。ウィットフォーゲルはもともとアジテーター（煽動演説家）であったから、人心の帰趨をよく知っていた。にもかかわらず、苦渋のすえ見出した原則には忠実でなければならない。単に講演や書評といったものではなく、正面からの新しい命題の展開として、論文「ロシアとアジア」を一九五〇年七月号の『ワールド・ポリティクス』に発表していたのである（本書第2章注4参照）。このなかで彼は、ソ連はロシア史の伝統を受け継いだ東洋的専制国家であり、今まさに全体主義国家として世界的に膨張しつつある危険な存在であると断じた。かつてソ連を社会主義の国として評価し、その防衛のために闘ったのは大きな誤りであった。いま自らの三〇年の経験によって、それを正すことができた。彼は、気の抜けたビールのような、緊張のない擬似《エセ》ウェーバー流の「没価値性」的なヴェールのなかに逃げるのではなく、〈独裁〉に対して〈自由〉の立場を臆することなく対置するのである。

「ロシアとアジア」の発表以後、ウィットフォーゲルの業績の重心は中国、東アジアに移ってゆく。学問的にその最初のものは、「ロシアとアジア」と同じ年に発表されたウルフラム・エバハルトの『中国史』（一九四八年）への書評である。エバハルトは中国史における大規模利水・治水施設の重要性を断固否定し、この国の地主社会の発展を力説していた論者である。「アジア的生産様式」について論及することも特にしなかった。ウィットフォーゲルがこのことを指摘すると、彼はこれに対抗して、一九五二年の著作『征服者と支配者』では明らかにウィットフォーゲルの理論をカリカチュア化させることとなる。一つは、ウィットフォーゲルによる中国社会の規定、すなわち「水力社会」の規定を歪曲し、あたかも中国全土のすべてが利水＝治水施設によって運営されているかの如く説明したものとして紹介したのである。また、ウィットフォーゲルの「分化された灌漑仮説」の核心をなす「経済・政治的中核地域」の概念も無視された。すなわち、利水＝治水とは直接関係のない地域、関係があっても中核をなさない地域、中小規模の利水＝治水施設のある重要地域、そしてその重要地域で大きな役割を果たす地主の存在など、これら一切を中に包み込んで国家の性格が決まるというウィットフォーゲルの強調点についてもエバハルトは全く言及しなかったのである。言ってみれば、日本を資本主義国と規定しても多くの小農民や中小企業者の存在を無視しては決してその全体はとらえられないという自明の常識が、ウィットフォーゲルには欠けているかの如く描かれてしまったのである(88)。

以後、世界のウィットフォーゲル批判はこのタイプのものが横行することになる。そしてそこでは、マルクスやレーニン、トロツキーを聖典として扱わない彼への反感が各所のサークルに横溢していることにも出会わなければならなかった。当時の世の中には「社会主義国」＝ソ連・中共を批判することを瀆聖と考える人もいたし、マルクス・レーニンを批判することを冒瀆と考える人もいたのである。ともに権威主義に埋没し、人のことばかり気にしている人間たちだが、彼らを相手にしても仕方がない。ウィットフォーゲルはノートルダム大学のワルデマール・グリアンの支持を得て、一九五一年に「レーニン＝スターリン主義の中国への影響」(89)を発表し、五三年には『ザ・レヴュー・オブ・ポリティクス』に「東洋的専制主義の支配的官僚制・マルクスを麻痺させた一現象」(90)を発表した。彼によれば、マルクスは「アジア的生産様式」の概念に到達し、アジア的社会の生産手段を支配している官僚の存在について気づいたけれども、官僚を支配階級とすることについては避けた。これは、アジア的社会の支配体制に「封建制」などというタワゴトを許すスキを残した。ウィットフォーゲルはすでに一九二〇年代にこのことを突きとめていたが、あえて言明はしなかった。しかし今、これを直言したのである。

同様にウィットフォーゲルは、レーニンが「アジア的社会」の存在を知りながら、首尾一貫せず、竜頭蛇尾に終わったことも指摘した。さらにまた、ウィットフォーゲルはスターリン体制と闘いながら、なおソ連を「労働者国家」と規定し、この国の支配階級が官僚であることを拒否するトロツキストたちの不興をも買ってでた。彼らにとっては国有計画経済が社会主義への移行の保証だったのであるが、その国有計画経済そのものが支配的官僚階級をつくりだしていることに彼らは考えが及ばなかったのである。

大半の自称リベラル学者がウィットフォーゲルを見捨て、足蹴にしていた状況にあって、人類学者ジュリアン・ステュワードにおいては学界の魔女狩りに同調することなく、ウィットフォーゲルの学問を支持した。そして、一九五三年にタクソンで開かれたアメリカ人類学協会の年次大会における灌漑についてのシンポジウムに彼を招待した。このシンポジウムでは、ウィットフォーゲルが中国、ロバート・M・アダムスがメソポタミア、ドナルド・コリアーがペルー、ペドロ・アルミラスがメソアメリカについて論じ、その成果はステュードワドの序説をつけて、『灌漑文明・比較研究』（一九五五年）[91]となった。この機会にウィットフォーゲルが得た友人は、アルミラスやアンヘル・パラームといったスペイン系の人たちである。それは彼に、メキシコ、その他ラテン・アメリカに対する調査研究へのきっかけを与える人たちであった。

ウィットフォーゲル理論の学説史の位置

この間、『オリエンタル・デスポティズム』の原稿は完成していたが（一九五四年）、その出版までにはいくつかの曲折があり、イェール大学出版局から発行されたのは一九五七年のことであった。この著作は二〇世紀における最も重要な社会科学書であって、理論的位置づけからするならば、ケインズが自らの著書に『雇用・利子および貨幣の一般理論』と名づけたような意味において、人類文明の政治経済学の「一般理論」とすることができよう。ウルメンはこの著作をマルクスの『資本論』と構造的にアナロジカルな面を持つことを強調しているけれども、内容的には、マルクスの『資本論』が「特殊理論」であるならば、『オリエンタル・デスポティズム』はそれを部分として包括しうる「一般理論」としての視野を持つものと言えるのである。

イギリスで発展した経済学の「古典学派」（スミス、リカード）は西ヨーロッパに展開した文明の土台を政治経済学として概念化したものであった。マルクスはこれを学びながら、同時に、すでにジョーンズらによって記述されていた「アジア的生産様式」の知識をも吸収し、整理した。マルクスの限界はこの二つの領域を統一して把握することができなかった点にある。それは資本の論理を超える権力の論理を統一的に把握することができなかったからである。これはマルクスがヘーゲルの世界史像を突破することができなかったということである。

これに対して、ウィットフォーゲルの主張は、世界、とりわけアフロ＝ユーラシア大陸に展開する文明の政治経済を概念化したものであった。彼はマルクスの政治経済学に学びながら、『資本論』の問題設定（上部構造（権力）に対応する土台（資本）の発見）からはみ出るものを、第二次中国革命を契機とする中国問題に見出し、その土台に権力を発見せざるをえなかったのである（本書一六一ページ参照）。「古典学派」やマルクスが見たアジアは主にイギリスに植民地化されていたインドを念頭に置くものであったのに対して、ウィットフォーゲルが見たアジアはイギリスや日本と闘う「目覚めゆく中国」をその対象とするものであった。そのなかでマルクスの問題設定（上部構造（権力）に対応する土台（資本）の発見）ではすまぬもの、むしろそれを転倒させなければ見えてこないものに気づいたのである。権力を焦点のカテゴリーとして文明を洗いなおして見なおす時、それまで見えなかったものが見えてくる。権力には中心がある。中心があれば周辺がある。周辺の外側には亜周辺がある。この諸文明の位置づけの相違によって文明の質が変わる。文明の構造をなす諸カテゴリーのシステムが変わるのである。

マルクスが考え及ばなかったことはこれであった。西ヨーロッパ文明はどうして生まれたか、これをマルクスは自らの学問化の対象地域でありながら、深く考えなかった。マルクスが見出したもの、それはせいぜいヘーゲル流に、未開社会からオリエント社会、古典古代社会、中世封建社会、近代資本主義社会へと進む観念の弁証法的発展と、それを貫く主と奴の論理であった。これに対してウィットフォーゲルは、次のような歴史の論理を見出した。すなわち、権力によって生まれた文明は、その周辺を軍事的＝政治的に支配する。そこに社会、技術、学問、芸術といった文明の総体を構成する諸要素が伝播する。これを受けて原始諸部族の側も文明化し、同化する。これが周辺の成立である。西アジアではアナトリア、イラン、東アジアでは朝鮮半島、ヴェトナムの形成である。さらにこの中心／周辺の外側に文明の諸要素が影響して（亜）文明化する。ギリシア、エトルリア、ローマの場合がそうであり、さらにその周辺にもイスラーム諸国を中心として第二次的な（亜）文明化が起こる。これが西ヨーロッパの場合である。マルクスが安住していた西ヨーロッパの土台にはこれだけの歴史の論理、文明の手続きの前提があったのである。それは、西ヨーロッパ的生産様式とアジア的生産様式を同一レヴェルで比較しているかぎり決して見えてこないものである。それ故一八八一年三月八日付のザスーリッチからマルクスへの〝西ヨーロッパとロシアの比較〟に関する質問状に対して、マルクスは尨大な下書きを準備しながら、理論的には確信をもって返信することができなかったのである。[92]

『オリエンタル・デスポティズム』の概容

この書が持つ文明の政治経済学の一般理論的性格から、その出発点は最初の文明社会の立地条件となる〈自然的背景〉に置かないわけにはいかない。『資本論』が歴史的産物である〈商品〉から出発したようにはいかないのである。文明の物質的基盤は技術的には農業である。農業にはさまざまなタイプがあるわけであるが、その核心は水の供給である。水なくして絶対に作物は育たない。また、水供給には二つの方法がある。天水およびその自然流によるものと、人工施設の灌漑によるものである。そして灌漑による農業が「水力経済」であって、それは本質的に「管理的で純粋に政治的な経済」なのである。この経済にも分業や協業がある。その内容も、治水工事から建造へ、あるいは自然法則把握のための暦の作成から天文学へと展開してゆく。かくして形成された労働システムは、単に農業のみに使用されるだけにはとどまらない。大建造物や大産業的事業へと拡がってゆく。

これら事業を管理し、運営するのは国家である。この国家は社会のアキレス腱を握っているので社会よりも強力であるが、国家と対抗して社会的指導権を競いうる非政府的勢力が諸文明のなかにないわけではない。氏族集団、宗教組織、軍事集団、多様な財の所有者などがそれである。しかし、水力国家は組織者を持ち、計算と記録の役人、組織的＝水力的管理から生成した管理人、迅速な伝送や情報網、さらには軍隊を持っており、労働や労働生産物、租税、有用物の徴発という備給も持っている。この国家のもとでは所有権は弱く、さまざまな方法でその発展が妨げられている。人民の富はいつも掠めとられているし、巨億の富もつねに没収の危険にさらされている。人の心を左右する宗教も国家に従属させられている。この国家の権力こそ「全面的にして仁愛のない専制権力」なのである。これには法的なチェックもないし、社会的チェックもない。自然のチェックもなされなければ(愚公山を移す)、文化的チェックもままならない(墓も農地に変えられる)。とはいえ、全面的権力と言えども無限に収奪を続けてゆくわけにはいかない。行政収益はある程度まで逓増するけれども、飽和点をすぎると逓減する。言い換えれば、行政収益には限界があるのである。それにまた、一定の枠内での自治や自由を許さないわけでもない。ただしそれは「乞食の民主主義」というのがふさわしい。決して権力をチェックできるものではない。この専制権力は首領さまの仁愛神話を流布させ、これを讃美させるが、首領さまの贈り物や「個人指導」が体制をいささかも変えるものではないのは、見せしめ処刑や家財没収が体制をいささかも清潔にするものでないのと同様である。

全面的権力の真骨頂は「全面的テロル・全面的服従・全面的孤独」である。公開処刑=引き廻しこそ全面的テロルの原点である。このテロルを焦点とする専制主義社会のテロル・服従・孤独の現象学は、一見すると無味乾燥なカズイスティーク(概念のカタログ)であるかにみえる『オリエンタル・デスポティズム』のなかで、最も光彩陸離、ハッとさせるところであり、文学書を読むようなつもりでこの書に接したい人には、まず第五章、邦訳一八二ページから二〇八ページをめくってもらいたい。以下は、その冒頭の引用と、この書の全体のエキスを個条書きにまとめたものである。

「人間は蟻ではない。自由から逃亡しようという人間の努力は、人間が反対感情を同時に抱きながら放棄したものに魅かれることを示している。独立的に行動したいという衝動はホモ・サピエンスの本質的な属性であり、高度に複雑な属性である。その構成要素のすべてが社会的に価値あるものではないが、その中には人間に最も貴重な動機を与える力――一切の外部的な不利にもかかわらず、彼の良心に従う衝動――が含まれている。

全面的権力の諸条件のもとで、人間の自律の欲望はどうなるであろうか。全面的権力の一つの変種である水力専制主義は自己以外にいかなる意味ある政治勢力をも容認しない。それはこうした勢力の発展を阻止するが故に、制度のレヴェルでは成功する。さらにそれは人間の独立している政治行動への欲望を落胆させるが故に、心理のレヴェルにおいても成功する。要するに、水力的政治とは威嚇による政治なのである(93)」。

この簡単明瞭な全面的権力は、全面的とはいえ、地球上のあらゆる地域に存在しているわけではない。水力社会が成立する地域は限られており、その内部ですら密度は不均等である。しかし、水力経済を中核として政治と経済と社会を管理する中央集権的官僚国家が成立すると、それ自身の歴史を持つ。問題はこの「中心」部の持続力である。政権＝王朝の交代は外力や内力、その双方の合作によって、しばしば起こっているが、東洋的専制主義の体制は周末（前二世紀）の成立以後、支配者が漢族であれ、異族であれ不変であった。この状態を停滞というが、共産主義者はこれをウィットフォーゲルの犯罪的命題として批判した。しかし、二〇世紀における彼らの革命によっても変わらなかったものは何か。工業化を促進するために国家は再編成されたものの、専制独裁という体制は不変であった。この「中心」部を囲んで「周辺」部が存在する。「周辺」部には必ずしも水力的とは言えない経済、政治、社会面でのさまざまな要素が紛れこんだが、その体制の本質は変わらなかった。その発生はつねに「中心」部から侵入するものであったばかりか、その持続力は脆弱なものであったと言える。この「周辺」部の外側には「亜周辺」部が存在する。この地域は「中心」部や「周辺」部の軍事的・政治的支配は受けなかったが、その文明の要素のいくつかを吸収した。しかし、専制体制の根幹は頑として受けつけず、固有の内発力で歴史をつくった。この中心・周辺・亜周辺の地域は決して固定したものではない。制度的分界（境界）の移動によって、文明のなかにおける地位が変わることもある。

水力社会にも所有権はある。それは商業のみならず、工業、農業の面でも成立した。ただし、それには単純（Ⅰ、Ⅱ）、半複雑、複雑といった三つのパターンが存在した(94)（本書七一ページ参照）。これらのパターンは歴史的にさまざまな私的所有の相貌の長いカタログをつくっている。そしてこの私的所有は水力社会・専制官僚社会にさまざまなインパクトを及ぼすが、ウィットフォーゲルはその性向を次のように項目別にまとめている(95)。

1 水力社会の永続は、その所有関係の政府による維持に依存する。［水力社会は他の制度的構成体と同様に私的所有権を知っているということである］
2 所有権の複雑性の増大は、社会の複雑性の増大をもたらす。［水力的所有権は水力社会の本質的特徴だが、かなりの私的所有と企業とが工業と商業に出現することがある。農業においても、私的所有が水力的所有に優越することさえある］
3 零細所有は経済的誘因をもたらすが、政治的権力をもたらさない。
a 私的占有と私的所有に固有の誘因。［とにもかくにも耕して、出稼ぎをしてでも食わねばならない］
b 乞食の財産。［財をもたらすものは恩恵とお慈悲］
4 商業的私有財産は、大きくなることを許される場合でも政治的にはとるにたらない。［専制官僚権力のもとにおける商業資本の満開も政治的にはとるにたらない］
5 統治階級の内部においては、富に関する多くの問題が起こる。
a 官僚的享楽主義。［酒池肉林、官僚の生のはかなさ］
b 官僚的な地主制と資本主義。［官僚は権力を子孫を残すことはできないが、財宝や美田を残すことはできる］
6 権力と富の問題。［水力的財産、すなわち権力が生みだした財産は、その大小かかわらず、その保持者が誰であろうと、富であることには間違いない。この富は社会的分化（階級や階層）、均分相続による零細化をもたらすが、これらの富の分配は法律的条件では説明できない政治的条件によって決まる」

水力社会においても当然に階級が存在する。(96) 何故なら、権力財が財として自立するためには階級が必要であるからであり、支配と被支配は対象を前提としているからである。支配する者は国家機構のなかの人（アパラチキ（機構の人のロシア語）、ノーメンクラトゥーラ、官人）である。支配される者はそれ自体が階級であるが、私有財産と社会的分業によって、いくつかの階層に分化している。これが原則であるが、征服社会においては、事情は複雑になる。征服はそれだけで階級を発生させる（第一次的征服）。ついで征服はすでに階層化が進行していた社会をさらに分化させる（第二次的征服）。中国の水力征服王朝においては、「蛮族的」征服者（契丹族、女眞族、モンゴール族、満洲族）を被征服者である漢族が吸収したという神話が拡められているが、これは史実に反する。征服者はそのヘゲモニーを維持するために軍事力を持っていた。ただ、例えば満漢併用のタテマエをとり、外来の上層階級（清朝では旗人）と土着の官僚といった社会階層における奇妙な重複はあった。(97) そしてこの社会では社会（集団）対立は多かったが、階級闘争はほとんどなかった。全面的権力によって階級闘争は麻痺していたのである。

庶民＝被支配者の各階層間の対立もあった。小作人、貧農、富農、地主、商人、手工業者、金貸しらのあいだの対立があった。中世ヨーロッパの都市のなかでは階層間の闘争は徹底的に闘い抜かれたが、アジア的社会では時おり暴動、反乱が爆発し、それが流賊化することはあったものの、階級闘争とはならなかった。

支配階級内部での社会的紛争は数多く発生した。高級官僚対下級吏員間、文官対武官間、現職官僚対元官僚の郷紳間においてである。独裁者は他の支配階級のメンバーと調和していたわけではなかった。むしろ官僚を制御するために独裁者的な方法をとった。その方法として、ウィットフォーゲルはまず第一に、官僚の世襲的請求権のチェックをあげる。第二に、個人的なマイナスの恩寵(降格、左遷、そして粛正)の行使をあげるが、独裁者の道具的な手先として任用されたのは次のとおりである。(1)聖職者、(2)特に引き立てられた庶民、(3)「科挙」――これについて彼は詳細な歴史的説明を行っている、(4)宦官――これについても詳細な説明を行っている、(5)特別の寵臣、(6)スパイ、(7)征服王朝の部族的貴族、(8)奴隷、など。そして第三に、水力社会の内部における差別的な社会的昇進をあげる。

このように東洋的専制社会における社会的指導権の独占は、官僚制組織の独占という形で現れ、近代の独占とは異なる性質を持つ。これらを理解するには『資本論』に依拠した「資本の階級社会学」では決定的に不充分であり、「権力の階級社会学」が必要であるとウィットフォーゲルは言う。

以上が、『オリエンタル・デスポティズム』第一章から第八章までの主張であるが、第九章ではこの主張を生みだした学説史的系譜が概観される。そして世界史の理解における単線的な見解――

すなわち一九世紀の単線論者（ヘーゲル、フーリエ、コント、スペンサーなど）と二〇世紀のマルクス＝レーニン主義──はいずれも「水力社会」を無視していたことが明らかにされる。マルクス、エンゲルスは、個人的にはその立場において、「アジア的社会」の概念に対しては拒否と肯定の両面を持っていた。彼らはある時は「アジア的社会」の概念を受け入れ、ある時はそれをしりぞけたが、この混乱した立場がその祖述者たちによる「アジア的社会」（「工業社会」という表現方法にならえば、それは「水力社会」と呼びうる）の概念の無視を導きだしたと言える。それ故、『オリエンタル・デスポティズム』は書かれなければならなかったし、その背景を解説する拙著もまた書かれなければならなかったのである。

　第一〇章は「転換期の東洋的社会」と題されているため、エピローグ的な納め口上の印象を与えるが、内容的には極めて重要な章である。その第一節「社会の類型と発展の基本的概念」の第1項では、この書で展開された「社会の類型」が具体的な地名をあげて例示される。第2項「社会的変動」では、（a）「形態」と（b）「価値」に分けて説明される。彼にとって、すべての変動が発展ではない。また発展にもいろいろある。その担い手となるのが人間であるが、彼の規準になるのは価値観である。価値とはウェーバーの言う「神々の争い」（仲裁者のいない戦い）の問題である！

　第二節「転換期の水力社会」は、二〇世紀の「水力社会」（中国、ロシア）の歴史的生命力を認識するうえで極めて貴重な寄与である。その第1項「水力社会の自己存続性の四つの側面」は（a）「制度的、文化的成長の潜在力」、（b）「停滞、反覆、退化」、（c）「水力社会の持続力」、

（d）「外的影響に依存する社会的変化」に分かれ、いずれも東洋的専制国家を分析する時の着眼点が指摘される。特に興味ぶかい第2項「外的影響の最近のパターン」は、これまた具体的に例示されているので理解しやすい。

これら第一〇章の第一節と第二節は、結語というより、いわばこの著作を読むとき座右において、常に参照されてよいカズイスティーク（概念のカタログ）であり、全体を読み終えた時、頭脳のなかに詰めこまれた諸概念を棚卸しして、この著作の体系を再構成するのに便利な手引きであろう。

それにしても、この書の実質的な納め口上と言うべき第三節「アジアはどこに行く？」、および第四節「西洋社会はどこにゆく？　人類はどこに行く？」を読む今日の読者は、彼の提示するあまりにペシミスティックな見方に驚愕されるであろう。当時の彼から見て、アジアの指導者の大勢のホンネは共産主義という名の専制主義に魅きつけられていた。この観測は正しかったと筆者も考える。しかし、ウィットフォーゲルにとって我慢ならないのは、その魅力を彼らはマルクスの恩恵によってもたらされたものだとしていることである。ウィットフォーゲルによれば、マルクス自身は共産主義者の言っていることとは正反対のことを言っていた。にもかかわらず、共産主義者はマルクスの言う「アジアで最も欠乏しているもの」としての「土地の私的所有」を確立するどころか、逆にそれを「国有化」（＝収奪）しようとしてきた。プレハーノフの端的な言葉を使えば、彼らは「アジア的復古」をあえてしようとしてきたのである。

ウィットフォーゲルにとっては、西洋社会の状況も決して楽観できるものではなかった。彼は言う。

「指導的な西方諸国の世論は管理社会的官僚制の形態と機能について二面的である。それはまた私有財産と企業の形態と機能についても二面的である。われわれがいま経験しつつある第二次産業革命は、相互に、横ならびで、相互にチェックしあう巨大な官僚的複合体、その重要なものである『大きな政府』、『大きな企業』、『大きな労働組合』を通じて多数中心的社会の原則を永続化しつつある。しかし、一つの主要な非政府的複合体の破壊がタイプの没落をもたらすこともありうる。ファシズムやナチスのもとでは『大きな労働組合』の精算は『大きな政府』を強めたので、ついには『大きな企業』も『大きな農業』もまた脅かされた[98]」。

一言にすれば、判断があいまいだと彼は言っているのである。その時の都合によって、ころころと立場を変えてもやましくない。社会はいやおうなしに多数中心的に進化しているにもかかわらず、社会についての概念が矛盾している。端的には「大きな政府」か、「小さな政府」かの問題にすら原則的な立場に立脚できなくなり、自己の小さな利害を優先させて、場当り的に右往左往している。これは庶民だけのことではない。とりわけ知識人の言動に顕著に表われていると言うのである。

もちろん、ウィットフォーゲルは歴史を宿命的なものと考えているわけではない。彼にとって歴史は開かれたものである。今日のわれわれの世界の情勢は一九五七年の『オリエンタル・デスポティズム』で彼が予測した段階よりも自由に有利に転換しているかに見える。何よりも、東洋的専制主義の国際センターであったソ連が崩壊した。しかし中国は、今も社会主義の看板をかかげている。かかげながらイデオロギー（「万国の労働者、団結せよ！」）を捨て、専制官僚制のもとで金儲け（市場経済の繁栄）にいそしんでおり、国力増強の下で東洋的専制主義国家としてのこの国の永続と隆盛をはかっているのである。

第5章　ウィットフォーゲル理論の残したもの

『オリエンタル・デスポティズム』に凝縮されたウィットフォーゲルの理論は確かに当時の学界の水準を突破しているものであるが、しかし、それは一人よがりのものではない。奇しくも、この大著が刊行された同じ一九五七年、ウィットフォーゲルの所論のエッセンスとほぼ同じ結論に全く違った方法によって到達した業績が発表されているのである。それが梅棹忠夫の『文明の生態史観序説』である。

梅棹の学問は、自然の風土の生態学的分析をメタファーとして諸文明の世界を説明するものであるが、その際に重要なキーワードとして使われたのが「遷移 succession」の概念である。遷移とは、景観が破壊された場合、その後の生物相は気候によって大きく左右されるが、それ以上に歴史によっても決定されるというものである。彼は、遷移が内生的に順調に進行する文明の風土を「第一地域」と呼び、遷移が外的な攪乱によって中断される文明の風土を「第二地域」と呼ぶことで、この両者の文明が異質なものであることを強調する。具体的には、前者、第一地域はユーラシア大陸の西端と東端、すなわち西ヨーロッパと日本であって、そこは大陸中央部から来る遊牧民によって侵略されなかった地域である。後者、第二地域は東ヨーロッパから東アジアに至る大陸の胴体部分であって、そこは遊牧民が荒らした地域である[1]。

この二つの地域は交通によって相互に接触しており、文明の諸要素は特に第二地域から第一地域に流入したが、森林と湿地と海洋とによって軍事力が第二地域から第一地域に侵入することは困難であった。具体的には第一地域はモンゴール帝国に征服されることをまぬがれたのである。そしてその結果として、今日の状況においては、第一地域では近代資本主義（自由市場、競争、国民経済、議会制民主主義）がのびのびと展開しているが、第二地域では専制官僚制、独裁帝国が成立し、今も、若干崩れたとはいえその遺産を豊富に残しているのである。後者はロシアと中国であり、いずれも民族国家ではなく、多民族国家である。ロシアはロシア人がトルコ族、トゥングース族、モンゴール族などを支配している帝国である（チェチェン紛争を忘れることはできない）。中国も漢族がティベット族、モンゴール族、トルコ族を支配している伝統的大国である。

この梅棹理論に対して太田秀通が加えた批判については、すでに第1章において紹介した。ウィットフォーゲルを取り上げているところで梅棹批判を挿入するその太田の手法は奇妙に感じられようが、それは太田がウィットフォーゲルを学術論文で書くのも汚らわしく、その代理として梅棹を打ちまくったと推測することができる。

このウィットフォーゲルと梅棹を学界がダブらせて考えていたことは、両者への処遇が同じ〈コロシ〉であったことから判る。ただ社会現象では、ウィットフォーゲルにはソシリゴロシで、梅棹にはホメゴロシで対したのである。ウィットフォーゲルに対するソシリ（謗り）ゴロシについてはすでにその一端を見てきたが、梅棹に対する学界のホメ（誉め）ゴロシは一見これと反対のように見えて、実はウィットフォーゲルと同様、業績の抹殺であった。[2] たしかに、梅棹は大学人として最高の待遇を受けたと言えるし、学者としての各種の栄誉、絢爛たる社会的活動、さまざまな受賞も、彼の才能と業績にふさわしいものであった。多くの弟子が慕いよってきたし、一九九四年には文化勲章を授賞、『梅棹忠夫著作集』二二巻、別巻一（中央公論社）も堂々と刊行されている。まさに、ウィットフォーゲルの学問的生涯とはポジとネガの関係にある。しかし、そこに写っているゲシュタルト（形態）はウィットフォーゲルとほぼ同じである。梅棹の「第一地域」はウィットフォーゲルにおける東西ユーラシア文明の「亜周辺」そのものであるようにである。

文明史観が同じだからであろうが（いずれもマルクス＝レーニン主義者や自称「進歩的」文化人のタブーにふれるもの）、実際には梅棹の学問的影響力も僅少で、その核心は継承されていないようである。そのことはシンポジウム《山との出あい》における基調講演「科学の目・体験から育む」の『朝日新聞』（二〇〇二年一一月二三日付、埼玉県版）に載せられた記者による梅棹の発言要旨のなかに反映していると思われる。梅棹は高齢の名士であるにもかかわらず、こう叫ばざるをえない怒りを披瀝するのだが、それは新聞記者による要旨からも省略することができなかったほど彼がホメゴロシ（自己の学説のネグレクト）の環境に囲まれ続けてきたということである。

「私は中国社会も知っている。この経験、そして日本文明の体験を重ね合わせ、日本をアジア扱いするのは間違いだったと気がついた。

日本は古代史では中国文明と深いかかわりがある。しかし、鎌倉幕府成立以降、日本の歴史的歩みは中国と全く違う。似ているのは、むしろドイツ、フランスなど西ヨーロッパです。

もちろん、日本と西ヨーロッパは文化の系譜は違います。しかし、機能と形態は似たものになっている。いわば日本はクジラ。魚と同じかたちになったが系譜が違う。それが私の『日本文明論』です」。


この命題は、東アジアを理解するために不可欠なのであるが、実際には暗黙の検閲のスキをついて現れる以外、黙殺されているのであり、東アジア大陸との関係を「一衣帯水」、「同文同種」といった殺し文句で片づけられることに対する抗議である。文明としての位置づけによって民族の行動様式、エートス、人間意識などが違うということ、このことを科学の対象とし、相互理解をはかろうというのが彼の学問の目標（比較文明学）だったのである。しかし、この目標がいかに到達するに難いかは、この言動に彼が出ざるをえなかったことに現れている。それは文明間の比較に関する言説がいかに困難であるかを示している。フロイト流に言えば、強烈な〈抑圧〉がかかっているということであろう。

1　梅棹とラティモア

ウィットフォーゲルと梅棹の世界史上における先駆的発見

ウィットフォーゲルの考え方と梅棹忠夫の考え方が共通していること、その思想史的役割が鏡像的に一致していること、このことは学問的には時代の深層においてつながっているはずであるが、自らの主張を正面から打ちだしたそれぞれの主著が同じ一九五七年に発表されているとはいえ、決して同一の材料で同じ料理を出しているわけではない。全く違った材料を使って違ったように料理しているのである。梅棹がメタファーとして使った「遷移」という概念をもう一度くどく説明してみよう。

「ここにカシの木の生えた山がある。このカシの森が、山火事でもえてしまった。地表をおおう木や草がなくなると、雨や風はじかに地面をたたき、たまっていた落ち葉をながして、山は裸になった。この山にも、やがてまた植物が生えてくるが、一足とびにもとのカシの森になることはない。

［中略／要旨――風で飛んできた種子から草が芽ばえ、ついでその間からマツの木が芽を出し、育って、マツ林になり、その下に軟らかい土ができ、そこにカシのドングリがやってきて、やがてカシ林ができる。

ひとたびカシ林ができると、老木が枯れても、若木でおぎなわれて、そのままカシの林は続いてゆく」。サクセッション［自然遷移］の特徴は、草原→マツ林→カシ林というように、しだいに大型の、そして蓄積量の大きい群落におきかわってゆくこと、最後にはひとつの終点――安定した群落に達して終わるということである」[3]。

これは人間の文明の近代化の面の――ただその一面の――特徴を説明したものにすぎず、いわばその一つの終点、安定した群落に到達することができたのが第一地域であり、到達できなかったのが第二地域というわけであるが、この譬え話をいくらほじくっても仕方がない。歴史の具体的な流れのなかで、この譬えは何を言おうとしているのかである。それは明らかに第一地域においてだけ封建制が成立しているということであり、そのため、そこでは資本主義へ向かう要因が準備され、いったん、きっかけが与えられるならば、スムースに近代資本主義に向かうことができたということである。それではなぜ、遷移が中断されず、封建制が成育したのか。梅棹によれば、それは（騎馬）遊牧民によって征服されなかったからである。地理的には、西ヨーロッパはアジアの草原が終わったところから森林があって、モンゴールの騎馬征服軍はポーランドから西には入ってこれなかった。また、日本列島は東アジア大陸とのあいだに海があって、唐の軍隊もモンゴールの軍隊もこの海を越えて入ってくることはできなかった。通路でもある海が障壁にもなることは、逆方向において豊臣秀吉の大陸征服の夢も砕け散らなければならなかったのである。

このように同じ第一地域とされる西ヨーロッパと日本は目出たく封建制を潰されなくてすんだのであるが、注目すべきは、両者は同じユーラシア大陸の西端と東端という極端に離れた地理的位置にあるということである。一方では、ローマ帝国の辺境で、一度は占領されたが押しもどし、オリエントに始まる文字（アルファベット）と宗教（キリスト教）に手を加えて文明の中心要素をつくりだしている。他方では、一三〇〇年前頃、江南から稲作文化（複合）を受けとり、農耕を知り、さらに五、六、七世紀と多くは朝鮮半島を通じて漢族文化（漢字と儒教）を受け入れて国家形成をしている。このように、両者の文明の要素自体は全く違ったものであり、固有の形態とムードを持っている。両者は文明の内容によって大きく違っている。にもかかわらず両者はともに「順調」に遷移して、封建制という社会システムに到達している（並行進化）。この点を重視し、比較文明の核心に置いたのがウィットフォーゲルと梅棹だったのである。

しかし、何故に彼らは違った道をたどりながら、違った材料を違ったように料理しながら、世界史的にもほとんど同一の結論に到達しえたのであろうか。ここで一瞬息を入れて考えるとき、驚くべき共通的が浮かびあがってくるのである。それは、ウィットフォーゲルも、梅棹も、ともに（騎馬）遊牧民の世界史的役割に気づいていたということである。ユーラシア大陸の中央ステップの騎馬遊牧民の果たした巨大な役割は、今日では岡田英弘や杉山英明らの努力によって広く知られるようになっているが、それはウィットフォーゲルや（今西錦司の流れをくむ）梅棹によって、先駆的に発見されたものである。

ウィットフォーゲルはいわゆる「アジア的生産様式」概念の根幹が治水灌漑にあることを早くから確信していた。そして、治水灌漑が管理者的専制官僚の存在を前提にすることも当然のこととして理解していた。この事業を必要としているところが、乾燥地帯であること、つまり森林のないステップで、羊と馬を飼育できる地域と隣接しているところであること、しかも騎馬遊牧民の襲撃を受けやすく、彼らに略奪されるのみならず、征服される危険に満ち満ちているところであることは自明であった。しかし、これについて深い観察と分析がなされなければならないと彼が気づいたのは、一九三五年、初めての中国旅行においてオーウェン・ラティモアと出会った時からであると思われる。この出会いによりウィットフォーゲルは、後述の如く彼と愛憎からみあった激烈なドラマを演じなければならなくなるのである。

ここで少し、このウィットフォーゲルの先駆性と全く共通する梅棹の先駆性を見ておかなければなるまい。遊牧民は梅棹が研究者として、まず最初に取りあつかったテーマである。今西錦司の弟子として、彼はまず大興安嶺（モンゴール高原東縁）の探検に参加してフィールドワークを学んだのである。遊牧論は今西もまとめているが（『遊牧論その他』秋田屋、一九四八年）、梅棹の『狩猟と遊牧の世界』(4)はその周到さと視野の広さにおいて、これをはるかにしのぐものであった。

この書によると、梅棹は牧畜の起源について、さまざまな起源説をまず紹介したうえで、結論として多元的起源説を提起する。彼によれば、牧畜の起源がそれぞれの生活類型を決めるという。すなわち、こうである。その第一は、「ツンドラにおけるトナカイ遊牧民であります。具体的な場所をあげますと、たとえば東シベリアにはたくさんおります。それから北満州〔中国東北部北方〕。その第二は、「中央アジアのステップにおけるウマあるいはヒツジを主力とした遊牧民です。もちろんそれ以外の家畜ももっておりますが、主力はウマとヒツジである。この代表的な例は、モンゴリアにおけるモンゴル遊牧民、あるいはキルギス遊牧民」。その第三は、「砂漠とオアシスの地帯における、ラクダとヤギを主力とする遊牧民であります。地域でいいますと、西南アジア、あるいはオリエント地方、それから北アフリカがこれらにはいります」。第四は、「サバンナにおけるウシの牧畜民であります。これは東アフリカからスーダン一帯にかけてすんでおります(5)」。

言うまでもなく、これらの四つの類型はそれぞれにふさわしい起源を持つものである。中でも彼が注目するのは第二の中央アジアのステップの遊牧民で、それは狩猟に起源を持つのではないかという。他方、砂漠・オアシス型の地域においては農耕起源説も成り立つかもしれないが、梅棹にとっては、それが農耕以前であれ、以後であれ、いずれの連関のもとであれ、牧畜が農耕と同じ権利を持つところの生活様式であることを確認したかった。「どういうわけで農業革命をへて隆々と発展しつつある定住的農耕社会と対等にあらそい、あるいはまた、それを圧倒して征服するというようなことがおこりえたのであろうか(6)」。この自問に対して梅棹は次のように答えるのである。「この問題については、わたしはこうかんがえているのです。ステップの遊牧社会というものは、農業革命を経験していない。しかし、それはそれなりに、農業革命と互角対等の勝負をできるだけの生産力を、そのステップ遊牧という一つの生産様式の内部において開発することに成功した。そういう社会なのだということであります」[7]。

ところで、遊牧社会を成立させた、いわば牧畜革命とはどういうものか。梅棹は言う。それは「大家畜群のコントロールの技術としての二つの鍵、つまり乳しぼりと去勢の二つの技術のほかに、たとえば、《騎馬》という技術の発展によって、大型家畜の大群の飼育と保育に成功したということであったかもしれません」[8]。第一の「乳しぼり」の技術こそ、同じように動物に食料を依存する狩猟民より遊牧民の優位を決定するものである。狩猟社会は自然が生産したところの動物を消費するだけである。したがって、この消費が自然の生態システムの枠内からはみだす時、システムは破壊されて、それは直ちに人間の自滅へとつながってゆく。遊牧社会はこの生態システムが設けた壁を乗り超えるために、母獣を狩りとるのではなく、生きたままその乳を採取して食料とする方法をあみだし、この方法が広く使えるようステップで牧畜群が増殖する道をひらいたのである。第二の「去勢」は、こうして増殖した牧畜群をコントロールするために、必要以上のオスを間引く方法として開発された。この技術があれば、牧畜群の内部の混乱を防ぐことができ、食肉を得るのみならず、労役として使用できる去勢オスを手に入れることで、有蹄類と人類の共存という遊牧民の生活も可能となるのである。最後に、第三の「騎馬」は、遊牧民の行動力、その移動速度を飛躍的に増大させ、統制できる家畜群の規模を大きくすることに貢献した。

この騎馬の技術が整った形で完成したのは紀元前一〇世紀より少し前と言われるが（例えば、くつわと手綱、くら、あぶみ）、この技術が遊牧民のあいだに普及するなかで、農耕民に比肩しうる本格的な遊牧民を出現させるのである。その彼らが、人間の歴史における巨大な撹乱作用を及ぼすことになる。つまり遷移を中断させる影響をもたらすのである。

「よくしられておりますように、ユーラシアの歴史において、遊牧世界から定住的農耕世界に対して、何度もひどい侵入がおこなわれます。これは古代以来、ちいさな波もありますし、おおきな波もある。とにかく、くりかえしくりかえし農耕世界を遊牧民の波があらってゆく。そうしてついに、十三世紀のモンゴル帝国の勃興という、とほうもない大波がユーラシア大陸のほとんど全域をおおうにいたるのであります。〔中略〕大昔以来、定住農耕社会にくりかえし侵入して、ときには単なる略奪者としてひきあげてゆく。ときにはそのまま征服者として農民のうえにいすわり、あたらしい秩序の形成者となる。こうした連中は、全部ステップ遊牧民でありま(9)す」。（傍点は引用者）

梅棹が関心を持ったのは、世界史に大波乱をもたらす遊牧民だったのである。それ故に、きわめてよく似た砂漠・オアシス型の遊牧民との共通性と相違性に神経を使って論じているのである。単なる遊牧民を論じるのであれば、砂漠・オアシス型の西アジアにもずっと古くよりあった。それにメソポタミア文明は東アジアのそれと同じように治水灌漑を決定的な技術として成立させている。また、農耕民と牧畜民との交渉は、シュメール、アッカド、バビロニアの昔からある。それどころか、農耕から牧畜→遊牧が出てきたとすら言いうる関係にある。イスラエルの民も牧羊者の集団であった。しかし、これらはみな、決して単なる征服者などではない。梅棹によれば、オリエント、西アジアにおいても、征服者となるのはつねに北方からやって来るのである。ごく初期ではアーリアとかヒッタイト、「あるいは後世のセルジュク・トルコのように、ぜんぶ北方からでてくるのです。北方ステップからあらわれてきたステップ型遊牧民であった、といえるのであります[10]」。

以上の梅棹の説明は、東アジアにおける遷移の順調、不順調を明らかにするには充分であるが、西ヨーロッパにおけるそれを明らかにするには、さらに梅棹を引用しつつ補足しなければならないものがある。それは本書第2章第3節においてその輪郭を示したように、西暦七三二年にフランク王国の騎士軍がイスラーム軍を撃退したことによって西ヨーロッパの封建制が確立したという部分に関係する。梅棹は、このイスラーム軍は砂漠・オアシス型の遊牧アラブ（ベドウィン）を先陣に立てていたが、「そのときにイスラム教団の中心は、どこまでもオアシス居住の定住民としての都市民、あるいは農耕民でございまして、けっして遊牧民ではございません[11]」と述べているのである。つまり、ユーラシアの東西文明の「遷移の順調」という視点では、梅棹のいうステップ遊牧民が撹乱に成功しなかったのである。ただし、西ヨーロッパもユーラシアのステップ地域とは地続きであるため、騎馬遊牧民（アヴァール族、マジャール族、モンゴール族）との接触は繰り返され、一六―一七世紀にかけてウィーンがオスマン＝トルコによって脅かされるまでそれは続いているのである。

ここでウィットフォーゲルの関心とぴたりと一致するのである。ウィットフォーゲルの関心は、一九三一年に『中国の経済と社会』第一巻を彼に書かせ、第二巻の準備へと向かわせた。そして、一時期ナチズムとの闘争に専念し、ヒトラーに国を追われながらも、一九三四年から三五年にかけては、上述のように「中国経済史の基礎と段階」[12]を発表している。この国の権力の構造を何とか概念化するために思索を重ねようとしたのである。それを解明するには単に治水灌漑事業の分析のみでは不充分である。どうしても、この国の宿命ともいうべき北方よりの遊牧民の襲撃、彼らから国土を防衛するための策、すなわち秦の始皇帝が建設したといわれる「万里の長城」を構想させたものを考察し、防衛に失敗したとき漢族は征服される、という構図を解明しなければならなかった。その研究の成果はとりあえず、一九四九年の馮家昇との共著『中国社会史・遼』として結実したのであるが、このとき彼は最善の共働者を得ることができた。それがオーウェン・ラティモアだったのである。

ウィットフォーゲルとラティモアの生き方の違い

ウィットフォーゲルとラティモアとのあいだにはお互いに口に出さないでも解りあえるところがあった。しかし、これが最後には悲劇的な最悪の結果を生むのである。ラティモアは一九〇〇年ワシントンに生まれ、幼時を中国で過ごしたが、のちスイスとイギリスに留学し、一九歳のとき再び中国に行き、しばらく新聞記者を務めた。彼がモンゴール、トルキスタンの地を初めて踏んだのは二六年から二七年のこと。このとき妻とともに陸路インドまで踏破したという。そして二九年以後、各種の団体から研究費を得て中華帝国の辺境地域でしばしばフィールドワークを行った。中国語、モンゴール語が自由であるばかりでなく、現地に多くの知人を持つ。アメリカでは太平洋問題調査会（IPR）に属し、その機関誌『太平洋問題 Pacific Affairs』の主宰を務める。以上は四〇年刊行の邦訳書『農業支那と遊牧民族　ラティモア論文集』の訳者まえがきによる。[13]

ウィットフォーゲルはラティモアの努力と才能を高く評価していたのであるが、ラティモアのウィットフォーゲル理解も並々のものではなかった。彼らの邂逅後のラティモアの重要論文「万里の長城の起源——理解と実践における辺境《フロンティア》の概念」（『地理学評論』一二七巻四号、一九三七年一〇月）には次の如く読むことができる。

「[長城を必要とする政治状況については]ウィットフォーゲルの労作は特に重視すべく、支那社会の発生し成長せる地理的骨格に関し従来最も明快なる分析を行っている。彼の指摘するところによれば、魏の諸渓谷及び其他黄河中流に注ぐ諸水一帯の陝西黄土地帯は、土壌の関係で繁茂せる森林なく、之を除去する労を必要としなかったので、最も原始的な器具を以てすらつとに農業の発達を促した。加ふるに此地における農業は、当時なほ萌芽的水準にあった灌漑技術を発展せしめる傾向を有した。けだし黄土の土壌はその肥沃性を維持するに足るだけの水分を必要とする化学的特質を有するに対し、この地方の降水量は極めて不規則であって、適時適量の水分を与ふるには灌漑に依るの外ないからである。小規模な灌漑水路は、一家族の人々により、石製器具を以てすら開鑿《かいさく》し得た。

かうした基礎の上に成長した社会が、黄河下流沿岸に膨脹し始めると共に、従来と同一ではないが、さりとて大差なき条件に遭遇した。灌漑よりも、洪水を防ぐ堤防や沼澤を乾涸する放水路の建設の方が重要となった。しかしすでに黄土地帯の灌漑事業に依り発達せる技術を有していたのみならず、農業社会における技術問題の重要性により促された社会形態を整へていたので、これらの目的に副ふことは容易であった。のみならず、技術的進歩はその当初より社会的影響を有し、地方社会形態も成長するに従い農業及び技術の特殊様相に親和性を示し、ここにますます交互の作用によって完成が促された(14)」。

ここにはウィットフォーゲルの主張がラティモアの言葉によって説明されていたのである。しかも、ラティモアはそこまではウィットフォーゲルでも書きこみかねるところ、特に強調していないところまで指摘しえていたのである。すなわち、右の引用のすぐ後に、次のように続けているのである。

「支那の政治的風景においては、農村は常に城壁都市の支配を蒙っている。かかる都市は農業地域にあって、農業の集約度と人口の濃密度にしたがって、まさしく同型の城壁都市から、悪路で一日か二日行程でゆける、あまり遠くないところにある。

［中略］

それ故、この城壁都市は経済的、社会的、政治的、軍事的行動の第一次的の基準となるのである。後世の全国的な諸国家の展開は、それぞれ城壁都市に支配されている小地域的単位のグループを基礎として『帝権』のピラミッドを造ったものである。初期の『長城』の建設の努力は、単位の城壁都市と同様に、これをより大きな単位群を永続的なものとしようとするものであった。この『長城』は国家と国家を区別するが、同時に北方では、農業的支那とその城壁都市を広闊なステップから区別するが、このステップには城壁都市もないし、灌漑用水を供給する河川も穀物輸送のための運河もないのである[15]」。（原英文を参照して邦訳に読みやすいよう手を入れてある）

これらの記述は現実の歴史過程を正確に記述したものである。しかも、それはウィットフォーゲルの筆になるとしても不思議ではないものである。にもかかわらず、彼らは別れなければならなかった。それはやはり、ウィットフォーゲルがソ連や共産党と疎遠になり、さらに理論的にその正体をあばくことをあえてするという行動様式を示しはじめたからであろう。ウィットフォーゲルと親密な関係にあることは、自分の将来のキャリアを危険にさらすかもしれない、そうラティモアは思いはじめたのである。ウルメンの紹介するところでは、一九三九年段階ではラティモアはウィットフォーゲルに対して友情にみちた言葉を述べている[16]。ウィットフォーゲルが草稿（ラティモア著

『中国の内陸アジア辺境』の草稿）に眼を通してくれたこと、無数の資料や参考文献を示唆し、提供してくれたことに感謝している（本書二五九ページ参照）。一方ウィットフォーゲルも、四三年にはまだ、ラティモアに『中国社会史・遼』の序論の執筆を依頼しさえしている。しかし、すでにウィットフォーゲルは三九年に共産党と断絶、明らかにその影響で四二年には二人の亀裂は明らかとなっていた。

ウィットフォーゲルはラティモアが政治的にナイーヴな無党派であるふりをしていると批判したけれども、ラティモアが果たしている国際政治史上の役割の意味を証拠をふまえて暴露できなかったのは不幸なことである。いや、できても、当時の知識人の共通意識よりすれば、それは受け入れられなかったであろう。どう見なおしても、ラティモアの一九四五年の『アジアの解決』は単なる東アジア専門家による解説書ではない。これは国際共産主義運動による日本解体の方針案である。それは決して机上の一文献ではなく、GHQ内部のニューディーラー派と極東委員会において、カナダを代表していたハーバート・ノーマンによって、押したり、引いたり、いろいろ戦術を立てて実行されていたものなのである。また、ラティモア自身も終戦後、第一次賠償問題調査委員の一人として来日している。『アジアの解決』で彼はきっぱりとこう断言している。

「日本は改革によって『民主主義的君主制』を達成しうると考えるのは、誤りである。われわれアメリカ人は、一民主主義的君主制の実例として、イギリスのことを考えることによって、誤りに陥らしめられるようだ。イギリス革命はわれわれのものより以前に到来し、そしてクロムウェルはわれわれにとって第二義的重要性を持つ単なる教科書的人物に過ぎないがゆえに、われわれはチャールズ一世の幽霊に気付いていないのである――それはもはやイギリス王座の占拠者の肩越しに眺める必要はないが、しかしなおそこに、王座のうしろにいるのである。なぜ英国人は民主主義的であり、そして王を持ちうるか、という重要な理由の一つは、不快な気持なくして語られうるほど、今や歴史のなかへ遠く引っ込んでしまったときにおいて、英国人は一人のイギリス王の頭（こうべ）をはねたからである。日本国民は同等に進歩的な何ものかを（断首に相当するものが何であろうとも）行わないかぎり、あらゆる人が心地悪かろうし、またどのような一時抑えの改革も不十分であろう[17]」。

日本を共和国とする。のみならず、工業的に武装解除する。自動車も飛行機もつくらせない。賠償を取りたて、それを荒廃したアジアに移送する。さらに天皇制が打倒された後、「われわれ勝利者は、天皇を用いる必要がないことを見せてやるべきである。彼と皇位継承の日本の法規によって皇位に付く資格を持つすべての男子は、できうるならば中国において、しかし共同責任を強調するために連合軍諸国の一委員会の管理下において、拘禁されるべきである[18]」。興味ぶかいことは、アメリカ軍による日本占領に反対している大胆さである。まさにソ連の利益を代表しているのである。

「厳密な軍事的解釈においては、安全保障の問題は、比較的に簡単なのである。はるか南方のアメリカの島上基地、およびロシアと中国の基地から、日本を監視下に置くことができる。もっとも重要な問題は、連合国間における軍備競争を避けることである。この理由により、カイロ宣言［一九四三年一一月］において列挙された領土に加えて、太平洋諸島、千島列島、あるいは南樺太（からふと）のような、日本からさらに取り上げられる領土はいかなるものでも、連合国間の協定によって割り当てられる以外には、勝利国中の一国によって、強奪されるべきでないということである(19)」。

これはなみの研究者の文章ではない。プロの革命家の生臭い論争的な文章である。相手はもちろんグルー一派である（グルーは一九三二—四一年の駐日アメリカ大使）。この世紀には大学に籍を置きながらも、いざとなるとこの種の文章を書ける人間がいた時期もあったのである。ラティモアは腹のなかではウィットフォーゲルの愚かさ加減、甘チャンもいいところを、せせら笑っていたであろう。しかも、たとえこうしたラティモアの党派性が暴露されたとしても、学界でさえこれを受け付けず、鼻先でせせら笑っていたであろう。だからウィットフォーゲルはネグレクトされてきた。これが二〇世紀の知識人の流行というものである。ところが、一九九一年を経験し、二一世紀に入ってからもなお、敗戦→占領→新憲法→講和を回顧することがアイデンティティの発掘であるはずの日本人にラティモアのこの『アジアの解決』を知らせていないのは、研究者たちのいかなる底意によるものであろうか。ラティモアは戦前から紹介されている。一九四〇（昭和一五）年の邦訳『農業支那と遊牧民族　ラティモア論文集』がそれであり、戦後も一九五〇（昭和二五）年の『アジアの情勢』、同年の『中国』と翻訳されている。いずれも「進歩的」文化人、「左翼」学者ごのみのものである。しかしいずれも『アジアの解決』ほど直截には内部にふみこんでいないし、具体的でない。したがって、マッカーサーによって一蹴されたとはいえ、この『アジアの解決』が現代日本の運命に鋭く交わった歴史的ドキュメントであるにもかかわらず、その翻訳が正式に公刊されていないのは珍しい。知りうるところでは、ある大学の紀要に分載されているにすぎない（本章注17参照）。

ついでにもう一つ、ある学者の例を付け加えよう。それはハンガリー生まれの東洋学者でウィットフォーゲルの友人、エティェンヌ・バラーシュである。ラティモアの生涯の業績を総括した選集『辺境史研究――一九二八年―一九五八年の論文集』[20]（一九六二年）を編集したのは彼である。政治的には共産党、トロツキスト党を含めて社会主義政党をいろいろ渡り歩いたようであるが、彼の主著『中国文明と官僚制』（一九六八年）に収録されている論文「中国の恒久的官僚制社会」には次のような文章が収められているのである。（引用は仏訳による）

「低開発的ロシア、その旧体制は植民地の不均等発展とアジア諸国を想い出させるものであるが、さらに、それはモンゴールの征服者が残した消しがたい痕跡を残している意味でアジアの一部をなすものであるが、いま社会主義の未知の世界に飛び込もうとしている。事実、ロシアは工業化するために、そして西洋に追いつくために何でもした。この超人間的努力は全能の国家に厳密に組織された指導層の原動力なくしては失敗するだろう。ところが、それを知ることなく新しい官僚制は中国の昔の読書人官僚の心的あるいは組織的な多くの様式を引き写すか、むしろ再創造さえしている（その多くの様式とは、不寛容と単一党制度から始まって、世論、教育、外国貿易を経て、連帯責任制、ヒエラルキートップの無責任性、神格化された紀律、死者の記憶すら白、黒に塗り分ける褒貶制度、恩恵として賜る自殺まである）[21]」。

このように、ソ連を賛美し、中国の官僚制を批判しているかにみせながら、途中でウィットフォーゲルの理論をいじっているのである。

「［中国の官僚制社会を説明する］もう一つの概念もまた周知のものだが、その偏狭さは欠陥である。それは複雑な全体のなかの一側面しか見ず、官人の多様な機能のうちの唯一つのもの――水力的建設――を浮彫りにすることにとじこもっているのである[22]」。

まあ、それも良いだろうが、こうも言っているのである。

「最後に、官人に〈封建的〉という衣裳をまとわせるのは正しいかどうかの問題を出さなければならない。実を言うと、この問題は大きく用語法の域を超えている。［中略］もし読書人官人（すなわち、官僚的支配階級）のなかの〈封建的なもの〉と本来の大土地所有者のなかの〈封建的なもの〉とを区別して考えれば、最近の多くの歴史研究はすぐに読みとくことができる(23)」。

かくもバラーシュに韜晦的態度をとらせているのは、今日の知識人にとって次第に不可解なものとなろうとしている国際共産主義運動の絶対的ともいってよい権威である。これを説明するには、やはりリヒャルト・ゾルゲ（一八九五―一九四四年）の運命を指摘するのが一番よいであろう。彼はウィットフォーゲルとほぼ同世代で、フランクフルト研究所の初期の同僚であるが、一九二五年、コミンテルンの直属のスタフとなり、ナチスの擬装党員にまでなり、東京でスパイ活動をする。中国の次の革命の標的は日本だったわけで、リヒャルト・ゾルゲ、尾崎秀美、ウィットフォーゲル、ラティモア、ノーマン、日本の講座派、これらは一連のものとして把握されなければならないのである。もちろんここでは、ウィットフォーゲルは最悪の裏切者であった。

東京ではほぼ完全に（安部能成、南原繁まで含めて）全面講和（実質的に、サンフランシスコ条約反対）で知識人世界が統一された時代すらあった。そういったムードが残っている時（ただし、もう空洞化していた）、梅棹が全く想定しえないところから出現したわけであるが、彼がウィットフォーゲルの結論と同じ結論に到達して、大胆に発言したことは、赤いアカデミック・エスタブリシュメントを驚倒させるものであったろう。それは「進歩的」知識人にとっては許しがたいものであったが故に、太田秀通自身にあのように居丈高の文章を書かせたのである。しかし、梅棹がこのような反応を内心、予期していなかったかというと、必ずしもそうとは言えない。状況証拠は、彼がそれを予期し、あえていえばマルクス主義者の反発を楽しむという茶目っ気を抱いていたことも想像させることができる。そもそも彼はステップ遊牧民の研究者であり、探検家である。ラティモアも遊牧民、とりわけ長城を造らせたステップ遊牧民の研究者である。梅棹がラティモアの論文を読んでいなかったと考えない方がおかしい。のみならず、彼は、学術面においてマルクス主義者や共産党が人を唖然とさせるようなことをしでかすことも充分に知っていたはずである。唖然とはつまり、ルイセンコ事件である。今日では「ルイセンコ学説」やそれをめぐる論争はもはや忘れ去られてしまっているだろうし、これを信じた人たちは意識的に忘れ去ろうとしている。

ソ連にはかつて正統的な遺伝学者としてヴァヴィロフ（一八八七―一九四三年）がいたが、一九三〇年代の初めに、彼の遺伝・育種学に対してソ連共産党のイデオロギー政策、農業政策とくっついたルイセンコ（一八九八―一九七六年）があえて新説を唱えた。環境を適当に変えることによって、植物の遺伝性を変えることができると主張したのである。これはそれまでの遺伝学の公理に反するものだけに、当然大きな論争となった。そしてその結果、ヴァヴィロフは四〇年に投獄され、四三年に獄死するのであるが（五五年名誉回復）、ルイセンコの方は三八年、かつてヴァヴィロフも歴任したソ連農業科学アカデミーの総裁にまで昇りつめることになる。本田靖春の『評伝・今西錦司』は今西理論批判が一つのテーマとなっているが、そのなかで本田は、「ルイセンコはときの最高権力者と直接的に結びついて、政治をソ連生物学界支配のために利用したが、今西錦司は終生、政治権力とは完全に無縁であった。そこが、両者の間の根本的相違である。したがって、私自身は、この二人を同列には論じられないと思う」[24]と述べている。ここでこれを引用したのは、梅棹がルイセンコ学説の覇権を熟知していたことを示すためである。梅棹は今西の弟子であり、さらに植物遺伝学者、木原均が総隊長をつとめる京都大学カラコルム・ヒンズークシ学術探検隊にあえて懇願参加した人であるだけに、当然『文明の生態史観序説』(一九五七年)の発表までに、研究者間の学派争いにおける修羅場は熟知していたはずである。

本田の著書では、このルイセンコの覇権は一九六五年の遺伝学研究所所長の解任によって終わり、日本において次に覇権を握ったのが今西理論であるとし、それがルイセンコと同じような役割を果たしたとする岸由二の所論を使って今西を論評しているのであるが、その所論の当否はここでの課題ではない。しかし、岸由二が認めざるをえなかった事態は次のようなものであったのである。すなわち、「第二次大戦後の東西冷戦の構造のなかで、ルイセンコ学説とネオダーウィニズムは、弁証法対機械論、社会主義の科学対資本主義の科学、革新思想対保守思想、といった対比に組み込まれて政治・思想的な対決の様相をおびた。日本でも、一九四七年ころから左派政治と関連しつつさまざまな論者がルイセンコ理論を活発に論じ始め、[中略]正統派遺伝学=保守、ルイセンコ派=革新という政治的分断が横行したのである」[25]。本田自身も述べている。「その当時、私は高校に在学中で、とりわけ生物学に興味があったわけでもないのに、ルイセンコの名前はよく知っていた。その学説については聞きかじりの域を出なかったが、メンデルの法則はもう通用しなくなったのだ、と信じ込んでいた」[26]。

2　イデオロギーの役割

二〇世紀は大変な時代であった。学問をするのも命がけだったのである。逮捕され、投獄され、転向者と罵倒されてはじめて、モノが見えてくることもあるのである。佐野学（一八九二―一九五三年）も大学の研究者であったが、共産党の委員長となり、投獄されたが転向し、河上肇と正反対の処遇を受けている。ウィットフォーゲルのテーマとの関係で、ここでは『佐野学著作集』第五巻から引用しよう。

「旧中国の官僚は単に国家の機構であるのではなく寧ろ国家の主人であった。又それは単なる社会層でなく、むしろ一つの社会階級であった。旧中国国家は完全に支配階級たる広義の地主的階級の独占物で、この階級は在朝の官僚と在野の豪紳及び大地主より成り、官僚も官を罷めて帰国《ママ》する時は豪紳となり、豪紳は官途に就けば官僚となる。彼らは国家を通じてその財産制（土地私有）及び政治的特権を擁護するのみならず、国家を通じて人民より誅求した獲物（主として地代）を分配し、之を生活、逸楽及び階級文化の泉源とする」[27]。

ここにさらりとウィットフォーゲルの理論の核心が要約されてある。佐野は一九五三年に死去しているのであるから、少なくともウィットフォーゲルの『オリエンタル・デスポティズム』の読書の経験からこの結論を引きだしたということにはならない。それは古来からの中国学のなかに存在していた考えを彼自身が再考してまとめたものと思われる。一九四〇年代のウィットフォーゲルの諸論考にふれえた可能性は否定しきれないが、いまは、彼が独自にたどりついた考えであるとしておく。なぜならば、彼の所論に影響をとどめているのは、第二次世界大戦以前の稲葉岩吉らのいわゆる「支那学」であったからである。

『著作集』第四巻所収の論文「旧中国の歴史法則」がそれである。そこには六つの歴史法則があげられている。（1）「中間的社会団体優越の法則」。この中間的社会団体とは〈家族、村落、ギルド〉を指す。（2）「国家及び社会遊離の法則」。皇帝を頂点とする中央官僚体制から末端の知県〔県の長官〕に至るまでの官人ヒエラルキーが社会に重圧を及ぼしているというのである。（3）「階級相互疎隔の法則」。上層の中央及び地方の官僚、貴族、地主、豪紳と、下層の農民（老百姓）、家庭奴隷、不自由手工業者、都市窮民とのあいだが疎隔である。（4）「北方遊牧族侵入及び堕落の法則」。北方遊牧族と南方農業族の対抗及び交流はアジア史の主要契機である。（5）「王朝交替と農民反乱との必然的関聯の法則」。民乱は秦漢以後の中国史を組み立てる最も重要な要素の一つである。「歴代の農民叛乱の本質や形式には一貫した特徴がある。農村的にして非都会なること、莫大の群衆となりうること（各王朝末の民乱には百万二百万もの莫大な数字が記されており、清末、太平天国乱で咸豊二年〔一八五二年〕三月広西を出発した太平軍は約一万だったのに、同年十一月武昌占領の際は五十万となり、翌年二月南京占領の際は百万人となった）、激烈なる官僚憎悪とその殺戮、宗教的扮装の多いこと、士人的要素が指導的役割を演ずること、指導者が往々堕落すること、暴君放伐の思想あることである」[28]。そして（6）「治水灌漑が社会的生産力のバロメーターたる法則」として次の如く説明されるのである。

「農民が国家を自己のものと考えず、その運命に風馬牛であったのは前述のごとくであるが、しかし国家と農民とは或る重大な部面において繋がりをもってゐた。それは治水灌漑である。中国の基本産業たる農業が少くとも永く単純再生産を反覆し得るために、その自然条件に最も適応する生産様式を案出し一定水準の生産力を常に保持する必要があった。中国の農業は水を要する。はじめは華北の黄土帯に、後には中部及び南部の中国に、河川、湖水、運河、クリークの設備を以て灌漑が施された。歴史的に見て治水灌漑の設備は個々の時代における社会の全生産力をこれを以て測定し得るほどに重要であった。全社会的意義をもった治水灌漑は一定の発達をした天文学や水利工学を要し、且つ多数の労働力を結合した協業を以てせずしては経営し得ないものであったから、個々の村落団体で行ひ得ることでなく、これを可能ならしむる権力が必要であった。

治水は歴代政書に最も重要な政務として記されており、地方に赴任した大官がそれぞれイニシャチーヴをとってその設備を完全にするに力め、それに成功すれば名吏の名を博した。

治水灌漑は遥かな詩書［詩経と書経］時代から記載がある。大規模に企画されるに至ったのは周末戦国の生産力拡大し国家組織の確立した時代であり、漢唐の盛時には益々大規模に行はれた。漢書溝洫志《カンジョコウキョクシ》を読めば、黄河治水の一弛一張が直ちに国家の盛衰と社会情勢の推移を反映するの感を深くする。唐書地理志が一渠の開、一堰の立も記さざるなきは顧炎武の日知録［一六七六年序刊］の賞讃するところである。明になると大土地所有による水利の独占が横暴に行はれてこの事業の一般的発達を害し、清の水利も夫役制の募夫制への転化等のため大規模協業による工作が困難となり、官吏も昔日の熱意を有しなくなった(29)」。

これらの命題はわが国の中国学の研究の成果であるが、これをアカデミズムに乱入したマルクス主義は正当に評価し、尊重し、発展させるどころか、むしろ退歩させてしまったのである。この災厄の原因は、直接的には一九二〇年代のボルシェヴィキ（ロシア共産党）による党内闘争にある。いや、このように、根源を奥へ奥へと掘りさげていくと、結局レーニンにぶつかる。レーニンによる上からの前衛党の組織は峻烈な紀律による帮会《バンホイ》方式（秘密結社）によって行われたからである。これは早くからトロツキーによって批判されていたわけであるが、彼が妥協し、しかも決定的瞬間に屈服（一九一七年「四月テーゼ」でボルシェヴィキと合同）したところに、アジア的革命としてのロシア革命の先行条件が整うのである。それは、彼らの前にあるロシア社会の「アジア的性格」の客観的可能性をトロツキーが無意識において受け入れていたということであろう。これを意識的に認識していたプレハーノフはとてもついては行けず、メンシェヴィキ派としてロシア革命から身を引いてしまうのである。

ウィットフォーゲルもこの問題に気づいており、『オリエンタル・デスポティズム』の第九章「アジア的生産様式理論の勃興と没落」では史料的にそろえて検討し、ソ連という専制主義国家はロシアのマルクス主義者がこの問題をあいまいにしたまま発足したものと考えた。しかし、彼はそこに至るまでの時期、旧来の中国学の水準を回復し、それをマルクス主義の概念システムのなかに当てはめる試みに集中することで精一杯といったところであった。つまり、帝政によって近代化が試みられていた「半アジア」のロシアとは違って、まさに名詮自性の「アジア」と言うべき中国の第二次中国革命の内部から結果として浮き彫りになった多くのことに、解答するいとまがなかったのである。その多くのことのなかの随一は、ロシア革命がアジア的にふさわしく、全国土を長期間にわたってかけめぐる戦乱＝民乱として行われたことである。

ロシア革命は一九一七年一〇月（一〇月はロシア歴、西暦では一一月）のペトログラードにおけるクーデターによって勝負がついたわけでは決してない。一八年から二〇年にかけて行われた三年間の国内戦によってようやく勝利したのである。しかし、この単純平明な史実さえ認識されず、ロシア革命史が赤軍闘争史という軍事専門書ではなく、一般知識人向けのテキスト・ブックとして一冊も書かれていなかったことは、五六年のハンガリー労働者の決起に感動して、社会科学の面白さを知ったばかりの青年であった筆者を唖然とさせた（世界の左翼学者はこれまで何をしていたのだ！）。すでに地方に居住していたにもかかわらず、八方手をつくして資料を集め、処女作として『革命の軍隊』(30)（一九六八年）を書いたのはそれ故である。筆者はここで、フランス革命時のパリの大衆運動（一七八九—九三年）や、三月革命時のベルリン、ウィーン蜂起（一八四八年）とは全くちがったモデル、あるいはアナルコ＝サンディカリストによる「政治的大衆ストライキ」モデルを参照しながら、それとは違うロシア革命型のモデルを考えた。この構図が当時の左翼たちの頭のなかに入っていたならば、第一次中国革命における諸問題などすらりと解答できたのである。つまり、この革命の悲劇的なヤマ場である二七年の上海クーデター（蒋介石による反共軍事クーデター）など、国民党がスターリンの言う「四民ブロック」（資本家、労働者、農民、知識人）といったきれいゴトによってではなく、広東軍閥、杜月笙の青帮《チンパン》（秘密結社）、浙江財閥の連携によって維持されてきたことを知っていたならば、簡単に予見できたということである。しかし、レーニン死後、スターリンは『レーニン主義の基礎』（一九二四年）を書き、ジノヴィエフは『レーニン主義』（一九二六年）を書くという有様、トロツキーははにかみ屋で、ロシア革命全史をシステムとしてモデル化するようなテキストに仕上げるいとまもなく、情勢は第二次中国革命に突入してしまうのである。

もちろん毛沢東の長征（西遷）路線がロシア革命モデルを意識的に真似たとは言えない。むしろ彼の路線は、アジア中国にふさわしい民乱の応用問題への解答と言うべきであろう。いわゆるマルクス主義的論客の言論に彼が耳を傾けていたとしても、決してそれに従おうとしたことはなかったであろう。むしろ彼は、刻々と変わる現実の光景に少年時代から愛読してきた『水滸伝』などのイメージを投影していたであろう。だから上海や東京で議論されている「アジア的生産様式」論などにほとんど関心を持たなかったであろう。もともと急に第二次中国革命いご頻用される「封建制」や「封建的」といった言葉は、物事を明らかにするためのものではなく、物事を判らなくさせるために捻りだされたトランプのジョーカーなのである。スターリンやブハーリンが分派根性丸出しで、いまだできあがってもいないロシア革命モデルを判らなくするための手品が、彼らが駆使する革命の段階分類なのである。毛はこのジョーカーを大いに利用した。長征が自らの案出したものであるよう権威づけるためには、格好のカードだったからである。

ウィットフォーゲルは一九三〇年代のマルクス・ボーイ的論客の議論には関心をはらわなかったが、ただ陶希聖（一八九九―一九八八年）には関心を持ったようである。陶は中国における社会科学的経済史研究の先達で『半月刊食貨』の創刊者であり、編集者である。一般に国民党左派の人といわれ、後年、台湾で蒋介石の自伝のゴースト・ライターをした人である（ウィットフォーゲルは一九三五年、北平（北京）でしばしば彼と会い、親しくなった）。彼はいち早く二九年『中国封建社会史』を公刊し、その序文で次のように書いた。

「『人の行為は――とグンプロウィッチは言う――必ず一定の法則に従い、人の思慮はただ事後、回想する時初めて生ずる』。今日は国民革命に対する事後回想の時期である。この際、人間的思慮がなされる場合にはつねに過去の、または友人や同志の認識と相異る認識が発生する。そこで数カ月来の事後回想を表現して、本小冊子を成した。

字義の争は甚だ無意味である。されど事後回想の時にはかかる争の起ることが多い。それは各人の注意する点が相異るため、同一の言葉も多様の意義を含むからである。本書の題名は即ちこうした、多様の意義を持つ議論の多い言葉である」[31]。(旧字は新字に改めた)

この序文のあとは次の通り。

第一章　中国の地理と民族
第二章　中国の封建制度
第三章　封建制度の分解
第四章　集権国家の成立
第五章　商人資本の性質
第六章　土地制度の性質

こう万遍なく叙述したうえで、素晴しいのは、結論部にあたる第七章において「過剰人口の生産と再生産」というテーマがくることである。その第一節「過剰人口の勢力」では、専制政府および地方勢力割拠の地盤について語られ（これは『阿Q正伝』の世界そのものである！）、第二節「遊民的群衆の性質」では、苛烈な収奪の結果生みだされた遊民（ルンペン・プロレタリア）が戦争や略奪によって過剰人口を再生産することが語られる。そして第三節「過剰人口の活動」では、（1）軍隊＝兵、（2）盗賊＝匪、（3）逃散＝流氓の発生、（4）会党（秘密結社）＝幇《パン》の組織化、（5）暴動の発生、が論じられるのである。まさに、ここに中国の過去、そして現在の最重要な問題がある。第二次中国革命の総括において、陶はこれをまとめておいてくれたのである。

しかしウィットフォーゲルは、これらの課題にまで手をつけることができなかった。それは彼の非力のせいでもあり、彼の時代が彼に背負わせた重荷のせいでもある。しかし、言い換えれば、二一世紀の研究者のために彼はこれらの課題を残しておいてくれたのだ。感謝しなければならない。

注

第1章　今なぜウィットフォーゲルなのか?

（1）以下のウィットフォーゲルの伝記的記述の多くは、G. L. Ulmen, *The Science of Society, Toward an Understanding of the Life and Work of Karl August Wittfogel*, 1978, Mouton Publishers の邦訳、ウルメン、亀井兎夢監訳、堤静雄・小林修・甲斐修二訳『評伝ウィットフォーゲル』一九九五年、新評論による。必要なところはページ数をあげるが、それほど必要でないと思われるところは省略する。

（2）平野義太郎「ウィットフォーゲル、ランゲのことなど――ドイツ社会科学研究所にいたころ」『経済評論』一九五七年八月号、一〇九ページ。

（3）住谷一彦「文化人類学と歴史学――文化移動・多系進化・共同体」『思想』四一二号、一九五八年一〇月、二七―三一ページ。以下の住谷の引用は、すべてこの論文より。

（4）同上論文、三一ページ。

（5）戒能通孝「ゆがめられた歴史研究――K・ウィットフォーゲル、アジア経済研究所訳『東洋的専制主義』（書評）」『朝日ジャーナル』一九六一年一〇月一五日号、五二ページ。

（6）梅棹忠夫『文明の生態史観序説』一九五七年、中央公論社。

（7）太田秀通「生態史観とはなにか」『歴史評論』一〇三号、一九五九年、校倉書房。

(8) 同上論文、三—四ページ。
(9) 同上論文、五ページ。
(10) 同上論文、七ページ。
(11) 梅棹理論については後述するが、拙稿「思想史の一つの陥穽——思想変造のためのホメゴロシ」常磐大学『人間科学論究』第一一号、二〇〇三年三月、および拙稿「梅棹忠夫の学問の正当な評価を求めて」常磐大学コミュニティ振興学部『コミュニティ振興研究』第五号、二〇〇五年三月をとりあえず参照せよ。
(12) 川田俊昭「ウィットフォーゲルにおけるアジア的生産様式の問題——マルクス主義者としての在り方」長崎大学東南アジア学生研究会『東南アジアの潮流』第二集、一九七六年、一一三—一二五ページ。
(13) 中島健一『河川文明の生態史観』一九七七年、校倉書房、同『灌漑農法と社会政治体制』一九八三年、校倉書房。
(14) マーティン・ジェイ、荒川幾男訳『弁証法的想像力——フランクフルト学派と社会研究所の歴史、一九二三—一九五〇』一九七五年、みすず書房、三一五—三一六ページ。
(15) 同上訳書、二三九ページ。
(16) 同上訳書、四一六ページ。なお、ダヴィド・コートは念を入れて、その著書『同調者』(共産党のシンパ)でウィットフォーゲルについてマッカーシー委員会の情報提供者になりさがった、と感嘆符付きで注を入れている(D. Caute, *Les Compagnons de Route, 1917–1968*, 1979, Robert Lafford, Paris. 一九七三年刊の *The Fellow Traveler* の仏訳)。
(17) 旗手勲「ウィットフォーゲルの『東洋的社会』の理論をめぐって」『愛知大学法経論集』経済・経営篇Ⅰ・第九三号、一九八〇年八月、一一九ページ。
(18) 同上論文、一一九ページ。

（19）拙稿「東洋的官僚制をめぐるマルクスとウェーバー」『アジア経済』第一五巻五号、一九七四年五月。

（20）拙稿「第三世界の提起したもの」『季節』8、一九八三年、エス・エル出版、二八—四一ページ。

（21）その前後には、大学の紀要『新潟大学経済論集』に二つの論文を発表している。その第一は三三号（一九八二年一二月）の「ウィットフォーゲルの理論」、その第二は四一—四二号（一九八七年三月）の「ウィットフォーゲルとチャイナ——水力社会論をめぐって」。

（21）′広西元信『資本論を理解する法』一九七〇年、全貌社。同『マルクス主義の破綻』一九八五年、エス・エル出版会。

（22）これは最近、柄谷行人氏によってようやく始まったようである。

（23）拙著『文明の中の水——人類最大の資源をめぐる一万年史』二〇〇四年、新評論、とりわけ一一—一二、三二三—三二九ページを見よ。

（24）袴田茂樹『プーチンのロシア法独裁への道』二〇〇〇年、NTT出版、六ページ。

（25）下斗米伸夫『ロシア現代政治』一九九七年、東京大学出版会、一四四—一五五ページ。

（26）袴田前掲書、二四ページ。

（27）同上書、二四ページ。

（28）同上書、二〇—二一ページ。

（29）毎日新聞（埼玉版）二〇〇六年一月一日付。

（30）しかし実際には、メディアの伝える北朝鮮の映像は東洋的専制主義の単純明快な生きた標本である。

第2章　ウィットフォーゲル理論の到達点

（1）K. A. Wittfogel, *History of Chinese Society, Liao (907–1125)*, with Fêng Chia-Shêng, 1949, Transaction

36 of the American Philosophical Society, Philadelphia, Distributed by The MacMillan Company, New York, pp. 24–25.

（2）*ibid.*, p. 5.

（3）岡田英弘『世界史の誕生』一九九二年、筑摩書房。

（4）K. A. Wittfogel, "Russia and Asia", in *World Politics*, vol. 2, no. 4, 1950, July.〔邦訳〕ウィットフォーゲル、西野照太郎訳「ロシアとアジア」『エコノミスト』一九五六年一月一日号、五八ページ。引用は必ずしも邦訳によっていない。

（5）同上邦訳、五八ページ。

（6）同上邦訳、五八ページ。

（7）同上邦訳、五九ページ。

（8）同上邦訳、五九ページ。

（9）同上邦訳、六〇ページ。

（10）K. A. Wittfogel, *Oliental Despotism, A Comparative Study of Total Power*, 1957, Yale University Press, 1981, Vintage books Edition, February.〔邦訳〕ウィットフォーゲル、拙訳『オリエンタル・デスポティズム——専制官僚国家の生成と崩壊』一九九一年、新評論、二一六—二一八ページ。

（11）同上訳書、二一九—二二〇ページ。

（12）同上訳書、二九六—二九九ページ。

（13）大塚久雄『共同体の基礎理論』一九五五年、岩波書店。

（14）ウィットフォーゲル前掲拙訳書、二二七—二三〇ページ。

（15）同上訳書、二五一—二五九ページ。

（16）同上訳書、二五九—二六〇ページ。
（17）藤堂明保『漢字とその文化圏』（新訂四版）一九八一年、光生館、八五—八六ページ。
（18）日本については全般的に拙著『日本を開く歴史学的想像力——世界史の中で日本はどう生きてきたか』一九九六年、新評論を参照せよ。
（19）Bertram D. Wolfe, *Three Who Made a Revolution: A Biographical History*, 1948, The Dial Press, New York.
（20）ウルメン前掲訳書、三六五ページ。
（21）ウィットフォーゲル「ロシアとアジア」前掲邦訳、五七ページ。
（22）J. Dunner (ed.), *Dictionary of Political Science*, 1964, Philosophical Library, New York, pp. 483–484.
（23）*ibid.*, pp. 359–360.
（24）身分概念はウェーバー理論において最も冷遇されている分野である。なお、前掲拙著『日本を開く歴史学的想像力』の第Ⅱ章、とりわけ、その第四節を見よ。

第3章　ウィットフォーゲルの学問の展開（Ⅰ）——『中国の経済と社会』まで

（1）以下については、ウルメン前掲訳書によるところが多い。
（2）同上訳書、五〇ページ。
（2′）同上訳書、二〇〇ページ。
（3）岩淵達治『ブレヒト』一九六六年、紀伊國屋書店、二一六ページ。
（4）ウルメン前掲訳書、七七ページ。
（5）同上訳書、八四ページ。

(6) 同上訳書、八五ページ。

(7) 同上訳書、一〇二ページ。

(8) 同上訳書、九七ページ。

(9) 同上訳書、九三—一〇二ページ。

(10) 拙著『スターリニズム生成の構造』一九七一年、三一書房、とりわけ一六七—二七一ページ。

(11) ウルメン前掲訳書、一一九ページ。

(12) マーティン・ジェイ前掲訳書、三—四ページ。

(13) 拙著『トロツキズムの史的展開』一九六九年、三一書房、二七—三一ページ。なお、当時モスクワでコミンテルンの中国革命問題を担当していたのはカール・ラデックで、モスクワの孫逸仙大学が中国人留学生の教育に当たっていた。その彼が一九二六年春から二七年夏まで講義した内容が二九年に上海で出版されている。拉徳克『中国歴史之理論的分析』辛墾書店。これは当時なお一般的に認められていたポクロフスキーの史観で、産業資本主義の前に商業資本主義を設定するものである。

(14) Harold Isaacs, *The tragedy of the Chinese Revolution*, 1961, Stanford Univ. Press, p. 86 より引用。

(15) N. Boukharine, *Problème de la Révolution Chinaise*, 1929, Burean d'Editions, pp. 50–51.

(16) 『スターリン全集』第八巻、大月書店、四〇八、四一八ページ。

(16′) H. Isaacs, *op. cit.*, p.136 より引用。

(17) ウルメン前掲訳書、一二三—一二四ページ。

(18) 同上訳書、一三〇ページ。

(19) 同上訳書、一三一ページ。

(20) Reinhard Bendix, *Max Weber. An Intellectual Portrait*, 1960, Doubleday, Anchor Book edition, 1962. 〔邦

訳〕ベンディックス、折原浩訳『マックス・ウェーバー――その学問の全体像』一九六六年、中央公論社、八四ページ。

（21）K. A. Wittfogel, "Probleme der Chinesischen Wirtschaftsgeschichte", in *Archiv für Sozialwissenschaft und Sozialpolitik*, vol. 58, no. 2, 1927.

（22）マルクス、手嶋正毅訳『資本主義的生産に先行する諸形態』一九六三年、大月書店、国民文庫版、八二―三ページ。本拙著の本文では『資本制生産に先行する諸形態』の訳語を当てている。

（23）同上訳書、八四ページ。

（24）同上訳書、八九ページ。

（25）『マルクス＝エンゲルス全集』第九巻所収、大月書店。

（26）同上全集、第一三巻所収。

（27）マルクス『資本主義的生産に先行する諸形態』前掲訳書、九―一〇ページ。

（28）同上訳書、一二八ページ。

（29）エンゲルス、村田陽一訳『反デューリンク論』一九六三年、大月書店、国民文庫版、下、三四三ページ。

（30）Donald. M. Lowe, *The Function of "China"*, in Marx, Lenin, and Mao, 1966, University of California Press. p. 14.

（31）*ibid.*, p. 14.

（32）Marion Sawer, *Marxian and the Question of the Asiatic mode of Production*, 1977, Martinus Nijhoff, the Hague, p. 51.

（33）プレハーノフ、恒藤恭訳『マルクス主義の根本問題』（『世界大思想全集』第一四巻所収）一九五四年、河出書房、三四六―七ページ。

（34）David Riazanov, "Karl Marx et le Chine", in *Corrspondance internationale*, vol. 5, no. 68, 8 jeullet 1925, pp. 563–564.

（35）Eugene Varga, "Ekonomischeskie problemy revoliutsii v Kitae", in *Planovoe Khoziatstvo*, no. 12, 1925.

（36）A. Kantorovich, "Sistema obshchestvenny v Kitae dokapitalisticheskoi epokhi (v poriadke gipotezy)", in *Novyi Vostok*, no. 15, 1926.

（36´）ヴァルガ、労働調査所編訳『支那における最近の農民運動と農業問題』一九二九年、叢文閣、一七六ページ。

（37）『中国共産党資料集』第三巻、一九七一年、勁草書房、三八二―四〇五ページ。

（38）M. Sawer, *op. cit.*, p. 86.

（39）前掲『中国共産党資料集』第四巻、一九七一年、四三ページ。

（40）マジャール、プロレタリア科学研究所訳『中国農村経済研究』上、一九三一年、希望閣、一二ページ。

（41）M. Sawer, *op. cit.*, p. 87.

（42）ウルメン前掲訳書、一六三ページ。

（43）拙著『経済人類学序説』一九八四年、新評論、二〇二―二三二ページ。

（44）ウルメン前掲訳書、一六五ページ。

（45）同上訳書、一六四ページ。

（46）同上訳書、一六八ページ。

（47）同上訳書、一七〇ページ。

（48）同上訳書、一七一ページ。

（49）同上訳書、一七三―一七四ページ。

（50）同上訳書、一七四ページ。
（51）同上訳書、一七五―一七八ページ。
（52）同上訳書、一八七ページ。
（53）K.A. Wittfogel, *Wirtschaft und Gesellschaft Chinas, Versuch der wissenschaftlichen Analyse einer grossen asiatischen Agrargesellschaft*, vol. I, 1931, C. L. Hirschfeld Verlag, Leipzig. 〔邦訳〕平野義太郎監訳『解体過程にある支那の経済と社会』上下二巻、一九三四年、中央公論社。
（54）原訳文に多少読みやすくするために手が加えてある。不正確な訳語もあるが、原訳文のままとした。

第4章　ウィットフォーゲルの学問の展開（Ⅱ）――『オリエンタル・デスポティズム』まで

（1）Max Eastman, *Depuis la mort de Lénine, 1925*, Gallimard, Paris.
（2）拙著『スターリニズム生成の構造』一九七一年、三一書房。二一〇―二一七ページ。
（3）T. H. Rigby, *Communist Party Membership in the USSR*, 1968, Princeton U. P., New York, p. 121.
（4）*ibid.*, p. 116.
（5）*ibid.*, pp. 127–128.
（6）*ibid.*, p. 129.
（7）M. Fainsod, *How Russia Is Ruled?*, 1961, Cambridge, Massachusetts, p. 162.
（8）M・ウェーバー、世良晃志郎訳『支配の社会学』第一巻、一九六〇年、創文社、五三六―五三七ページ。
（9）前掲拙著『スターリニズム生成の構造』二九八―三〇二ページ。
（10）Ch. Rakovsky, "Letter to Trotsky (June 1928)", in *Fourth International*, 1941, July.
（11）Ch. Rakovsky, "Letter on Cause of the Degeneration of Party and Gorvernment apparatsis", in R. Daniels, *A*

Documental History of Communisum, vol. II, 1960, Vintage Russia Library, p. 69.
(12) ウルメン前掲訳書、二二六ページ。
(13) ソヴェート・マルクス主義東洋学者協会編、早川二郎訳『「アジア的生産様式」に就いて』一九三三年、白揚社、四五ページ。
(14) 同上訳書、一二九ページ。
(15) 同上訳書、三二七ページ。
(16) 同上訳書、一一二―一一三ページ。
(17) ウルメン前掲訳書、二三一ページ。
(18) 同上訳書、七七五ページ。
(19) 同上訳書、七七六ページ。
(20) 前掲『スターリン全集』第六巻、二九五ページ。
(21) ウルメン前掲訳書、二四二ページ。
(22) 前掲拙著『トロツキズムの史的展開』五六―五九ページ。
(23) ウルメン前掲訳書、二三七ページ。
(24) 同上訳書、二三八―二三九ページ。
(25) 同上訳書、二三八ページ。
(26) 同上訳書、二四一ページ。
(27) 同上訳書、二四九ページ。
(28) 同上訳書、二五〇―二五七ページ。
(29) 同上訳書、二五八ページ。

(30) 同上訳書、二六一—二六四ページ。

(31) 同上訳書、二七三—二七五、二七八ページ。

(32) K. A. Wittfogel, "The Foundations and Stages of Chinese Economic History", in *Zeitschrift für Sozialforschung*, vol. 4, no. 1, 1935.〔邦訳〕森谷克巳・平野義太郎編訳『東洋的社会の理論』所収、一九三九年、日本評論社、五五—一〇七ページ。

(33) K. A. Wittfogel, *ibid.*, p. 53. 同上編訳書所収、一〇七ページ。

(34) ウルメン前掲訳書、二九〇ページ。

(35) H. Isaacs, *op. cit.*, p. 161.

(36) M. N. Roy, *Revolution and Counter-Revolution in China*, 1946, Renaissance Pub., Calcutta, India.

(37) ウルメン前掲訳書、二九四ページ。

(38) 同上訳書、三一一—三一二ページ。

(39) 同上訳書、二九七—二九八ページ。

(40) 同上訳書、三二〇ページ。

(40´) K. A. Wittfogel, "Die Theorie der Orientalischen Gesellschaft", in *Zeitschrift für Sozialforschung*, vol. 7, nos 1–2, 1938.〔邦訳〕森谷ほか前掲編訳書所収、三—五一ページ。

(41) ウルメン前掲訳書、三二七—三二八ページ。

(42) 同上訳書、三二八—三二九ページ。

(43) 同上訳書、三三〇ページ。

(44) K. A. Wittfogel, "The Society of Prehistoric China", in *Zeitschrift für Sozialforshung*, vol. 8, nos 1–2, 1939.

(45) K. A. Wittfogel, "Meteorological Records from the Divination Inscriptions of Shang", in *The Geographical*

Review, vol. 30, no. 1, 1940, January.

(46) R. N. Carew Hunt, "Willi Muenzenberg", in Michael Footman(ed.), *International Communism*, St. Antony's Paper, no. 9, 1960, p. 72–87. cf. Helmit Gruber, "Willi Münzenberg : Propagandist for and Against the Comimtern", in *International Review of Social History*, vol. X, 1965.

(47) ウルメン前掲訳書、三四七ページ。

(48) 同上訳書、三四八ページ。

(49) K. A.Wittfogel, *History of Chinese Society, Liao (907–1125)*, with Fêng Chia-shêng, 1949, Transactions 36 of the American Philosophical Society, Philadelphia, Distributed by the MacMillan Company, New York.

(50) K. A. Wittfogel, "Some Aspects of Pueblo Mythology and Society", with Esther S. Goldfrank, in *Journal of American Folklore*, vol. 56, 1943, January-March.

(51) Leon Trotsky, *History of the Russian Revolution*, vol. 1, 1932–1933, V. Gollanz, p. 15.〔邦訳〕トロツキー、山西英一訳『ロシア革命史』第一冊、一九五〇年、角川文庫、一五ページ。

(52) L. Trotsky, *op. cit*., vol. 1, p. 423.〔邦訳〕同上訳書、第二冊、一九五〇年、三一八ページ。

(53) 前掲拙著『経済人類学序説』五四―七〇ページ。

(54) 前掲拙著『トロツキズムの史的展開』八〇―八七、一〇〇―一〇五、一二五―一三一ページ。

(55) L. Trotsky, *De la Revolution*, maspero, Paris, 1963, p. 602.〔邦訳〕トロツキー、対馬忠行・西田勲訳『裏切られた革命』一九六四年、現代思潮社、二五八ページ。

(56) *Ibid*., p. 603.〔邦訳〕同上邦訳、二五九ページ。

(57) *Ibid*., p. 606.〔邦訳〕同上訳書、二六五ページ。

(58) ラーヤ・ドゥナエフスカヤ『ソ連経済と価値法則』一九六五年、長船社研、四五ページ。なお、前掲拙著『経済人類学序説』六二一―六二二ページ。

(59) Tony Cliff, *State Capitalism in Russia*, 1974, p. 61.〔邦訳〕トニー・クリフ、対馬忠行訳『ロシア官僚制国家資本主義論』一九六一年、現代思潮社、一五一ページ。

(60) P. Souyri, *Le Marxisme après Marx*, 1970, Flammarion, p. 68–70.

(61) R. Hilferding, "State Capitalism or Totalitarian State Economy?", in *Modern Review*, vol.1, no. 4, 1947, June, p. 334.〔邦訳〕ライト・ミルズ、陸井四郎訳『マルクス主義者たち』一九六九年、青木書店、下巻所収、三三八ページ。

(62) 同上訳書、下巻所収、三三二ページ。世界のマルクス主義者はヒルファーディングの末路に注目しなかった。着目したのはミルズというウェーバー研究者であったことは皮肉である。日本では、ミルズの経路ではなく、筆者の元同僚のシュンペーター研究者がこの論文を独自に発見し翻訳している。

(63) Bruno Rizzi, *La Bureaucratisation du monde. Première partie, L'URSS : Collectivisme bureaucratique*, 1976, Editions Champ Libre 1.

(64) The Resolution of the Workers' Party Convention of 1941. なお、シャクトマンは一九四二年九月「ロシアの新しい支配階級」（『批判と展望』大学評論社、一九六二年夏季号訳載）において、国家所有と人民所有とを同一視するところにトロツキーの誤謬の根源があったとしている。

(65) Max Schachtman, *The Bureaucratic Revolution*, 1962, Donald Press, p. 52.

(66) ウルメン前掲訳書、三五六―三六〇ページ。

(67) オーウェン・ラティモア、磯野富士子訳『中国と私』一九九二年、みすず書房、五四ページ。

(68) ウルメン前掲訳書、三六三―三六四ページ。

(69) 同上訳書、三六七ページ。

(70) マルクス、石堂清倫訳『十八世紀の秘密外交史』一九七九年、三一書房、一一—一二ページ。
(71) M・ウェーバー、肥前栄一ほか訳『ロシア革命論』II、一九九八年、名古屋大学出版会、二四九ページ。
(72) ウルメン前掲訳書、三六八ページ。
(73) 同上訳書、三四一—三四五ページ。
(74) 『ガルブレイス著作集』第八巻、一九八〇年、TBSブリタニカ、四〇七ページ。
(75) 中野五郎「映画王国の赤狩り《反共アメリカの苦悶》」『知性』第二巻、八号、一九五二年、一六六—一七三ページ。
(76) Joseph Gutmann（筆名は Peter Meyer）"The Soviet Union: A New Class Society", in *Politics*, April, 1944.
(77) ウルメン前掲訳書、三九八ページ。
(78) 同上訳書、四〇〇ページ。
(78′) Owen Latimore, *Studies in Frontier History, Collected Papers, 1928–1958*, 1962, Oxford U.P..
(79) 中野利子『外交官・E・H・ノーマン』一九九〇年、新潮文庫、二八四ページ。
(80) ウルメン前掲訳書、四〇四ページ。
(81) 同上訳書、四一一ページ。
(82) 同上訳書、四一四—四一五ページ。
(83) 同上訳書、四二六ページ。
(84) 同上訳書、四二九—四三四ページ。
(85) 同上訳書、四八三—四八五ページ。
(86) 同上訳書、四八九ページ。
(87) 同上訳書、四三八—四三九ページ。

（88）同上訳書、四四三—四四五ページ。
（89）K. A. Wittfogel, "The Influence of Leninism-Stalinism on China", in *The Annals of the American Academy of Political and Social Science*, vol. 277, 1951, September.
（90）K. A. Wittfogel, "The Ruling Bureaucracy of Oriental Despotism : A Phenomenon that Paralyzed Marx", in *The Review of Politics*, vol. 15, no. 3, 1953, July.
（91）Julian Steward et al., *Irrigation Civilizations : A Comparative Study*, 1955, Washington D. C. : Social Science Section, Dept. of Cultural Affairs, Pan American Union.
（92）ザスーリッチの質問（一八八一年）に対するマルクスの返信の長い下書きは、マルクス前掲訳書『資本主義的生産に先行する諸形態』に付録2として付載されている。そこに添えられている発送された手紙は、きわめて簡単なものである。
（93）ウィットフォーゲル前掲拙訳書、一八二ページ。
（94）同上訳書、二九七—二九九ページ。
（95）同上訳書、三六二—三六九ページ。
（96）同上訳書、第八章。
（97）東亜研究所編『異民族の支那統治史』一九四四年、大日本雄弁会講談社、三七九—三九七ページ。
（98）ウィットフォーゲル前掲拙訳書、五五七—五五八ページ。

第5章　ウィットフォーゲル理論の残したもの

（1）梅棹前掲書、二一ページ。
（2）前掲拙稿「梅棹史夫の学問の正当な評価を求めて」。

(3) 梅棹忠夫・吉良竜夫編『生態学入門』講談社学術文庫、一九七六年、五一―五二ページ。
(4) 梅棹忠夫『狩猟と遊牧の世界』講談社学術文庫、一九七六年。
(5) 同上書、一二二ページ。
(6) 同上書、一四九―一五〇ページ。
(7) 同上書、一五〇ページ。
(8) 同上書、一五一ページ。
(9) 同上書、一四三―一四四ページ。
(10) 同上書、一四四―一四五ページ。
(11) 同上書、一四五ページ。
(12) K. A. Wittfogel, "The Foundations and Stages of Chinese Economic History", *op. cit.*. 〔邦訳〕森谷ほか前掲編訳書所収、五五―一一九ページ。
(13) ラティモア、後藤富男訳『農業支那と遊牧民族　ラティモア論文集』一九四〇年、生活社、五―六ページ。
(14) 同上訳書、八九―九〇ページ。
(15) 同上訳書、九〇―一〇三ページ。
(16) ウルメン前掲訳書、四〇〇―四〇一ページ。
(17) ラティモア、春木猛訳『アジアの解決』青山学院大学法学会、一九七〇年、四四ページ（分載されたものを合本化）。
(18) 同上訳書、一六四ページ。
(19) 同上訳書、一六〇ページ。

(20) Owen Latimore, *op. cit.*.
(21) エチアヌ・バラーシュ、村松祐次訳『中国文明と官僚制』一九七一年、みすず書房。〔仏語版〕Étienne Balazs, *La Bureaucratie céleste*, 1968, Gallimard, p.45.
(22) *Ibid.*, p.39.
(23) *Ibid.*, p.39–40.
(24) 本田靖春『評伝・今西錦司』一九九三年、講談社文庫、三四一ページ。
(25) 同上書、三三九ページ。
(26) 同上書、三三九ページ。
(27)『佐野学著作集』第五巻、一九六三年、佐野学著作集刊行会、一六六ページ。
(28) 同上書、第四巻、一九六二年、四―一二ページ。
(29) 同上書、一一―一二ページ。
(30) 拙著『革命の軍隊』一九六八年、三一書房。
(31) 陶希聖、野原四郎訳『支那封建社会史』一九三一年、四海書房、ページ外の序（原書は陶希望『中国封建社会史』一九二九年、南強書店)。佐野学はこの陶希聖の考えを発展させている。

あとがき

ようやく本書で生涯第二の探検の旅をなしおえた思いでほっとしているところである。筆者が歴史を学問的に研究しようと決意したのは一九五六年、ハンガリー反乱（反ソ労働者決起）をきっかけとしてである。この時まで世間の多くの文化人、学者によって語られていた世界史の見方に、犯罪的なごまかしを直感したのである。どこか隠していることがある。見えなくしているところがある。そこにいかがわしいものを嗅ぎつけていたのは学生時代からだったが、生来の好みは詩・イメージの世界にある。したがって、特に燃焼することもないままの生活を送っていたのであるが、それは許されないと、六二年に三二歳で大学院に入りなおしたのである。

その目的は、権威によって「立ち入り禁止」とされている地帯を侵犯することであった。それは危険なことだが、これをあえてやるのが学問研究というものではなかったか。人を寄せつけない難関、険阻な道を突破するにはそれなりの準備が必要である。岩登りの訓練もなしにヒマラヤ登山などできるはずもない。それが筆者のフランス革命研究の動機であったが、その間、恩師、高橋幸八郎先生は絶対に口にされなかったが、筆者の志を人間の精神の最も深いところで理解してくださっていたことは生涯の恩義として忘れることができない。かくして、第一の登山目標（エベレスト）であるトロツキズムの征服（真相解明）は『トロツキズムの史的展開』（一九六九年、三一書房）によって比較的容易に達成されたが（そしてこの記録はいまだ世界的に破られていないと思う）、その社会的意味は、筆者の人生に支払わせた相当に重いコストの割にはささやかなものであったようである。

次に取りついたヒマラヤ登山の目標＝カンチェンジュンガがウィットフォーゲル（名誉回復）である。こちらは、山頂にたどりつくまでの行程は一〇年余りで一応明らかになったが、しかしまだ空白が残されている地図に地形を誰にでも解るよう書きこめるまで、それから二倍以上の時間がかかった。エベレストの時は、訂正し、追加しなければならないものは単純であった。文字通り、変造された写真にもとの写真を突き合わせて訂正したり、極めて程度の低い政治キャンペーンに史実を対置して偽造＝歪曲を指摘したりすればよかったからである。もっとも、そのためには国際的にくまなく資料を探索する作業が中心となるから、資料を蒐集する苦労と負担は多大であった。日本の大学図書館と公立図書館はほとんど役に立たなかった。しかし金銭で解決できるものはかなりあった。僅かな既刊文献はもとよりのこと、労働運動の異端諸派の機関紙誌のバックナンバーやパンフレットもまだまだ相当に入手可能だったのである（エベレスト以後、一九七〇年代に出版史上めずらしいことであろうが、コミンテルン関係の紙誌の英仏語版の復刻がどっと刊行された。それで『インプレコール』（コミンテルンの各国支部ならびにプレス向きの旬刊情報誌）全巻もざっと目を通すことができた。実はこれがウィットフォーゲル理解の下地をつくってくれたのである）。その点、カンチェンジュンガの場合、『オリエンタル・デスポティズム』関係の本人の論文や、これに関する書評、論評などは難なくコピーで手に入れることができた。また、ドイッチャーの『トロツキー伝三部作』（一九五四、五九、六三年。邦訳初版六四年、新潮社、復刊九二年、新評論）に匹敵するウルメンの『社会の科学――カール・アウグスト・ウィットフォーゲルの生涯と仕事の理解のために』（一九七八年。邦訳『評伝ウィットフォーゲル』九五年、新評論）は、学問的にはドイッチャーよりずっと役に立つものである。しかし、カンチェンジュンガ登攀には極度に難しい絶壁をよじ登らなければならない作業があったのである。

それは一言にすれば、ウィットフォーゲルを座標づけるためには、二〇世紀の知識人の知的流行《ファッション》史を総括しなければならないという難題である。筆者は一九八四年にすでに『経済人類学序説――マルクス主義批判』（新評論）をまとめて、本書の結論には到達していた。それは当時すでに周知のものとなっていた経済人類学のパラダイムを適用し、その互酬・再配分・市場交換の三角点を基点として経済史を再構成しようとしたものである。近代資本主義社会についてはポランニー自身が『大転換』（一九四四年。若干の加筆と補注を加えた決定版は五七年）で遂行していたし、互酬を枠組みとして原始社会をも取り扱うのがフランス伝来の流行テーマとすらなっていた。しかし、ポランニーが古代帝国解析に使った再配分の理念型を誰も怖がって現代に使わないのにいら立ち、ソ連邦に挑戦するウィットフォーゲルを正面から取り上げたのである。ところが、ごく少数の人にしかこの試みは興味を持ってもらえなかった。

もちろん、それも覚悟のうえである。ひき続いて彼を論ずる論文をいくつか書き、一九九一年には『オリエンタル・デスポティズム』の改訳（新評論）を出してもらうことができた。しかし後日、新潟が環日本海時代と浮かれていた頃、文部省（当時）で環日本海問題に関するプロジェクトの研究費申請の説明する機会があった時、審査にあたる社会学界の大御所に「ムダなことをして！　その暇があったら勉強せよ」という叱責を受けたというエピソードがある。そこであえて付け加えるが、『オリエンタル・デスポティズム』の論争社版翻訳（邦題『東洋的専制主義』一九六一年）にはマルクスの『経済学批判要綱』（グルントリッセ）に対して『経済学批判序説』という明確に誤った訳語があてられていたのである。さらに他にも適切な訳語を見つける労をおしんで、原語をそのまま放置しているケースが多すぎた。やはり、筆者に向けられたあの叱正は、ウィットフォーゲル普及の努力への悪意にみちた不快感の表出であったと理解している。

それにしても、何故にウィットフォーゲル理解の勧めにかくもしつこいブレーキがかけられるのであろうか。亀井兎夢氏とそのグループは多大な自己犠牲をはらいながらウルメンの大著の訳業（約一〇〇〇ページ）をやりとげた。それほどウィットフォーゲルがなしえた仕事には情熱をかき立てるものがある。にもかかわらず、なおも続くいやがらせはどこからくるのであろうか。いわゆる「社会主義」幻想の基盤が壊れているにもかかわらず、なおも水に流せないものは何であろうか。「転向」問題か。ある時期、この侮蔑用語がドタバタ喜劇のパイのように手軽に投げられていたようであるが、一九八九年のベルリンの壁の崩壊以後、また九一年のソ連の瓦解以後、軽井沢コミュニストはともかくとしても、イエスの「あなたがたの中で罪のない者が、まずこの女に石を投げつけるがよい」(「ヨハネによる福音書」第八章の七)の一声に面《オモテ》をあげうるような知識人は存在しえたであろうか。

ソ連とその衛星諸国の体制消滅にもかかわらず、なおウィットフォーゲルの仕事に浮かぬ顔をしている面々がみられるのは何故か。彼にあびせかけた一九六〇年頃のあまりにも執拗な歪曲・中傷の記憶が肌にしみこみ、いまさら彼の名誉回復を行っても精々「人民中国」の怒りをよび戻すだけではないかと、気概のない連中がびびっているというのが正直なところではあるまいか。しかし心配は無用であると筆者は考えている。政権筋に近いと推定される知識人はウィットフォーゲル流の専制主義分析でビクともしない認識を持っているようである。その一例が、Fu, Zhengyuan, *Autocratic tradition and Chinese politics*, 1993, Cambridge U. P., New York である。この書の認識のリアリズムは韓非流の酷薄なものですらある。政治的評価も的はずれであるわけではない。「形式的な規則や手続よりも部隊指揮官の忠誠に依拠する最高指導者の権力はマフィア(幇会《バンホイ》)の頭目の権力に似ている」(権力は銃口からか)と言っている。そして、伝統的社会を一般的に「封建的」と流してしまう言説などには一顧だに与えていない。マルクスの「アジア的生産様式」やウィットフォーゲルの「水力社会」の概念はあまりにも雑に経済的要因として括られているのは気になるが、結論としては、「意識や理念を経済的土台によって決定される上部現象だとするマルクス主義による社会的変化の唯物論的解釈にもかかわらず、すべての政権にある共産党指導者は革命を煽動し、社会秩序を維持する道具として理念の役割を強調した」と主張している。自由と民主主義を犠牲にしたのはナショナリズムのためであったし、二〇世紀前半に芽ぶいた市民社会を根絶させたのも国の安定のためであったと明言している。

このフゥの著作は、王山《ワンシャン》の『第三の眼で見た中国』（一九九四年。邦訳九五年、石田弘訳、ザ・マサダ刊）と同じようなリークであると筆者は睨んでいる。王山は、今日の中国の経済の背骨にあるものは農村人と都市人の社会的分断であるとし、一国的発展のために両者の区別と均衡をとることが政策の妙諦であると率直に説明している。それと同様にフゥの著作でも、「中国においては公式の正統的マルクス＝レーニン主義が、かつての正統的儒学と同様に、全体主義制度と、大衆ならびに知識人双方のイデオロギー的阿片として役立ってきた」と断じ、巻末の三行では「歴史が示していること、それは、［中国においては］その社会的存在が人間の意識を決定してきたのではなく、人間の意識が終局的にその社会的存在を決定してきたということである」と結論している。

明らかにフゥはウィットフォーゲルと正面から向きあっている。真剣である。このことは、この著作の周到な七つの付録（年表や官制表）や、過不足のない、完璧と言ってよいビブリオグラフィー（内外の研究、正史ほか古典のリスト、英文雑誌や中文紙誌リスト）の驚くべき手のかかったつくり方でもわかる。もちろんここでは『オリエンタル・デスポティズム』も取り上げられ、ディテール（！）が二個所引用されている。研究書リストのなかにはウェーバーはもちろん、バラーシュもあげられているが、論文リストを含めて過度の精密さは避け、重要な問題（人口問題も含めて）をポイントを押さえてあげている。もっとも、治水灌漑の役割や、遊牧民との関係など（万里の長城さえ）には一言もふれられてはいない。著作の意図からはずれているからであろう。しかし、少なくとも天安門事件（一九八九年）以後、この種のエリート知識人の仕事が外国で発表されていることは知っておかなければならない。ウィットフォーゲルの名でびくつくなどもう古い。

筆者も時間あるかぎり、第三の旅（まず貨幣と権力とのあいだの渓谷の探検）を続けたいと思っている。命あるかぎり実事求是！

湯浅　赳男

二〇〇七年夏

マ行

ヤ行

ラ行

ワ行

タ行

ナ行

ハ行

サ行

概念・事項索引

ラ行

ワ行

マ行

ヤ行

ナ行

ハ行

タ行

カ行

サ行

固有名詞索引

＊「ウィットフォーゲル」および『オリエンタル・デスポティズム』「ソ連」「中国」の項の抽出は割愛した。

著者紹介

湯浅赳男（ゆあさ・たけお）
1930年、山口県生まれ。文学青年。サラリーマン時代、1956年のハンガリー事件で感動し、歴史学を志す。フランス革命研究で学問的登攀訓練を行ったのち、ロシア革命の真相解明をめざし、その勝利が国内戦によるものであることを明らかにした『革命の軍隊』（1968、三一書房）を処女出版。次いで、その指導者“悪魔”トロツキー派の思想の実相に迫る『トロツキズムの史的展開』（1969、三一書房）、その背景を描く『スターリニズム生成の構造』（1971、三一書房）を発表。しかしこの立場に満足せず、第二次中国革命の解説者ウィットフォーゲルの画期的な主張に対する中傷・歪曲と闘うため、ウィットフォーゲルの主著『オリエンタル・デスポティズム』の新訳（1991、新評論）に取りかかる。同時に、方法的にマルクス主義を批判する『経済人類学序説』（1984、新評論、以下同）やその世界史への適用である『文明の歴史人類学』（1985、その増補新版は『世界史の想像力』1996）に取り組み、以後これを今日的問題で具体化した『環境と文明』（1993）、『文明の人口史』（1999）、『コミュニティと文明』（2000）、『文明の中の水』（2004）と仕事を続けている。現在、新潟大学名誉教授。

「東洋的専制主義」論の今日性
——還ってきたウィットフォーゲル　（検印廃止）

2007年11月15日初版第1刷発行

著　者　湯浅赳男
発行者　武市一幸

発行所　株式会社　新評論

〒169-0051　東京都新宿区西早稲田3—16—28
http://www.shinhyoron.co.jp
TEL　03（3202）7391
FAX　03（3202）5832
振替　00160-1-113487

定価はカバーに表示してあります
落丁・乱丁本はお取り替えします

装幀　山田英春
印刷　新栄堂
製本　清水製本プラス紙工

ISBN978 4 7948 0711 0 C0036
Printed in Japan